그리운 사람 박무성

이 책은 고 박무성 사장님을
아직도 떠나보내지 못하는 사람들의
그리움을 엮은 추모이자 고인에 대한 헌사입니다.
세상에서 가장 사랑하는 가족을 떠나보낸 아픔,
삶의 소중한 인연을 잃은 슬픔을 이 책이 조금이나마
위로할 수 있다면 더 바랄 게 없겠습니다.
박무성 사장님과 함께한 추억은 영원히 가슴 속에 살아
우리와 동행할 것입니다.

그리운 사람
박무성

차례

발간사　08
추모시　12
추모사　14

박무성 연대기　26
내 동생 박무성, 너를 기리며

1부　고인을 추억하며　38

2부　언론인 박무성　106

가족과의 문자 대화로 남은 투병기　304

이제 당신을 보냅니다　312

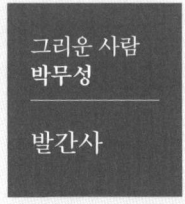

그리운 사람
박무성

발간사

추모집 발간에 부쳐

배재한 전 국제신문 사장

　박무성 전 국제신문 사장님이 지난 2023년 9월 홀연히 우리 곁을 떠났습니다. 놀라움과 충격, 슬픔에 빠졌던 몇몇 분들이 장례 절차를 마친 뒤 만남을 갖고 박무성 사장님을 추억하고 기리는 일이 필요하다는 데 의견을 모았습니다.
　박무성 사장님 추모집 발간은 이렇게 시작되었습니다.

　박 사장님이 떠난 지 한 달 지난 무렵 추모집 발간을 위한 모임이 결성됐습니다. 〈박무성 추모집 발간위원회〉 멤버는 이오상 KNN 사장, 정민기 전 부산CBS 대표, 박미화 미디어줌 대표, 곽재훈 국제신문 부국장과 필자를 포함해 모두 다섯 명입니다. 추모집 발간 모임은 먼저 박무성 사장님의 가족을 만나 추모집 발간 의사를 전달하고 가족의 전폭적인 동의와 지지를 받았습니다. 가족들은 별도로 추모집을 준비할까 하는 생각을 하고 있던 차에 추모집 발간 제안을 받고 흔쾌히 수락했습니다.

추모집 발간 작업은 이후 일사천리로 진행되었습니다. 박무성 사장님과 인연을 맺은 분과 가족에게 추모글을 청탁하고 신문사 재직 시절 남긴 고인의 기명 칼럼, 기사, 사진 등을 정리했습니다.

추모글을 쓴 분이 스무 분을 훌쩍 넘겼습니다. 추모 글을 요청하면 모두 흔쾌히 수락하며 추모집 발간에 힘을 보태줬습니다. 더 많은 분들이 추모글을 쓰고 싶다고 했지만 지면 관계상 다 싣지 못했습니다.

소중한 인연의 끈으로 이어진 가족 친구 동료 선후배들이 박무성 사장님을 그리워하는 추모집을 만들었습니다. 박무성 사장님이 남긴 선한 영향력을 나누고, 함께한 소중한 기억을 되새기는 자리입니다. 이 추모집이 고인의 올곧은 정신과 선한 영향력을 길이길이 더욱 빛나게 할 것입니다.

우리는 지금 박무성 사장님을 눈으로는 볼 수 없지만 마음으로는 분명 이 추모집이라는 공간에서 만나고 있습니다.

이 책 속의 이야기들은 그리움과 슬픔만 담고 있는 오열의 조각들이 아닙니다. 오랫동안 동고동락(同苦同樂)한 우리 모두의 기억 속에 남겨진 박무성 사장님의 삶의 순간순간들이 참 근사하고, 멋지고, 감동적임을 확인할 수 있습니다. 추모의 글을 쓰며 함께 추억한 우리 모두의 소중한 인연인 박무성 사장님이 얼마나 많은 베풂과 가르침, 행복을 우리에게 남겨주었는지 다시 한 번 기억하는 기쁨을 경험했습니다.

추모집에 글을 보낸 분들이 이구동성으로 "우리는 박무성 사장님께 크게 빚졌다"고 말씀하셨습니다. 박무성 사장님의 부재는 가족들의 사무치는 그리움 이상으로 국제신문과 언론계, 지역사회의 큰 손실이 아닐 수 없습니다.

급작스러운 이별의 충격에 슬픔도 눈물도 사치였던 지옥 같은 터널을 지나고 보니, 박무성 사장님이 가족에게 동료 선후배들에게, 국제신문과 지역사회에 얼마나 많은 소중한 발자취를 남겼는지 알게 돼 감사한 마음으로 가슴 벅차오릅니다. 우리는 박무성 사장님이 보여주셨던 가족에 대한 끝없는 사랑, 동료와 선후배를 대하는 따뜻한 성품, 언론인으로서 깊은 통찰력과 날카로움을 영원히 기억할 수 있기에 새삼 고마움을 느낍니다.

저를 포함한 후배들이 이만큼이라도 성장할 수 있었던 것은 8할이 박무성 사장님의 가르침 덕분입니다. 우리는 박무성 사장님과 함께해서 행복했고, 박무성 사장을 보유한 국제신문이어서 구성원들은 자부심을 가졌다는 사실을 이제야 털어놓지 않을 수 없습니다.

추모집 발간을 앞장서 주창하신 이오상 KNN 사장님, 추모집이 나올 수 있도록 적극적으로 추동하신 정민기 전 부산CBS 대표님, 사진과 기사자료 찾기를 비롯한 추모집 발간 실무를 뒷받침해 준 곽재훈 국제신문 부국장님, "이 추모집은 제대로 만들어야겠다"면서 품격 있는 추모집 발간에 지극한 정성을 쏟은 박미화 미디어줌 대표님께 머리 숙여 감사드립니다. 출판기념회 공간을 제공해주며 물심양면으로 도움을 주신 강남훈 전 국제신문 사장님에게도 깊은 감사를 드립니다.

추모집 발간에 필요한 경비를 선뜻 지원해주신 양재생 부산상공회의소 회장(은산해운항공 회장)님은 추모집 발간의 또 다른 은인입니다. 박무성 사장님 추모집에 기꺼이 추모의 글을 보내주신 분들의 고마움도 잊지 않겠습니다.

이 추모집이 세상에서 가장 사랑하는 남편을, 아버지를, 동생을, 형님을 떠나보낸 가족들의 슬픔을 조금이라도 위로할 수 있다면 더 바랄 게 없겠습니다.

한 사람 한 사람 기억 속에 남겨진 박무성 사장님과 함께한 추억은 영원히 가슴 속에 살아 우리와 동행할 것입니다.

추모시

큰 나무가 된 사람

조해훈

세상이란 믿지 못할 때도 많다
하늘이 내려줄 때는 언제고
필요하다 싶으면 도로 데려가 버리니

하늘은 필요한 인재만 골라 데려 간다
그리하여 아무나 먼저 가지 않으니
박정춘 기자, 전 국제신문 사장

키 크고 인물이 남달리 뛰어났다
동료 후배들에 대한 배려와 베풂 또한 컸으니
능력이야 두말할 나위 없었고

누군가는 그를 두고 말하였다
아, 정말 멋지고 푸른 큰 소나무 같아
어떤 비바람도 견디며 꿋꿋하리라

세상과 사람들에게 그렇게 각인되었다
영원히 푸르게 푸르게 살아서
사람들에게 진리를 알려주는 큰 나무.

조해훈　1987년 『오늘의 문학』 신인상
시집 『생선상자수리공』 『내가 낸 산길』 등
최계락문학상 수상
전 국제신문 문화부장

추모사

보고 싶고 그리운
무성 형님

이오상 KNN 대표이사 사장

지난해 9월 말 추석 연휴를 서울에서 보내고 있을 때 형수님의 다급한 목소리를 듣고 깜짝 놀랐습니다.

불과 한 달 전 지인들과 같이 식사했던 무성 형님의 급작스러운 부음 소식을 듣고 그 자리에서 엉엉 울고 말았습니다. 가슴이 찢어지는 것 같았고 인생의 큰 기둥이 사라지는 느낌이었습니다. 말로 형언할 수 없는 큰 슬픔에 지금도 가슴이 아픕니다.

29년 전인 1995년 6월쯤으로 기억됩니다. 부산 남부경찰서 출입기자로 형사과에서 이런저런 취재를 하고 있을 때 키 크고 잘생긴 사람이 다가와 "기자냐"고 물었습니다. "신생 언론사인 PSB 부산방송 기자"라고 말했더니 자기는 "국제신문 기자"라면서 인사를 먼저 청해왔습니다. 중저음의 보이스에 깍듯한 매너가 마음에 들었습니다. 당시 언론계는 나이보다 입사 연차로 선후배를 따지는 풍토여서 "언제 입사했냐"고 물으니 저보다 1년 정도 입사가 빨랐습니다. 그래서 주저하지 않고 선배로 불렀고 그 이후 숱한 추억을 쌓아가며, 호형호제하며, 인생의 동반자로 지냈습니다.

무성 형님은 참 맑은 사람이었습니다. 항상 올곧은 판단력과 행동으로, 조금이라도 잘못된 것을 보면 부드러운 방식으로 주변 사람들에게 사리 분별을 해주었습니다. 형님의 기사와 글은 형님의 정신을 대변하듯 담백하면서도 깊이가 있어 늘 읽으며 고개를 끄덕이곤 했습니다.

저와 같은 언론계 후배들에겐 언제나 강요하지 않는 자연스러움으로 모범을 보였습니다. 형님 인생의 이런저런 고비에 부침을 겪으실 때에도 다급해하지 않고 때를 기다리는 여유를 보여주셨습니다. 제가 볼 때 힘들 때 내색을 더 하고, 주변에 힘들다는 것을 더 많이 알리고, 때론 화를 내며 스트레스를 풀었다면 이렇게 허망하게 빨리 가시지는 않았을 텐데 하는 큰 아쉬움이 몰려오는 대목입니다.

지난해 추석 연휴 유명을 달리해 지역사회가 형님의 부음을 제대로 듣지 못했고, 또 연휴 이후 다들 바쁜 일상에 형님에 대한 기억과 그간의 기록들이 제대로 정리되지 못하고 있다는 생각이 들었습니다. 그 생각은 주변 지인들과 논의하여 형님의 글과 사진, 가족분들의 그리움을 녹여 문집을 만들면 좋겠다는 생각으로 이어져 추모문집 발간을 제안하게 되었습니다.

고마우신 분들이 함께 동참해 힘을 보태면서 참으로 귀한 책이 세상에 나와 형님의 인생을 기록으로 남겨 세상이 기억하게 됐습니다. 형님께 받은 오랜 우정과 사랑을 이렇게나마 기록으로 남기게 됐다는 점에서 그래도 마음의 빚을 조금이라도 더는 기분입니다.

맑은 사람, 고운 사람, 올곧은 사람, 그리고 자신에게는 엄격하면서 주변에는 한없이 따스했던 무성 형님, 너무 보고 싶습니다. 너무 그립습니다. 형님과 함께 어울리며 술 마시고, 밤새 이야기하고, 함께 운동하고, 함께 모임 하던 그 시절이 너무 그립습니다.

부디 이승의 모든 힘든 기억 다 잊으시고 저세상에서 평온하게 영면하시기를 기도드립니다.

추모사

사랑하는 아우 무성에게

이 영 전 부산시의회 의장

무성 아우 잘 계신가?

이제 그곳 생활도 자리가 잡혔겠지. 자네가 국제신문 사장이 되었다는 소식을 듣고 나는 얼마나 기쁘고 자랑스러웠던지. 동네방네 자네 자랑을 하지 않았는가? 그 자리가 사람 잡는 자리인 줄은 꿈에도 몰랐지 뭔가. 대표이사가 된다는 것은 국제의 전 가족을 먹여 살리고 신문사의 모든 경영을 책임져야 하는 것이기에 재임 기간 중 자네가 말은 않았지만 나날이 얼굴이 상해가는 모습을 보며 많은 우려를 했는데, 그만두는 것도 간단치 못한 것 같은 자네를 보며 마음이 편치 못했었지.

박무성, 아니 박정춘, 자네를 만난 것이 2002년 내가 부산시의회 의장을 맡으면서였지. 의회 출입 기자로서 유난히 자네와 CBS 정민기, KNN 이오상 이렇게 넷이 한 번씩 함께 만나 술잔을 기울인 것이 결국 독수리 4형제로서 20년의 세월을 함께 살아온 출발이 되었지.

자네는 늘 젠틀맨, 성품이 곧고 대쪽 같은 냄새를 풍기는 선비였지. 수시로 번개팅은 물론 부부 동반 송년회는 1박 2일로 이어지고 아이들까지 출석시켜 우리는 한 가족이 되었지 않았는가? 자네 부인의 무궁무진한 입담과 사람을 웃기고 즐겁게 하는 재주를 보고, 또 멋지게 한잔하는 분위기를 함께하며 정춘이는 마누라 덕에 살겠구나, 나는 속으로 참 좋아했네.

신문사 사장을 마치고 이어진 정계 진출, 금정구에서 국회의원 출마를 했을 때 기쁘기도 했지만 걱정이 앞섰다네. 나도 두 번씩이나 국회의원 출마로 떨어진 경험만 있기에, 자네의 변신에 응원을 하면서도 뭔가 걱정이 앞서기만 하더군.

정춘이, 이름을 바꾸더니 선비가 장사꾼의 옷을 입기도 하고, 투전판에 뛰어들기도 하는 모습을 보며 자네같이 선한 사람이 입고 있는 옷 때문에 얼마나 스트레스를 받을까? 스트레스는 암이 된다던데 하는 방정 맞는 생각 때문이었을까? 자네의 췌장암 선고를 듣고 가슴이 철렁하여 이름을 무성이로 바꾼 것이 화근이 된 것 같다는 원망이 치솟더군. 무엇을, 누구를 원망하겠는가?

팔순이 다 되어가는 형이 아우의 빈소에 조문하는 가슴은 터질 것만 같았네.

곧 밀양으로 이사를 한다는 소식을 들었을 때 이제 모든 것 정리하고 부인과 귀촌하여 자연 속에서 치유되겠구나 하던 희망도 모두 사라지고 자네 혼자 훌훌 이사를 해 버렸구먼. 어쩌겠는가? 그곳에서는 몸에 맞지 않는 옷을 입지 말게. 마음 비우고, 자식도, 친구도, 다 비우고 마누라만 챙기게나. 자네를 떠나보내고 빈방을 지키며 살고 있는 자네의 반쪽이라도 저승에서 잘 지켜주게. 사는 것은 죽기 위해서 가는 과정이 아닌가. 우리 모두 자네를 만나러 갈 때까지 편안하게 하고 싶은 대로 하시며 지내게.

무성이, 사랑하네! 보고 싶네!

추모사

'나의 좋은 형'
박무성을 기리며

정민기 전 부산CBS 대표

신기하다. 일주일 전의 일들도 잘 기억나지 않는 요즘에 20여 년 전에 형과 함께했던 일들이 뚜렷이 기억나다니… 가끔씩 형이 없는 게 꿈인가 싶기도 하다.

형과는 남부경찰서를 시작으로 부산시경과 시의회 등 다양한 출입처를 함께했다. 형을 처음 만날 당시 나는 겨우 3년 차 전후 기자였던 만큼 좌충우돌했고 형은 그런 나를 많이 잡아줬다.

나중에 형이 국제신문의 사장이 됐을 땐 나도 부산CBS 대표로 모임을 함께하기도 하고 경영상의 고민을 나누기도 했었다.

그와의 첫 만남은 1995년으로 기억한다. 남부경찰서에서 아침 보고를 위해 분주할 때 형이 왔었다. 훤칠한 키에 미남인 사람이 "국제 박정춘입니다"라고 했는데 '신사'를 만난 느낌이었다.

급한 성격에 출입처에서 자주 다퉜던 나와는 달리 차분하면서도 논리적인 형은 문제가 생길 때마다 후배인 나를 변호해주고 해결책을 제시해 줬다. 책을 좋아했던 형은 떠나기 두어 달 전에도 나에게 『운명의 과학』이라는 책을 선물하기도 했다. 나의 취향을 아는지 "당신이 읽으면 좋을 것 같아서"라는 말과 함께.

형은 늘 지갑을 먼저 열었다. 서면의 국밥집에서도, 광안리 횟집에서도, 온천장 카페에서도. 만날 때마다 먼저 지갑을 열고 후배를 챙겼다.

만나서는 별 재미가 없는 농담에도 크게 웃고 재밌어했다. 소년 같았다. 잇몸을 드러내고 활짝 웃던 모습이 그립다.

그런 그도 호승심을 보이는 때가 있었으니, 골프를 칠 때다. 후배에게 늘 양보하던 형이었지만 승부에서는 양보가 없었다. 미스샷으로 아쉬워하던 형의 모습이 생각난다. 땅까지 쳐가며.

멋진 샷이 나왔을 땐 소년 장군처럼 의기양양한 표정을 짓기도 했다. 실력이 비슷했던 나와는 라운딩에서 신경전을 벌이기도 했다. 그게 재미였다.

형이 수술을 받고 아픈 와중에 나도 여러 가지로 힘든 일을 겪었다. 형에게 모든 것을 말했고 형은 묵묵히 들어줬다. 형과 만나 얘기를 나누고 오면 신기하게도 마음이 편해졌다. 그가 무슨 처방을 해 준 것은 아니었지만 그와 만난 날은 어떤 해결책을 발견한 기분이었다. 그래서 자주 만났고 그 만남이 기대됐었다(부디, 형도 그때의 만남이 기대됐기를…). 형과 만나면서 '수다'의 효능을 깨달았다. 집사람이 친구와 두 시간씩이나 통화를 하고서는 자세한 것은 나중에 만나서 이야기하자는 것이 이해가 되기도 했다.

정말로, 정말로, 형은 무슨 일에서든지 내 편이었다. 어쭙잖은 지적이나 조언보다도 무조건 내 편을 들어줬다. 나는 그러지 못했던 것 같은데도.

그런 형을 이제 만날 수 없다. 다시 한 번 실없는 농담과 함께 신경전을 펴면서 라운딩을 하고 싶은데….

무성 형! 부디 아픔 없는 좋은 곳에서 행복하세요….
저는 이 책에 실린 형의 글을 읽으며 한 번씩 형과 만날게요.
그리고, 저도 형처럼 좋은 형이 될게요!

추모사

평안히 영면하시길
기원합니다

강남훈 전 국제신문 사장

추모집 발간사에 앞서 고(故) 박무성 사장의 영전에 머리 숙여 명복을 빕니다. 부디 이승에서 못다한 아쉬움들 훌훌 털어내시고, 무념무상의 천상(天上)에서 영면하시길 기원합니다.

고 박무성 사장. 그가 국제신문에 입사 후 경제부에서 함께 일하게 된 것이 저와의 첫 인연이었습니다. 훤칠한 키에 뚜렷한 이목구비, 미남형인 그는 다소 딱딱해 보였지만 그래도 국제신문의 소중한 인재였습니다.

그는 기자생활을 거쳐 사회부, 경제부, 문화부 등 편집국 내 주요부의 부장을 지냈습니다. 또 편집국 부국장, 논설위원, 문화사업국장, 편집국장, 논설주간, 그리고 국제신문 대표이사 사장에 이르기까지 요직을 두루 거쳤습니다. 30년 동안 국제신문에 남긴 큰 족적에 지금도 많은 이들이 그를 기억하고 있습니다.

하지만 그는 우리 곁을 떠났습니다. 작년 가을 갑작스러운 비보에 모두가 충격에 휩싸였습니다. 뒤늦게 소식을 접하고 허탈해하는 이도 있었습니다. 너무나 짧은 생(生)이기에 아쉬움은 더 컸습니다. 정말 인생무상이라는 말이 절로 나왔고, 선배·후배 등 많은 이들이 믿기 힘든 비보에 안타까워했습니다.

이런 아쉬움을 조금이나마 달래줄 수 있는 추모집이 나왔습니다. 특히 평소 그와 함께하며 많은 시간을 보냈던 언론계 동료들의 정성으로 추모집이 만들어졌다고 합니다. 그가 국제신문에 게재했던 주옥같은 칼럼 등도 한데 묶어 한 권의 책으로 펴냈습니다.

너무나 고마운 일입니다. 국제신문 식구들이 해야 할 일을 이들이 했습니다. 국제신문을 대표해 감사의 마음을 전합니다. 또 남아 있는 유가족들에게도 이 추모집이 따뜻한 위로가 되었으면 좋겠습니다.

우리는 추모집 발간을 계기로 그를 영원히 기억할 것입니다. 그가 국제신문에서 흘린 땀방울이 헛되지 않도록 더욱 분발하고 노력할 것입니다. 평소 그가 강조했던 언론의 사명과 역할을 잊지 않고 오래도록 소중히 간직하며, 더욱더 힘차게 앞으로 나아가겠습니다. 추모집 발간에 애쓰신 모든 분들에게 다시 한 번 감사드립니다.

내 동생 박무성, 너를 기리며

박무성 연대기

글_큰누나 박정묘

누나 셋을 둔 장남 박무성 사장. 한 집안의 장남이자 가장으로, 언론인으로, 누군가의 따뜻한 동료로 살아온 그의 삶에 대해 큰누님 박정묘 여사의 글을 연표 형태로 재편집하였다.

네가 좋아했던 거목의 은행나무가 빈집을 지킨다. 눈빛과 표정, 오고 간 대화, 걸음걸이…. 모든 게 생생한데, 한 편의 다큐처럼 마음의 영상이 너를 대신할 뿐이다.

1961년 음력 10월 19일

저녁 무렵, 경남 산청군 생초면 어서리에서 태어났다.
누나 셋을 둔 장남 출생으로 작은 기와집은 기쁨과 축복의 장이었지. 둘째 누나는 "우리 엄마 아들 낳았어요!" 하며 자랑했고, 누나들도 기가 살아났다. 커다란 호랑이에게 쫓겨 달아났는데 큰 절집에 이르렀다는 태몽을 이야기하시던 어머니는 너를 애지중지하셨다. 그해 겨울, 네가 열이 나거나 경기를 하면, 나는 까만 밤길을 종종 걸어 동네 할머니를 모셔 오기도 했다.

1962년 3월

공무원이신 아버지를 따라 하동으로 이사했고, 그해 8월엔 경북 금릉군 지례로 옮겨갔다. 지례 우체국 관사에서 너의 첫돌을 맞이할 때 생초에 사시는 큰아버지께서도 축하하러 오셨어. 네가 네 살 때 막내 정우가 태어났다.

1965~1968년

1965년 9월 김천으로, 또 3년 후 1968년엔 부산으로 옮겨와 부산 시민이 되었다. 대연, 보수국민학교, 덕원중학교, 대동고등학교, 부산대학교 인문·사회대학 사회학과, 대학원을 졸업했지. 너희 두 형제는 착하고 우애가 깊어 늘 함께 다니곤 했어. 공부도 잘하고 참 잘생기어 부모님과 누나들의 자랑이고 자긍심이었지. 초등 5~6학년 때, 너희가 매일같이 양배추를 쇠절구에 찧어낸 즙으로 아버지의 위궤양을 낫게 하였어. 이는 두고두고 아들들의 효성이 드러나는 일화였지.

학창 시절

아버지께서는 사업 시작과 동시에 실패하여 실업자셨는데, 학교 가정환경조사서의 아버지 직업란에 '사업구상 중'이라 썼다니 참 놀라웠다. 그때부터도 어휘구사력이 남달랐다. 또한 대학 시절엔 줄곧 학생들을 가르쳐 학비를 마련했는데, 쉽고 적확하게 잘 가르쳤다. 그때의 인연들이 지금껏 이어져 멘토 역할을 했다니 아름답다. 동생이지만 과묵한 데다 생각이 깊고 행동이 반듯하며, 주관이 분명하여 어렵게 느껴질 때도 있었다.

1986년

만 24살, 대학원 공부 중에 결혼을 하겠다고 해서 깜짝 놀랐고, 신부가 정말 예쁘고 좋은 집안에서 잘 자란 엘리트여서 또 놀랐다.

1986년 3월 23일

품위 있는 선남선녀의 결혼식을 보고 친척들은 우리 집에 운이 도래할 것이라고들 했다. 너희 부부는 소위 C.C.였고 서로 신뢰하고 사랑하며, 반려자로서 친구처럼 늘 함께하는 모습들이 보기 좋았어.

1987년 12월

령주가 태어났지. 령주는 외딸로 자랐지만 건실하고 당당하게 잘 자라서, 지금 두 아들의 엄마가 되었네, 이 손자들의 존재가 기쁨과 사랑의 샘이요, 삶의 의미를 더해줬지!

1990년 6월

국제신문사에 입사하였구나. 각 부서를 두루 섭렵하며, 편집국장, 논설주간이 되고… 언론인으로서 은근한 카리스마와 함께 성장해 가는 모습이 참 자랑스러웠어.

2018년

30년 가까이 몸담고 있던 국제신문사 대표이사가 되었지.
"누나로서 '네가 청렴하게 살아왔다'는 게 자랑스럽다"고 하니, "청렴하게 산 게 아니라 가난하게 살아왔지요" 하며 웃어 넘겼지만 삶의 족적이었으리라. 때론 집안 대·소사에도 못 가볼 만큼 신문사 일에 몰두하는 가운데, (은근한 카리스마를 지닌) 중년의 중후한 인격체로 거듭나고 있었다. 어느 날 장례식장에 들어선 너의 모습에서 빛이 느껴져 신선하고 신기했어.

2020년 4월

금정구 국회의원 선거에 출마 후 고배를 마셨지. 그 마무리 의식에서 "사회학을 공부하면서 '사회는 진화한다'는 믿음을 가졌다" 하며 인간과 세상에 대한 큰 그림과 비전을 내비쳤다. 그래서 시대정신을 담은 한 편의 글엔 수십 권의 책이 배경이었음을 헤아린다. 대화할 때, 인문·사회학, 자연과학, 문화 예술, 심리학 등 다양한 분야에 걸쳐 명쾌한 설명과 논지를 밝히는 과정을 듣다 보면 쉽게 이해되고, 공감받기도 하여 편안하고도 뿌듯했다. 너의 인생관과 세계관을 엿보며 삶의 지평이 확장되는 기분, 새롭고 의미 깊었어.

2021년 6월

췌장의 혹이 췌장암으로 진전되면서 그 그림자는 길어만 갔지. 가슴 철렁한 의학적 data와 불안, 괴로운 항암 후유증, 뼈아픈 통증을 견디면서도 늘 "괜찮아요. 좋아질 거예요" 하던 맑은 얼굴, 의연한 모습에 오히려 위로받고 마음이 놓이곤 했어. "너는 늘 너를 초월하고 있어." 이는 너의 실제, 그 자체였다.

2023년 6월 29일

가톨릭 세례를 통하여 하느님의 자녀 '제준 이냐시오'로 태어났다. 너는 이 세례명을 무척 마음에 들어 했지. 방문교리를 해

주신 수녀님께서 "병에서 치유되어, 하느님을 믿으며 가족들과 오래오래 함께하게 해달라고 기도하세요." 이에 "그렇게 염치없는 기도를 해도 됩니까?" 수녀님께서는 이 진솔하고 겸손한 마음, 하느님과 자기와의 관계에 예의를 지키듯, 경건함으로 살아왔음을 통찰하시고 너를 많이 아끼셨다. 열린 마음으로 영적 의미를 빨리 터득하는 너를 가르치는 동안 기쁘고 행복했다고 추억하신다.

6월 29일에서 9월 28일까지 꼭 석 달간의 신앙생활이었지만 하느님을 오롯이 믿고 의탁하며 초인적인 고통을 봉헌했지. 이 고통을 품어주시는 하느님의 뜻을 우리로서는 헤아릴 수 없지만, 그분께서는 진실로 널 사랑하셨으리라. 첫 임종면담 때 가족들과의 작별 인사를 나누고, "주님, 제 영혼을 거두어 주소서. 주님, 제 영혼을 거두어 주소서" 할 만큼, 하느님의 자녀로서 충실했지. 세례성사에서 장례미사까지 주례하신 김병수 시몬 신부님과 셋째 누나가 소속된 작은자매관상선교회 수녀님들, 마지막 순간까지 예수님께서 백인대장에게 하신 '한 말씀'을 간절히 염원하신 발비나님을 비롯하여 수많은 분들이 너의 치유를 간절히 기도하셨다. 이 또한 잘 살아온 네 삶의 씨앗이고 열매라고 생각해.

세 번째 탄생은 하늘나라에서의 부활이라고 믿어. 우리의 기도 안에서 네가 함께하고, 너의 기도를 통하여 우리가 성화(聖化)

되면 통공(通功)이 이루어진다니 함께하는 여정이지. 우리의 마음 안에서 네 삶의 향기를 살려내는 일이 부활이 아닐까?

흉수와 복수를 빼내기 위한 시술에 앞서 "큰누나, 울지 마세요.", " 안 울어. 누난 기도할 때만 울어." 그러나 맏아들의 심적 부담을, 지난한 아픔과 통증을, 홀로 가야 하는 하늘길을, 덜어주고 나누고 동행할 수 없어서 가슴 아리고 애달프다. 우리 곁에서 백과사전적 지식과 지혜, 역량들이 속절없이 사라지고, 빛을 잃은 우리 모두는 기가 꺾였다. 네가 떠난 말간 하늘에 백장미 백 송이를 올린다.

▲ 2023년 4월 투병 생활 중 자주 찾던 통도사 서운암에서 명상을 하고 있는 박무성 사장

"과묵한 데다 생각이 깊고 행동이 반듯하며
주관이 분명하여 동생이지만 어렵게 느껴질 때도 있었다."

▲ 2019년 2월 딸 령주 씨 결혼식 때 가족과 함께한 박무성 사장

▲ 박무성 사장이 2023년 6월 가족들과 함께 라운딩을 하며 즐거운 한때를 보내고 있다.

▲ 2023년 5월 아산병원 치료 차 서울의 딸 령주 씨 집을 찾은 박무성 사장이 손주들의 재롱에 환하게 웃고 있다.

손주들과 함께한 마지막 시간

힘든 치료 중에도 평정을 잃지 않고
한결 같았던 고인.
임종을 몇 달 앞둔 어느 날,
여느 때와 같은 웃음으로
가족들과 시간을 보냈다.

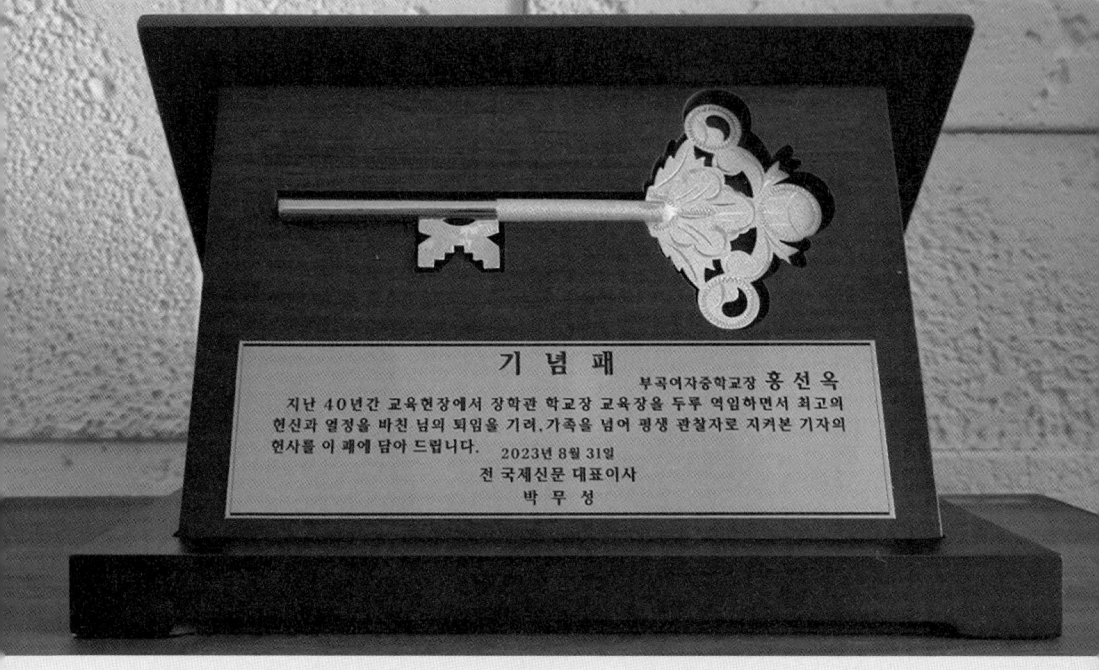

고인이 아내의 정년퇴임을 축하하며 준비한 기념패.
아내를 향한 한없는 존경과 지지, 사랑이 느껴진다.

지난 40년간 교육현장에서
장학관 학교장 교육장을 두루 역임하면서
최고의 헌신과 열정을 바친 님의 퇴임을 기려,
가족을 넘어 평생 관찰자로 지켜본
기자의 헌사를 이 패에 담아 드립니다.

▲ 2023년 9월 박무성 사장이 그토록 좋아했던 밀양 전원주택 마당에서 산을 배경으로 서 있는 모습.
아래 사진은 밀양 전원주택 전경

1부

―
고인을
추억하며

우리의 동료,
우리의 캡틴

정론직필의 길, 늘 모범이 되었던 언론인 박무성.
배울 게 많았던 참 언론인의 모습이 여전히 생생하다.

▲ 1990년대 중반 박무성 사장(오른쪽)이 국제신문 선후배들과 함께한 자리.
박희봉 전 주간(왼쪽)과 박창희 전 대기자(가운데)의 모습도 보인다. 박창희 전 대기자 제공

▲ 2007년 박무성 사장(뒷줄 왼쪽 다섯 번째)이 사회부장 시절 사회부원들과 함께한 영남알프스 야유회 현장

▲ 2010년 박무성 사장(오른쪽)이 국제신문 조봉권 문화부 부국장(왼쪽)·조해훈 전 문화부장(가운데)과 온천동 럭키아파트 인근 횟집에서 건배를 하고 있다.

▲ 2023년 9월 박무성 사장이 딸 령주 씨, 손자와 함께 밀양 표충사를 찾은 모습

뼈아픈 통증을 견디면서도 늘 "괜찮아요. 좋아질 거예요" 하던 맑은 얼굴, 의연한 모습에 가족들은 오히려 위로를 받았다.

늘 든든했던
나의 언덕

딸 박령주

"딸, 5분만 더 있다가 가."

아빠가 나에게 마지막으로 한 말이다.

아빠는 늘 아픈 아빠를 보러 오는 딸이 번거로울까 걱정하며 "병원에 자주 오지 마라. 빨리 집에 가라" 하시며 집으로 돌려보냈다. 그런데 그날은 아빠가 마지막이라는 걸 아셨는지, 저녁 8시가 넘어가는 시간이었는데도 나를 붙잡으셨다. 지금 생각해 보면, 아빠 눈에 가족들의 모습을 조금 더 담고 싶으셨나 보다. 이게 아빠와 마지막으로 나눈 대화인 줄 알았다면 5분이 아니라 밤새 아빠와 함께 시간을 보냈을 텐데… 아쉽기만 하다.

기억도 나지 않을 만큼 내가 아주 어릴 적, 동네 길에 버려진 신문을 보고 '아빠 신문'이라며 쫓아가 줍고 다녔다는 이야기를 부모님이 종종 해 주셨다. 그 꼬맹이 시절부터 아빠가 신문 기자라는 것을 알고 있었나 보다. 아빠는 기자라는 직업에 자부심과 책임감이 강했다. 회사와 후배를 아끼고 사랑했으며, 나아가 올

바른 사회를 만들고 싶어 하셨다.

　나에게 아빠는 서재에서 책을 읽고, 글을 쓰고, 고민하는 모습이 가장 익숙한 분이다. 어릴 때는 그런 모습이 잘 이해가 되지 않을 때도 있었지만, 그런 아빠의 시간이 꾸준히 쌓여 지금의 아빠가 되셨을 것이다. 사회생활을 하면서부터는 어릴 적부터 보고 자란 아빠의 모습이 많이 생각났다. 아빠의 열정은 진심이 아니고는 흉내도 낼 수 없을 만큼 대단한 것이었다. 그런 아빠의 모습을 어찌 존경하지 않을 수 있을까.

　아빠는 늘 본인보다 다른 사람이 우선인 분이셨다. 남에게 폐 끼치는 것을 무척 싫어하셨다. 그런 아빠의 모습을 보고 자라서인지 내게도 그런 면이 많다. 그래서 살아오면서 아빠가 얼마나 힘드셨을지 조금은 이해가 된다. 평생 남을 배려하며 사신 아빠는 마지막 투병 기간까지도 본인 때문에 가족이 힘들어지는 것을 원하지 않으셨다.

　2년이 넘는 투병 기간에 아빠는 "아프고 힘들다"는 말을 전혀 하지 않으셨다. 오히려 걱정하는 나에게 "괜찮다. 아빠는 강한 사람이다. 이겨낼 수 있다. 걱정 마라"라는 말만 반복하셨다. 부산과 서울을 오가며 수술하고 항암 치료를 하는 동안에도, 아빠는 자신보다 어린 손주를 키우는 딸이 먼저였다. 부산에서 손수 음식을 만들어 가져오시고, 딸 집에 와서도 자식 끼니 걱정에 한동안 먹을 수 있을 만큼 음식을 가득 만들어 두고 가셨다. 앉아서 쉬시라고 얘기하면 그때마다 이렇게 해주는 게 아빠의 기쁨이라고 늘 말씀하셨다. 아빠가 마지막으로 만들어주신 스튜 한 그릇은 먹지도 버리지도 못하고, 아직도 냉동실 한쪽에 있다는 걸 아빠는 아실까.

사위에게 마지막 유언을 남기는 순간에도 아빠는 하나뿐인 딸을 잘 부탁한다는 말씀이 없으셨다. 아빠가 돌아가시고 나서 '왜 아빠는 어느 누구에게도 나를 잘 챙겨 달라는 말씀이 없으셨을까' 궁금했다. 이제는 알겠다. 아빠를 똑 닮은 내가 어떤 어려움이 생겨도 현명하게 잘 이겨내고 꿋꿋하게 잘 살아갈 것이라는 믿음이 있으셨을 것이다.

나는 아빠에게 다음 생에 또 우리 아빠가 되어 달라고 했다. 그때는 일만 하지 말고, 가까이 살면서 여행도 많이 다니고 좋은 시간 많이 보내자고 했다. 이제 손주들과 좋은 시간 보낼 일만 남았는데, 아빠 없이 그 시간을 보내려니 아쉽고 슬프다.

아빠는 나에게 많은 가르침을 주셨다. 중요한 결정이 있을 때는 늘 아빠와 상의했고, 고민이 있을 때도 아빠에게 조언을 구했다. 아빠는 누구보다 날카로운 통찰력과 먼 앞을 내다보는 혜안을 지니고 계셨다. 나에게 더없이 따뜻하고 든든한 언덕이었으며, 세상에 둘도 없는 스승이었다.

아빠는 내가 스스로 잘 컸다고 말씀하셨지만, 나는 아빠 없이 혼자서는 잘 자라지 못했을 거라는 사실을 잘 안다. 잘 키워주셔서 정말 감사하다. 아빠에게 사랑한다는 말을 결혼하고 나서야 하기 시작한 것이 많이 후회된다. 무뚝뚝한 딸이 어릴 때부터 사랑한다는 말을 자주 했더라면 얼마나 좋았을까.

아빠가 보고 싶다. 아빠가 너무 일찍 떠나서 마음이 아프다. 그래도 아빠와 한 약속을 지키도록 부단히 노력하고 행복하게 살아갈 것이다. 그게 아빠가 바라는 하나뿐인 딸의 삶일 테니.

형님,
보고 싶습니다.

동생 박정우

    유년 시절에 좋은 형을 가지고 있다면 나이보다 풍부한 경험을 할 수 있다.

    위로 세 분의 누나와 형, 그리고 나. 우리는 5남매로 자랐다. 나는 세 살 터울의 형과 늘 단짝이 되어 어린 시절을 보냈다. 넉넉지 않은 살림에 요즘처럼 과외나 학원이 성행하지 않았던 시절에 방과 후 일과는 숙제와 놀이였다. 동네 또래 친구들과 어울려 딱지며 구슬치기도 하고, 탐험가가 되어 동네를 누비기도 하고, 병사가 되어 시가전을 벌이기도 하였다. "아무개야, 밥 먹어라!" 하는 어느 어머니의 외침이 들려오면 하루의 놀이가 끝이 났다.

    저학년이던 나는 수업을 마치고 돌아오면 창밖을 내다보며 형의 귀가를 기다리곤 했다. 혼자 놀러 가는 것보다 형과 같이 나가는 것이 여러모로 유리했다. 그리고 형이 가져다주는 어린이 신문의 연재 만화는 그 기다림의 달콤한 보상이기도 했다.

    중고등학교에 진학하면서 나는 과학자를 꿈꾸며 관련된 책들을 즐겨 보았다. 한편 형의 책장에는 『유물론』이나 『변증법』 같은 인문학 제목의 책들이 많았다. 작가를 꿈꾸던 형은 나보다 독서량이 많았고, 한 번씩 책이나 신문에서 읽은 인상적인 부분을 말해주며, 사회적 현상과 역사의 기록도 누가 어떻게 보느냐에 따라 달라질 수 있다는 것을 알려주려고 했던 것 같다. 지금은 가장 객관적이라고 할 수 있는 자연과학에서도 관찰자의 시점에 따라 해석이 다르다는 것이 당연하게 받아들여지지만, 활자화된 매체에 기록된 모든 내용은 진리라고 믿었던 그 시절에는 신선한 충격이었다.

대학생이 되어 나는 서울로 진학하고, 형은 부산에서 학업을 계속했다. 집안 형편상 과학자의 꿈을 접고 공대로 진학한 나의 대학 시절은 그다지 만족스럽지는 못했다. 여름방학이 되어 집으로 돌아온 나는 반수를 하고 내가 하고 싶은 공부를 하겠다고 했다. 어려운 형편에 서울의 학교로 진학시키고 자랑으로 여기셨던 부모님께는 청천벽력 같은 소리였다. 형이 한마디 했다. 차라리 문과로 바꾸겠다면 이해를 한다, 그런데 공대에서 자연대로 바꾸는 것은 의미가 없다고. 형은 나의 멘토였기 때문에 나는 아무 소리 못 하고 학업을 마쳤다. 지금도 그때 반수를 하지 않고 무사히 대학을 졸업한 것을 크나큰 다행으로 여기고 있다.

내가 대학을 졸업하던 해에 형은 결혼을 하고 신문사에 입사하였다. 나는 부산에서 직장을 얻었지만 해외사업을 주로 하게 되었다. 다섯 형제가 모이면 부산과 교육계라는 공통 화제가 있었지만, 나는 내 살기에 바빴던 것 같다. 그렇게 세월이 흘렀다.

미국에 유학 중인 막내가 방학을 맞이하여 귀국했다. 눈이 시리도록 파란 어느 겨울날이다. 아내와 아이들과 함께 아버지와 형의 산소를 찾았다. 몇 달 전 막내가 출국할 즈음에 "이번에 출국하면 살아생전 큰아빠를 다시 못 볼지도 몰라" 하고는 형을 찾았다. 작별 인사를 하면서 녀석이 큰아빠를 한참이나 들여다본다. 큰아빠도 녀석을 한참 본다. 서로 포옹하고 잘 다녀 오라고 덕담을 한다. 차가 출발하니 녀석이 백미러를 유심히 보고 있다.

술잔을 올리고 절을 했다.
아내와 아이들도 절을 했다.

뭐가 그렇게 바빴을까? 다복한 대가족 속에서 유년을 보냈지만, 메마른 중년의 나 자신을 되돌아보면서, 왜 좀 더 살갑게 살지 못했는지 후회가 밀려왔다. 마음속으로 '형님, 보고 싶습니다'라고 소리쳐 봤다. 다시 고개를 들어 시리도록 파아란 하늘을 바라보았다. 눈가가 촉촉해졌지만 흐르지는 않았다. 다행이다. 아무 일 없다는 듯 무심하게 내뱉는다.
"그 참. 날씨 한번 좋네."

엄격함 속 다정다감한
후배사랑으로 성장 이끌어

권혁범 국제신문 미래전략실장

부드럽기보다 꼿꼿하셨습니다. 다정하기보다 엄격하셨습니다. 격려하기보다 꾸짖으셨습니다. 언제나 원칙을 지키고, 흐트러진 모습을 보이지 않으셨습니다. 그래서 다가가기 어려워하는 후배가 많았습니다. 겉보기에 선배님은 그런 분이셨습니다.

하지만 잘 표현하시지 않은 속마음은 달랐습니다. 한 번 맡기면 끝까지 믿고 해낼 때까지 기회를 주셨습니다. 후배의 기사에 자그마한 성과라도 있으면 백배 천배 더 크게 기뻐하셨습니다. 늦은 밤 만취한 후배의 영상 전화를 속옷 바람으로 유쾌하게 받아주셨습니다. 다음 날 "집에 잘 들어갔냐"며 먼저 안부를 물으셨습니다. 후배의 딸내미가 하루하루 성장하고 아파하는 모습에도 함께 즐거워하고 걱정하셨습니다.

그뿐이겠습니까. 선배님은 누구든 만나 술 한잔하시면 후배들 자랑에 신이 나셨습니다. 후배들을 "내 새끼"라고 부르셨습니다. 종종 "나보다 나은 놈"이라고도 치켜세우셨습니다. 선배님이 하신 칭찬 중 최고 경지였다고 생각합니다. '진짜 선배님'은 그렇게 따뜻하고 품이 넓은 분이셨습니다.

돌이켜 보면 선배님의 기준은 항상 높았습니다. 통과하기가 쉽지 않았습니다. 야속할 때가 없지 않았지만 그 기준에 맞추기 위해 하나 더 공부하고, 한 걸음 더 움직이고, 한 명을 더 만났습니다. 기사를 쓰며 토씨 하나하나 선택할 때도 선배님께 꾸중 듣지 않게끔 고민하고 또 고민한 시절이 있었습니다. 3년 연속 선배님을 직속 데스크로, 이후에도 편집국장 사장으로 모시며 참 많이 배웠습니다. 분에 넘치는 배려도 받았습니다. 덕분에 저도 기자 흉내는 내면서 살 수 있었던 것 같습니다. 선배님의 지지와 응원이 없었더라면 세상에 내보이지 못했을 기사도 많습니다.

후배들 곁을 너무 일찍 떠나셨지만, 또 어딘가에서 치열하게 움직이고 계시리라 믿습니다. 선배님 성품에 어디서든 마냥 손 놓고 쉬시지는 않겠지요.

이 세상 소풍 끝내신 게 지난가을입니다. 선배님, 지금 어디까지 가셨습니까. 아직 못다 한 세상 구경하십니까. 아니면 그곳에 다다르셨습니까. 부디 신문사 걱정, 후배들 걱정 접으시고 성큼성큼 걸어가십시오. 이곳은 계절이 바뀌어 제법 추운 겨울입니다. 따뜻한 봄이 오면 선배님도 그곳에 잘 정착하셨을 거라 여기고 저도 마음 놓겠습니다. 부디 평안히 지내십시오. 또 인사드릴 날 오겠지요.

'선배'란 무게를 짊어졌던
천생 기자

남차우 부산과학기술협의회 사무처장

 선배란 말은 언론사에선 다른 어느 조직보다 각별한 의미를 지닌다. 기자직이 갖는 다소 까칠한 성향 탓인지 몰라도 누군가가 "○ 선배"라고 부른다면 나름 존경까지는 아니라도 좋아한다는 말로 봐도 무방하지 싶다. 일 관계상 쓰이는 형식적 호칭과 구별된다는 게 나의 경험치다.

 고 박무성 사장은 국제신문 수습기자로 들어와 편집국장 논설실장을 거쳐 신문사 수장까지 지냈다. 흔치 않은 궤적을 신문사에 남겼다. 그는 내 바로 뒤 수습기수라 25년여간 한배를 탔다. 복간 이후 순탄하던 국제호는 1998년 IMF 모진 한파를 맞고 난 뒤 줄곧 내외 풍파에 시달렸다. 그럴 때마다 기자들은 '선배'를 찾았지만 그 존재는 신기루였다고 하겠다. 이것 역시 순전히 내 판단이지만.
 그 와중에서도 고인은 자신의 자리를 잘 지켜내지 않았나 생각된다. 그 나름의 조직 추스르기로 사려된다. 그 누구보다 시경 캡

사회부장 등을 지내면서 다른 이들과 갑론을박 날 선 논쟁을 마다하지 않았다. 순항하는 배였다면 어느 일면 권장될 일이었지만 이런저런 논란의 중심에 서기도 했다.

그의 이런 면이 편집국 지휘봉을 맡으면서 진가를 발휘했다. 내가 퇴직한 후다. 편집국장인 그이기에 가능한 한 과감한 기획 기사로 '국제' 지가를 크게 떨쳤다. 개금동 철길 옆 마을에 무려 6개월간 두 기자가 어르신들과 생활하며 기록한 〈생애, 마지막 전력질주〉는 지역 언론의 존재 이유를 증명했다. 이 장기 기획 기사는 이듬해 2018년 한국기자상(지역 기획보도 부문)을 비롯 일경언론문화상, 삼성언론상 석권으로 이어졌다. 이후 전국에 유사 기획취재 단초를 제공했다는 점에서 의미는 더욱 각별하다.

그런 그가 사장으로 회사 살림살이 챙기랴, 지면에도 신경 쓰랴 '가지 많은 나무 바람 잘 날 없다'는 말을 뼈저리게 실감했을 터다. 밖에서 간혹 지면 제작 관계로 편집국 후배들이 많이 힘들어한다는 얘기를 전해 듣곤 했다. 이는 그가 편한 길이 아니라 어렵더라도 신문이 가야 할 길, 그게 진정 후배 기자들이 가야 할 방향이라고 여겼기 때문이리라.

고인은 말수가 그다지 많은 편이 아니나 어떤 사안을 두고는 매우 논쟁적이다. 심지 깊은 천생 기자다. 그와 함께 보낸 세월이

다시금 새롭다. 노조 위원장을 마칠 즈음 당시 기협 지회장인 그와 긴 얘기를 나눴던 때와 부산시장 보선 직전 2021년 3월 서면에서 만나 식사한 마지막 만남이 이 순간 떠오른다.

"남 선배" 하고 고인은 나를 불렀다. 그 호칭에 어떤 의미가 담겨 있었을까. 오늘 그를 생각하면 나의 부족함을 다시 한 번 느낀다. 그가 기자정신을 붙잡으려 무진 애쓰는, '선배'라는 무게감에 짓눌려 생을 재촉한 건 아닌지. 그를 추모하면서 드는 나만의 부질없는 생각이다.

언제나 따뜻하게
후배 감싸주셨던
큰 나무 같던 선배

박수현 국제신문 문화사업국장

올곧은 기자정신으로 후배들의 귀감이 되시고, 언제나 큰 형님처럼 후배들을 따뜻하게 감싸주셨던 선배님은 당당하고 꼿꼿했던 선비 같은 분이었습니다.

몸이 불편하시다는 이야기를 듣고 몇 번 뵈었지만 늘 괜찮다고 말씀하셨던 것도 성품대로 마지막까지 꼿꼿함을 지키기 위함이 아니었을까 하는 생각이 들자, 빈소에서 마주했던 영정 앞에서 눈물을 쏟고 말았습니다. 왜 그렇게 눈물이 나던지, 금방이라도 다가와 "바쁠 텐데 왜 왔니" 하시며 어깨라도 두드려주실 것 같은데, 그냥 웃고만 계시는 사진 속 선배님을 보면서 현실을 받아들일 수밖에 없었습니다.

선배님과의 각별한 인연의 시작은 20년 전 선배님이 국제신문 기자협회장에 당선되시고 제가 사무국장을 맡을 때부터였습니다. 당시 정말 신나게 일했던 기억이 새록새록 떠오릅니다. 200명이 넘는 기자들 간의 네트워크를 만들기 위해 '기자협회 홈페이지'

를 만들고, '기자협회 전국축구대회'를 준비하기 위해 회원들을 소집해 출근 전 한 시간씩 운동장에 모여 훈련을 하기도 했습니다. 매일 훈련 프로그램을 만들고 회원들을 챙기느라 바쁘긴 했지만, 큰 나무처럼 서 있는 선배님이 계셨고 전국대회 우승이라는 분명한 목표가 있었기에 행복했던 시간들이었습니다. 결국 그해 부산기자협회 축구대회에서 우승을 하고 지역대표로 대전에서 열렸던 전국기자협회 축구대회에 출전, 공동 우승이라는 성과를 거두었습니다.

선배님은 인간적인 소탈함도 지니신 분이었습니다. 어느 해인가 해외 출장을 가신다고 작은 사진기를 장만하셔서는 "사진 잘 찍는 방법을 가르쳐달라"고 하시던 일, 출장을 다녀와서는 "덕분에 좋은 사진 많이 찍었다"며 선물을 건네시던 모습 속에 따뜻한 인간미를 느낄 수 있었습니다.

선배님은 늘 무한한 신뢰를 보내주셨습니다. 선배님의 신뢰 속에 20년간 기자생활을 마치고 편집국을 떠나 당시 선배님이 국장을 맡고 있던 문화사업국으로 자리를 옮겨 신문사 사업을 하나하나 배웠던 일들은, 지금 제가 문화사업국장을 맡아 업무를 수행하는 데 큰 자양분이 되고 있습니다.

사람을 믿고, 큰 나무처럼 뒤에서 묵묵하게 지켜봐 주시던 선배님의 넉넉한 미소와 곧은 성품을 감히 흉내조차 내지 못하는 후배이기에 선배님의 빈자리가 너무나 크게 느껴집니다. 생전 자주 찾아뵙고 고통과 아픔을 함께 나누지 못했던 아쉬움이 원망이 되고 맙니다.

부디 편안하게 영면하시고, 늘 그러하셨듯이 국제신문과 후배들을 지켜봐주시기 바랍니다.
감사했고, 존경합니다.

젠틀맨 박무성 기자,
우리가 물이 되어

박창희 경성대 미디어커뮤니케이션학과 교수

내게 박무성은 자존심 세고 굳건한 믿음의 사나이였다. 한마디로 젠틀맨이었다. 나보다는 한 기수 아래의 후배였지만, 그의 몸가짐과 행동, 말과 글에는 도도함이랄까 엄정함이랄까 그런 것이 있었다. 그런 엄정함은 기자다움의 다른 표현일 수도 있지만, 선후배들이 가까이 다가가기 어렵게 만드는 부담 요인이었던 것도 사실이다.

그와 대화를 하려면 정확한 논리와 팩트, 의미를 앞세워야 했다. 그에겐 '좋은 게 좋다'고 할 수 없었다. 선배나 상사나 아닌 것은 아니라고 말했고, 때때로 싸우면서도 고집스럽게 자신의 뜻을 관철시켰다. 그 와중에도 후배를 챙기는 자상함이 있었으니 따스한 인간미의 소유자였다. 언뜻 보면 독특한 캐릭터라고 할 수 있지만, 달리 생각해보면 만나기 힘든 후배였던 것도 사실이다. 그 후 그가 신문사 요직을 거쳐 사장이 된 것을 보고는 엄정함의 승리라 생각했다. 그는 어디서 무엇을 하든 돋보이는 존재였다.

논설실에 있을 때 그는 이명박 정부의 4대 강 사업을 날카롭게 비판했다. 그리고 이 땅의 교육 문제, 불평등 사회, 일그러진 정의, 그리고 권력의 사유화 등에 대해 냉철한 분석과 대안을 제시해 호응을 얻었다.

사장 시절, 그는 낡은 관행과 타성을 벗어던지고 새롭게 혁신해야 살 수 있다고 역설했다. 그리고 강조한 것이 생각의 혁신, 조직의 혁신이었다. 똑같은 기사 100개보다 한 개라도 새로운 기사를 쓰라고 말해온 경영자. 어려운 여건 속에서 회사를 살리려고 동분서주하던 그의 모습이 눈에 선하다.

현실 개선과 사회 개조, 미래 비전에 대한 신념을 갖고 현실정치에도 뛰어들었으나, 불시에 찾아온 병마는 그가 꿈꾸었던 세계를 앗아가 버렸다. 세상에 이런 황망함과 어이없음이 어디 있단 말인가. 언론계의 손실이요 지역사회 인재의 유실이다.

정 주고 떠나신 님 / 나를 두고 어딜가나 / 노을빛 저 세월도 / 님 싣고 흐르는 물이로다…하늘이시여, 내 못가도 님을 살펴 주소서.

김수철의 노래 〈별리〉를 나직이 읊조려 본다. 떠난 님을 불러 보지만, '님 싣고 흐르는 물'은 그저 흘러갈 뿐 뒤돌아보지 않는다. 세월이 유수(流水)라 했던가. 가는 세월 잡지 못하니 떠난 이가 더욱 그립다.

우리는 곧 물이 되어 만날 것이다. 만남과 떠남이 원래 하나에서 시작되고 끝나듯, 떠남은 또 다른 만남을 예비함이니 우리 모두는 물의 대순환 질서 속에서 다시 만날 것이다.

박무성.
나의 후배여, 벗이여! 아픔 없는 곳에서 부디 평안하시라.

병마와 싸우면서도 의연했던 선배
온화한 웃음 오늘따라 더 그립습니다

송대성 부산일보 전 편집국장

박 선배, 선배가 저 먼 세상으로 홀연히 가신 지도 벌써 수개월이 지나 새해가 되었습니다.

이승에 있는 우리는 선배 없이도 이렇게 잘 먹고, 잘 웃고 해를 넘겨서도 잘 지내는데, 선배도 평안하게 잘 지내고 계시겠지요? 비록 홀로이지만 이승에서의 병마와 고통 없이 저 높은 곳에서 자유로운 영혼 되어 편히 쉬고 계시리라 생각합니다. 서로 넘나들 수 없는 이승과 저승의 경계를 극복하지 못하고, 결국 무심한 세월의 흐름 속에서 나중에는 잊힌 인연들로 남겨지지 않나 하는 안타까운 생각도 해봅니다.

새해 첫날, 평소처럼 지인들에게 새해 인사를 문자로 보내기 위해 주소록을 정리하면서 올해엔 '박무성'이란 이름을 삭제하려니 문득 선배 생각이 많이 났습니다. 지난 연말, 고교 동문 언론인들이 모처럼 모여 송년 식사 자리를 가졌답니다. 예년 같으면, 동문 언론인으로서 한가운데 앉아있어야 하는 선배의 빈자리가 유독 안타까움을 더했습니다. 후배들에게 언제나 인자한 모습으로, 격의 없는 대화로 대해주었던 선배가 이제 더는 함께할 수 없게 됐다는 현실에 후배들은 한동안 숙연해졌답니다.

선배의 투병 소식은 후배들에게 너무나 갑작스럽게 들렸고, 혹여나 실례될까 조심스러워 안부 인사조차 제대로 못 한 상태에서 갑자기 영면하셨다 하니, 후배들로선 실감이 나지 않는 것도 사실입니다.

돌이켜보니, 제가 선배를 알게 된 건 1999년쯤으로 기억납니다. 부산경찰청을 출입할 때입니다. 이른바 '시경 캡'으로서 먼저 경찰청을 담당하고 계시던 선배를 경쟁자로서 처음 만났습니다. 훤칠한 키에 넓은 이마가 인상적이었던 선배가 특유의 온화한 웃음을 띠고 저를 반갑게 맞아주었던 기억이 또렷하게 남아있습니다. 3년 차의 하늘 같은 고교 선배. 하지만 저는 경쟁사 출입 기자로서 선배를 이기기 위해 이리저리 뛰어다니는 바람에 때론 선배를 당혹스럽게 만들곤 했지요. 그때마다 선배는 속 깊은 곳에서 나오는 느긋한 목소리로 "수고했다, 오늘 기사 좋더라"라며 격려해 주었던 모습을 잊을 수가 없네요. 항상 후배들을 배려하고, 언론인으로서, 학교 선배로서 흐트러짐이 없던 생전의 모습 그대로 병마와 싸우면서도 의연하게 죽음을 맞이했다는 형수님의 말씀을 들으면서 더욱 선배를 그리워하게 됩니다.

느긋한 성품을 지닌 선배가 이승을 떠날 땐 어찌 그리 서둘러 가셨는지요? 그저 안타까울 따름입니다. 선배로부터 다시 한 번 "수고했다"라는 말을 듣고 싶네요. 누구보다 온화한 웃음을 가진 선배의 모습이 오늘따라 더 그립습니다.

우리들의 영원한 캡틴 박무성,
냉철한 지사형 기자의 전형

오상준 국제신문 총괄본부장

그는 나에게 캡틴으로 각인돼 있다. 1995년 11월 국제신문에 입사해 경제부를 거쳐 1998년 사회부 사건기자로 발령받을 때 시경 캡이 박·정·춘(개명 전 이름). 시경 캡은 부산경찰청(시경·市警)을 출입하는 기자로서, 사건기자들을 지휘하는 '캡틴'이다. 쉽게 말해 사건기자들의 '대빵'이다.

경찰서를 돌며 사건·사고를 비롯해 지역 문제를 파헤치는 사건기자에게 시경 캡은 절대적 존재다. 하루에 오전, 오후, 저녁, 밤 등 4~5회 정해진 시간에 맞춰 시경 캡에게 전화를 걸어 자기가 맡은 지역에 특이 사항이 있는지, 어떤 기사를 쓸지를 보고하고 지시받는다. 업무 특성상 시경 캡과 통화하는 경우가 가족보다 많다 보니 가까워질 수밖에 없다. 2010년 카카오톡이 나오고 사건기자의 보고 방식이 진화해 통화 횟수가 줄어들긴 했지만.

훤칠한 키에 마른 체구, 다소 시니컬해 보이는 외모를 풍기지만 알고 보면 가슴 따뜻한 선배였다. 사건·사고를 육하원칙에 맞게 꼼꼼하게 챙기지 못한 채 보고하거나 경쟁지 기자에게 기사를 뺏겨 낙종하면 불호령이 떨어진다. 업무에 철두철미해 후배에게 야단을 잘 치는 편이지만 저녁에는 밥과 술을 사주며 풀어주는 인간적 면모를 동시에 갖췄다.

당시 국제신문 사회부 사건기자들은 이런 박무성 캡틴의 리더십 아래 한마음으로 움직이는 원팀이 됐다. 1998년은 우리나라가 국제통화기금(IMF) 구제금융을 신청한 직후라 실업자 대량 양산, 기업 연쇄 부도, 지방선거 같은 굵직한 이슈가 쏟아졌지만, 원팀으로 발 빠르게 대응했다. 박 캡틴이 시경 캡을 하는 동안 후배에게 밥과 술을 사주느라 은행에 몇천만 원의 마이너스 통장을 개설해 빚이 생겼다는 사실을 뒤늦게 알고는 마음이 아팠던 기억이 난다.

개인적으로는 야단을 맞으며 한결 완성도 높은 기사를 쓸 수 있게 단련되고 성숙해져 박 캡틴에게 고마움을 느끼고 있다. 무엇보다 박 캡틴에게서 사건·사고 이면에 숨어 있는 본질을 파헤쳐야 '임팩트' 있는 기사를 쓸 수 있다는 점을 배웠다. 변죽만 울리지 말고 정곡을 찔러야 한다고.

박 캡틴은 바쁜 와중에도 「시사저널」(「시사인」의 전신) 같은 주간지나 책을 끼고 살았다. 늘 공부하는 기자의 자세를 보여줬다. 비판만 하지 말고 대안까지 제시해야 좋은 기사라는 자신의 지론을 실천하기 위해서였다. 추모 글을 쓰면서 기억을 더듬어 보니 고인은 냉철하면서도 부드러운 지사형(志士型) 기자의 전형이라는 생각이 들었다. 그는 갑작스럽게, 너무 일찍 우리 곁을 떠났지만 내 가슴속에는 캡틴으로 영원히 남아있을 것이다.

'축적의 시간'을 함께했던
당신을 기리며

이노성 국제신문 논설위원

　박무성 선배. 그곳은 어떤가요. 오늘처럼 추웠던 2019년 그날이 생각납니다. 국제신문 사장이던 당신이 책을 한 권 주셨습니다. 서울대 교수 26명이 쓴 『축적의 시간』(지식노마드)입니다. 기억에 남는 문장입니다. "가마우지 경제에서 벗어나 고부가가치 경제로 도약하는 핵심은 창조적 개념 설계 역량을 가능케 하는 축적된 경험 지식에 있다." 가마우지는 오리처럼 헤엄치다 빠르게 잠수해 물고기를 낚아챕니다. 가마우지를 이용한 낚시도 있습니다. 어부는 가마우지가 먹이를 삼키기 전에 미리 목에 매단 끈을 잡아당겨 물고기를 가로챕니다.

　우리나라 경제를 '가마우지 경제'라고 합니다. 해외 원천기술과 부품에 의존하는 산업이 많은 탓입니다. 수출이 증가하면 특허·소재를 공급한 다른 나라가 더 이익을 봅니다. 박 선배가 『축적의 시간』을 권한 것도 국제신문이 '펠리컨 경영'으로 전환하길 바라는 마음 때문이었을 겁니다. 펠리컨은 부리에 달린 주머니에 먹이를 가득 담았다가 새끼에게 먹입니다. 자립경제의 상징입니다.『축적의 시간』에선 창조적 개념 설계를 강조합니다. 애플 아이폰을 빠르게 베끼는 식의 모방 전략에서 탈피해 개념 설계 역량부터 차근차근 확보해야 '퍼스트 무버(first mover)'로 올라설 수 있기 때문입니다. 이때 선각자 정신이 중요합니다. 누구도 가지 않은 길을 개척하는 고단함을 기꺼이 감수해야 하는 탓입니다.

박 선배가 주신 책에서 영감을 얻어 몇 가지 시도를 했습니다. 그중 하나가 다큐멘터리 제작입니다. "신문사가 웬 영화냐"는 말을 많이 들었습니다. 하루하루가 시행착오의 연속이었습니다. 마침내 2020년 50분짜리 〈청년 졸업 에세이〉를 세상에 내놨습니다. 초짜 기자가 감독을 맡은 덕에 완성도가 높진 않아도 장편 제작 경험을 축적할 수 있었습니다. 이듬해에는 100분짜리에 도전했습니다. 부마민주항쟁을 다룬 〈10월의 이름들〉입니다. 2021년 부산국제영화제(BIFF) 다큐멘터리 경쟁부문 공식 초청작으로 선정됐으니 한 발은 나아간 셈입니다. 2022년 제작한 〈죽어도 자이언츠〉(롯데 자이언츠 40년사)는 전국 60여 개 극장에서 개봉했습니다. 해외까지 시야를 넓혀도 언론사가 제작한 영화에 관객이 지갑을 연 건 손에 꼽을 정도입니다. "실패의 경험이 곧 축적"이라며 무모한 도전을 응원해준 선배들이 있었기에 가능했던 '기적'입니다. 그 든든한 뒷배가 바로 국제신문 사장을 역임한 박무성·배재한 선배입니다.

박 선배. 그곳에서도 후배 걱정하고 계시겠지요. 생각해보니 당신은 늘 영감을 주려 하셨습니다. 후배들을 믿고 격려하는 행위가 "상대에 대한 배려와 이해를 전제하는 고된 노동"임에도 당신은 포기하지 않았습니다. 당신은 칼럼에서도 "격의에 얽매이기보다는 그저 진솔하게 주고받을 수 있는 이야기" "한 번으로 안 되면 또 하면 된다. 신뢰는 작은 약속부터 성실하게 지키면서 하나씩 쌓아가는 퇴적물 같은 것"이라며 소통을 강조합니다. 당신이 생전 수많은 상처를 견딘 밑바닥에는 사람에 대한 열망이 깔려 있음을 알고 있습니다. 열린 자세와 인내심으로 고통스럽게 '축적'의 시간을 견딘 당신입니다.

제주에서 투병하시던 당신이 제게 보낸 글을 다시 봅니다. "외롭겠지만 스스로를 믿고 소신껏 하시길. 고독하고 답답할 때 많을 거야. 조금만 길게 멀리 보고 무엇보다, 누구보다 스스로를 믿게." 이 말을 가슴에 품고 편집국장직을 수행했습니다. 부디 저세상에서는 모든 고통을 잊고 당신이 이승에서 미처 쓰지 못했던 문장을 행복하게 탈고하시길 간곡하게 바랍니다.

당신이 그리운 후배 이노성 올립니다.

권한을 내려놓고
낡은 틀을 깨부순 천생기자

이승렬 국제신문 전 편집국장

2024년 갑진년 원단, 한 편의 영화를 봤습니다. 일본 출신 고레에다 히로카즈 감독의 신작 〈괴물〉이라는 작품입니다. 영화에서 꼬마 주인공인 미나토가 '싱글맘'인 엄마에게 하는 말이 기억에 남았습니다.

"엄마! 아빠는 분명 다시 태어났겠지? 좋은 것으로 태어나서 우리를 지켜보고 계실 거야."

"맞아, 미나토. 그런데 아빠는 뭐로 태어났을까?"

"기린. 맞아 기린일 거야. 아빠는 키가 정말로 크니까."

이 대화가 유독 기억에 남은 이유는 우리가 기억하는 한 사람. 갑자기 우리 곁을 떠나버린 고(故) 박무성 기자에 대한 아련함 때문입니다. 인간의 기억은 한계가 있어 결코 기록을 이기지 못한다 했습니다. 필자 개인의 기억에 묻어두기보다 기록을 통해 공유하고픈 이야기가 있습니다. 그는 '편집권 독립'을 가능케 한 주인공으로, 국제신문 역사에 길이 빛날 것이라는 얘기입니다.

2019년 10월 중순, 필자는 당시 박무성 사장에게 편집국장 후보 지명을 받았습니다. 그때 저는 매우 당돌하게도 후보 수락을 위한 전제 조건을 내걸었습니다. 매일 오후 사장, 이사, 논설실장, 편집국장이 참여한 가운데 열리던 이른바 '고위급 제작회의'를 폐지하자는 요청이었습니다. 거절한다면 후보직도 내려놓겠노라고 했습니다.

당시 황당해하던 고인의 표정이 지금도 눈에 선합니다. 하지만 숙고의 시간은 길지 않았습니다. 단 5분이면 충분했지요.
"자신 있다는 말이지? OK! 그렇게 하자. 대신 3개월 지켜본 후 엉망이다 싶으면 원상 복귀다."
돌이켜 생각해보면, 그때 고인은 신문사 사장에게 주어진 가장 강력한 '권력'을 서슴없이 내놓은 것입니다. 대신 신문의 백년대계를 위한 편집권 독립을 취했습니다. 천생 '기자의 길'을 택한 것입니다. 그날의 결단은 1947년 창간한 국제신문 74년 역사에서 가장 빛나는 '결정적 순간'으로 기억되어야 합니다.

소설가 최인호 선생이 2003년 생전의 법정 스님과 나눈 후 출간한 대담집 제목이 『꽃잎은 떨어져도 꽃은 지지 않네』입니다. 이 책 속에서 법정 스님은 "죽음은 인생의 끝이 아니라 새로운 삶의 시작"이라고 했습니다. 영화 〈괴물〉 속 미나토의 말과 법정 스님의 인식이 크게 다르지 않아 보입니다.

편집권 독립을 보장한 고인의 업적을 '기억'이 아닌 '기록'으로 남기는 것은 마땅히 제가 해야 할 몫입니다. 이를 통해 그의 이름이 국제신문, 나아가 지역 언론 역사에 오래도록 빛날 수 있게 하는 것이 고인의 은혜를 억만 분의 일이나마 갚는 길이 아닐까 싶습니다.

선배! 부디 평안하소서.

후배가 새로운 세계로 뛰어들 수 있게
끌어준 선배

조봉권 국제신문 부국장 겸 문화라이프부장

돌이켜보면, 내가 1995년 11월 시작해 지금껏 이어가는 일간지 기자 생활은 지뢰밭이었다. 불안했고, 작은 성취에 도취하기 쉬웠으며, 오만해지기 좋은 환경이었다. 불평 많고 생각 얕으면서도 그런 사실을 느끼지 못하는 사람이 되기 쉬웠다.

세기말 시작해 새천년으로 이어진 내 신인 기자 시절, 언론 환경은 지식과 심층성 중심으로 무섭게 재편되고 있었다.

1990년대 말 내가 처음으로 사회부 경찰 출입 기자가 됐을 때, 시경 캡은 박무성 선배였다. 박무성 시경 캡은 무서웠다. 범접할 수 없는 위엄이 있었고 우리 팀을 어딘지 조금 굶주린 듯한, 야성이 풍기는 팀으로 가꾸고 운영했다. 그때 부산시경 기자실 박무성 시경 캡 자리에 가면 늘 「타임(TIME)」 같은 시사 잡지나 책이 있었다. 첨엔 그 풍경이 낯설었지만, 익숙해졌다. 박무성 시경 캡이 늘 새로운 관점에서 기사를 쓰도록 이끌었다는 점은 뒤에 깨우쳤다. '촌빨 날리는' 관점을 싫어했다.

그 뒤로 오랜 세월, 박무성 선배는 내가 안주하지 않고 새로운 도전에 나서도록 안내했다. 그런 사례가 무척 많은데, 이 글에서 한 가지만 꼽자면 이 말씀이었다. "사회부로 가거라."

그때 나는 문화부 기자로 꽤 오랜 기간 활동하던 터였고 문화부에 안주하고 싶었다. 사회부로 다시 간다는 건 좀 무서웠다. "멀리 내다보고, 계통과 체계를 갖추며, 지역 일간지 상황이 서울 쪽 전국지와 다름을 알아야 한다(전문기자 제도 등은 당장 자리 잡기 어렵다는 뜻으로 이해했다)"고 선배는 나를 설득했다.

그 길로 사회부로 가 부산시교육청 담당 기자 2년, 사회부 내근 차장 1년 이렇게 내리 3년을 보내고 다시 문화부로 왔을 때 나는 시야가 좀 넓고 다채로운 경험을 가진 기자가 되어 있었다.

이런 식으로, 익숙한 데 머무르지 않고 아프고 힘들어도 과감하게 변화를 단행할 때 한 단계 성장할 수 있다는 가르침을 주신 사례는 참 많다. 여기 모두 쓸 수 없을 뿐이다.

새로운 지식을 끝없이 흡수하고, 멀리 내다보며, 계통과 체계를 잡고, 혁신을 단행하는 모습을 선배는 언제나 보여주었다.

게다가 안주하려는 후배를 벼랑 끝으로 데려가 새로운 세상을 보게 하고 과감히 뛰어들도록 돕는, 드문 용기를 지닌 분이었다. 선배는 내게 새로운 세상을 열어주었다. 그것도 여러 번. 어쩌면 이것이 후배에게 선배가 줄 수 있는 최고의 선물이다. 나는 끝까지 이 고마움을 잊지 않을 것이다.

형 같은 친구,
박무성!

차재원 부산가톨릭대학교 특임교수

'국제신문 28기'. 박무성과 나를 이어준 연결고리다. 1990년 신문사 입사 동기로 시작된 우리의 인연은 처음부터 각별했다. 입사 직후 둘 모두 내근(편집부와 외신부)이었던 탓에 거의 매일 함께 퇴근했던 것 같다. 점심뿐 아니라 업무 중 티타임까지, 항상 같이했다는 기억이다. 특히 당시 부산에선 드물게도 원어민 특강이 개설된 부산외대 영어회화 코스도 그의 권유로 함께 다녔다.

그때 강사, 훗날 유명인이 된 미국 변호사 로버트 할리는 익살스러운 부산 사투리로 따져 묻곤 했다. "두 사람 뭔교? 항상 붙어 다니게." 무엇보다 그는 내가 '비빌 수 있는 언덕'이었다. 연장자인 데다 가방끈도 나보다 더 길고(석사) 딸까지 둔 가장이었던 그가 처음엔 '넘사벽'처럼 다가왔던 것도 사실이다. 하지만 사회 첫발을 함께 뗀 동기라는 그 이유 하나로 그가 먼저 손을 내밀었다. 지금 떠올려 보니, 1초의 망설임도 없이 덥석 잡았던 것 같다. 특히 신기한 건, 내가 미주알고주알 고민을 얘기하면 항상 만면에 그 특유의 넉넉한 웃음을 터뜨리며 신통방통한 해법을 귀띔해 줬다는 점이다. 그랬다. 정말 '형 같은 친구' 박무성.

살갑던 우리 인연은 나의 서울행으로 잠깐 위기를 맞기도 했다. 입사 5년 차 때 내가 서울 정치부를 자원하자 모두가 뜬금없다는 반응이었다. 그래도 그는 나의 선택을 지지해줬다. "얼마나 고민했겠니. 한번 부딪혀 봐. 항상 응원할게." 그래서였을까. 우린 자주 통화했고, 부산에 갈 땐 통음도 마다하지 않았다. 특히 2006년 말 내가 덜컥 사표를 내고 회사를 떠난 이후로도 그는 한결같았다. 단적인 사례가 국제신문 칼럼 집필. 그가 편집국장이 막 됐을 때쯤, 칼럼 담당 부국장 후배가 전화를 해왔다. "박 선배가 '이번에 차 선배를 칼럼진에 꼭 넣어라'고 하던데요." 이후 지금까지 6년여 동안 귀중한 「국제신문」 지면에 나의 글이 정기적으로 실리고 있다. 그만한 세로소지음(世路少知音)이 또 있을까.

그가 국제신문 사장이 됐을 때 누구보다 기뻤다. 한편으론 미안하기도 했다. 당시 사장직이 '독이 든 성배'라는 사실을 알만한 사람은 다 알았기에. 그러나 거기까지였다. 마음과는 달리 도와줄 게 거의 없었다. 그래서 몇 년 뒤 사장 사퇴 소식에 다시 미안한 마음이 들기도 했다. 그리고 얼마 후 더불어민주당 관계자가 그에 대한 세평(世評)을 물어왔다. 21대 총선을 겨냥해 그의 영입을 위한 사전작업 과정이었다. "정말 능력 있고 괜찮은 인재다. 무조건 잡아라." 어쨌든 그가 공천돼 국회의원 선거에 출마했을 때 마냥 기뻐할 순 없었다. 험지 출마인지라 객관적으로 당선 가능성이 그리 크지 않았기 때문. 결과를 보며 새삼 내가 말빚을 졌다는 생각이 들었다. 선거 뒤 서울에서 만났을 때 그는 예의 그 사람 좋은 웃음을 보여주며 이렇게 말했다. "덕분에 좋은 경험 했잖아." 그게 마지막이 될 줄 몰랐다.

지난 추석 다음 날(2023년 9월 30일) 아침 눈을 뜨니 청천벽력 같은 소식이 와 있었다. 풍문에 와병 얘기는 전해 들었지만 이렇게 떠날 줄이야….

"우리의 앞날을 밤새워 얘기하던 젊은 날의 그 빛나던 추억도 오롯이 떠오릅니다. 따뜻하고, 그럼에도 분명한 주관을 가졌던 좋은 벗, 박무성! 이렇게 떠나보내려니 가슴이 미어집니다. 제 기억 속에 그는 항상 선한 미소로 머물거라 생각합니다."

유족에게 보낸 조의의 한 부분이다. 이제 하늘에 있는 그에게 직접 전하련다.

"형 같은 내 친구, 박무성! 편히 쉬시게."

자신에게 늘 엄격했던
나의 형님 박무성

감동훈 롯데칠성(주) 상무

대학생이 되어 처음 맞은 내 생일 날, 나보다 5년 먼저 입학한 선배가 나에게 조금은 낯선 질문을 했다.

"너는 허재 같은 사람이냐? 강동희 같은 사람이냐?"

허재 선수는 농구장을 가득 메운 관중들의 절반 이상이 그의 팬이지만 나머지 관중들은 그의 적이라는 것이다.

반면 강동희 선수는 허재 선수만큼 열성 팬이 많지는 않지만, 대부분의 관중들이 그를 좋아한다면서, 나는 선수 중 누구와 비슷한 성향의 사람인지를 묻는 질문이었다.

나는 허재 선수와 비슷하다고 생각한다고 답했다. 선배는 호불호(好不好)가 명확하게 나눠지는 내 성향 때문에 앞으로의 삶에 많은 질곡이 있을 테니, 스무 살 생일을 계기로 어떻게 자신을 성장시켜 나갈지 고민해 보라고 했다.

'당시 스물다섯의 선배가 어떻게 이런 훌륭한 인생의 조언을 할 수가 있었을까?' 하는 생각과 함께 '어렸을 적부터 나는 호불호(好不好) 참 강한 사람이었구나' 하는 생각도 든다.

나는 '好(호)' 때문에 많은 사람에게 호감을 얻고 은혜를 입으며 살아왔지만, '不好(불호)' 때문에 늘 상처받으며 살아오기도 했다. 선배의 조언 덕분에 불호의 성향을 이전보다 줄일 수는 있었지만 완전히 없애지는 못한 까닭이다. 나의 이러한 특성 때문인지 나는 호불호가 갈리지만, 기본적인 인간에 대한 예의와 애정을 갖추고 있으면서 자신과 다른 사람의 성장에 대한 열정이 강한 사람에게 끌린다. 고 박무성 형님 같은 사람 말이다.

형님과 나는 어려운 언론사 살림살이를 꾸려가기 위해 협찬이나 후원을 기업에 요청해야 하는 문화사업국장과 기업의 비용 절감과 예산 내 경비 지출을 국룰(?)로 여기는 기업 홍보 센터장으로 처음 만났다.

두 사람 모두 예의는 갖추지만 이해가 상반되는, 결코 나쁜 인상을 주어서는 안 되지만, 요구를 쉽게 수용해서도 안 되는, 한마디로 참 껄끄러운 만남이었다.

그다지 유쾌하지 않은 첫 만남 이후 우연인지, 인연인지, 우리 두 사람은 자주 만나게 되었고, 이듬해 국제신문 편집국장이 되신 형님께서 몇 해 뒤 국제신문 사장이 되시는 동안 우리의 인연은 운명처럼 발전해 갔다. 마흔이 넘어 얻은 친형제 같은 형님이 우리 곁을 떠나갔음을 아직 실감하지 못하는 것은, 2022년 더운 여름날 88세의 나이로 생을 마감하신 어머니가 아직도 "훈아… 밥 무라…" 하고 어디선가 부르실 것 같은 느낌과 유사한 듯하다.

사람을 사랑하고, 세상이 정의로워지기를 갈망하고, 후배들을 성장시키기 위해 지독하게 다그치고, 그 과정 속의 '不好(불호)'를 당연한 것이라 여기며, 후배들에게 부끄럽지 않은 선배가 되기 위해 늘 자신에게 엄격했던 사람… 박·무·성.

하지만 누구에게도 드러내지 못하는 '不好(불호)'의 상처 때문에 남 몰래 흘린 눈물이 그가 마신 술의 양만큼이나 많았을 사람… 박·무·성. 그가 그립다….

욕을 많이 먹으면 오래 산다고 했는데, 그는 너무 일찍 떠났다. 후배들과 회사의 성장을 위해 그 많은 봉욕을 감내했던 그가 이제 우리 곁에 없다. 하지만 그 많은 불호를 견디며 그가 키워낸 기자들이 지금의 국제신문을 굳건히 지켜내고 있고, 그와 기자 초년생 시절을 함께 보낸 기자들이 지금은 부산지역을, 언론을 책임지고 있지 않은가?

모든 이들이 그를 좋아하진 않았지만, 그를 좋아하는 사람들은 그를 가장 좋아하는 선배, 친구, 동료로 기억하고 있지 않은가?

아직도 생생한, 무성 형님께서 나만 만나면 했던 말… "감 상무! 너무 애쓰지 마라. 몸 상한다." 이 말은 어쩌면 무성이 형님 자신에게 하는 말은 아니었을까?

암도 쉽사리 어찌할 수 없을 것 같은 타고난 기개가 남달랐던, 마지막까지 의연하게 자신의 삶을 마감한… 나의 형님! 박·무·성!

오늘따라 사무치게 그립다.

정춘이가 만든
역대급 프레임

고영삼 인생이모작포럼 공동대표

1985년도의 캠퍼스는 소란했다. 늘 시위였다. 대자보가 난무했다. 교문 앞에는 전경과 학생들이 항상 대치하고 있었다. 학생증을 경찰에게 보여주며 학교 정문을 들어가는 날은 참을 수 없는 저항감이 치올랐다. 그런데 군을 제대하고서 3학년으로 복학한 나는 마음을 다잡아야 했다. 사회학도로서 사회현실을 외면할 순 없지만 졸업 후 기자가 되고 싶었기 때문이다.

당시 언론사 입사는 쉽지 않았다. '언론고시'라 부를 정도로 경쟁이 치열했고 어려웠다. 행정고시나 회계사 준비생처럼 치열히 공부했고 스터디반을 만들어 문장력을 기르기도 했다. 그러던 어느 날 정춘이를 만났는데(정춘이는 무성이의 대학생 때 이름이다) 그가 말했다.

"영삼이 니, 제대로 된 기자가 될라꼬 하면 그리 하면 안 된다."
나는 물었다.
"그기 무쓴 말이고?"

그의 말인즉슨 자기가 대학원에 들어가 보니, 기자가 되려면 대학원 정도는 나와야 된다는 것이다. 그는 당시 군 입대를 연기하고 대학원을 바로 진학했던 터였다. 대학원에서 읽어내는 책이 양과 질에 있어서 학부와는 비교할 수 없을 정도라는 말은 나를 솔깃하게 했다. 그는 더 말했다.

"사회와 역사를 분석하는 제대로 된 책들도 읽지 않고 무쓴 제대로 된 기자가 되겠노!"

그 말을 듣고 나는 대학원 진학을 결심했다. 언론사 스터디반을 탈퇴했다. 그리고 문장력을 기르기 위해 필사하고 있던 조정래의 『태백산맥』을 내던지고 『사회사상사』를 집어 들었다. 인생이 회절되는 시점이었다. 물론 나는 더 좋은 언론인이 목표였으니 대학원을 다닐 때도 늘 언론을 쳐다보았다. 학위논문 주제도 그쪽이었다. 그런데 졸업 후 어찌하다 인생이 정말 전환되어 버렸다. 박사과정에 진학했고 그러다 보니 직업 목표도 변화되었고 지금 이렇게 되었다. 돌이켜 보면 적지 않은 코칭을 받으며 살아온 이 인생에도 정춘이의 '더 나은 언론인이 되기 위한 대학원 진학' 프레임은 역대급이었다.

1981년 캠퍼스에서 처음 만난 그는 키가 훤칠했다. 재수생 출신이라 그런지 약간은 세상을 좀 아는 듯한 태도였다. 대학원을 졸업하고 국제신문사에 들어간 그는 올곧은 언론인이었다. 나는 그가 수년 전 연재하였던 '박무성의 한 뼘 더 보기'를 기다리며 읽고, 또 무릎을 치곤 했다. 대학원을 나온 박무성의 깊이 있는 직필은 우리가 그 당시 오려서 읽고 토론하던 박권상·김대중·신영복의 글 이상이었다. 정춘이는 여전히 우리 마음속에 살아 있다.

당신의 선한 웃음을
생각합니다

김병곤 전 부산광역시의회 사무처장

박 사장님, 우리가 처음 만난 날이 2003년 1월 어느 날일 거요. 나는 부산시의회 홍보팀장, 당신은 국제신문사의 의회 출입 기자이자 기자실 간사로서 우리 인연이 시작되었지요. 늘 과묵하고 사리에 맞지 않은 일에는 화를 참지 못하는 당신이 부담스러워 쉽게 다가가지 못하니 한동안 데면데면하게 지냈던 것 같소.

어느 날 밤, 술이 약한 내가 과음으로 심하게 구토질을 하자 "에이, 실장님은 이제 술 묵지 마소" 하며 안쓰럽게 지켜본 뒤로 가끔 술자리에서 내 잔을 슬그머니 당신이 대신 마셔주곤 했지요. 그렇게 우리는 조금씩 마음을 열어갔었소.

늘 손에 책을 놓지 않았던 당신은 책을 살 때면 가끔씩 내게도 책을 사다 주곤 했지요. 책을 받으면서 "내가 그렇게 무식해 보이더나?" 하고 인상을 쓰긴 했지만, 돌아보니 덕분에 게으른 나도 그 시절은 책을 좀 읽었던 것 같소.

내가 골프 배운다고 하니 한 달도 안 된 나에게 머리 올려 준답

시고 데려가서는 필드 에티켓 제대로 배우라면서 잔소리깨나 했지요. 그날, 고행을 마치고 지친 나한테 "형님은 골프는 파이요" 하며 웃습디다. 나도 실력이 좀 붙었으니, 은퇴 후 세상과 거리를 두고 살지만 않았다면 당신한테 앙갚음을 좀 했을 텐데….

당신 아내 홍선옥 교장 선생님이 부산시 인사위원으로 처음 회의에 참석하신 날, "요즘 부군은 일찍 퇴근하시나요?" 물었더니 "예, 일찍 오십니다. 새벽 두 시에 오실 때도 있고 세 시에 오실 때도 있고…" 하시데요. 무엇 때문에 그리 늦게 퇴근하셨는지는 모르겠지만 그런 성정이, 당신을 남보다 한발 먼저 이 세상 끝에 서게 하고 그렇게 힘든 시간을 보내게 한 것은 아닐까? 안타까운 생각이 듭니다.

당신이 가신 날, 당신 아내가 그럽디다. "힘든 고통을 끝까지 의연하게 잘 견디더라"고. "보기 싫다고 먼저 간 사람인데 뭐가 예뻐서 변명해 주시오"라며 면박을 주었지만, 착하고 능력 있는 여인을 가는 날까지 내 편으로 만든 당신은 참 복도 많은 사람이오.

당신이 먼저 간 그 세상은, 당신이 그리도 싫어했던 잔머리 굴리는 사람도, 허리 휘게 만들던 힘든 경쟁도 없는 곳이겠지요.

거기서 당신이 좋아하는 책이나 실컷 보시고 아침저녁 헬스나 하시면서 유유자적하시오. 그리고 하늘이 허락한다면 다음에 우리 이 세상에서 보다 더 좋은 인연을 다시 만들어봅시다.

박 사장님, 고마웠소.

정 깊고 지혜로운 덕장이자
후배 보듬은 든든한 거목

김형진 전 부산시교육청 대변인

너무나 믿기지 않는 이별을 고하고 영면에 들어간 고 박무성 사장님의 명복을 빕니다.

이 추모의 글을 위해 고인과 함께한 세월을 뒤돌아봤다. 아름다운 시간들이 주마등처럼 스쳐 갔다. 고인에 대한 인상은 "당신은 참으로 정이 깊은 사람이었다"는 결론으로 귀결된다. 혹자들은 "고인께서 딱딱하고 너무 치밀해서 인간미를 느끼기 힘들었다"라고 말하기도 한다. 그러나 필자는 단언컨대 "그렇지 않다"고 생각한다. 언제나 일과 인간적 교류, 공과 사, 이상과 현실을 구분할 줄 아는, 지혜를 품고 행동했던 덕장이었다.

당신과의 인연은 언론 동지로서 치열한 경쟁을 펼친 취재 현장에서 시작됐다. 세월을 거슬러 올라가보니 너무나 성실한 '범생이 기자'로서 치열한 현장을 누볐던 모습이 눈에 선하다. 치열한 언론 전사였다. 우리가 함께 현장을 뛰었던 1980년대 말과

1990년대 언론 현장은 참으로 치열했다. 지금도 마찬가지이지만 당시 각 언론사의 취재 경쟁은 정말로 대단했다. 당시 군사독재의 서슬 퍼런 대 언론정책이 민주화 속에 서서히 막을 내리고 언론 자유화 바람이 불었다. 부산 언론계의 일간지는 3사가 치열한 구도를 정립하고 있었다. 그래서 사회부 기자들을 중심으로 한 스파르타식 교육과 취재 경쟁도 극대치에 이르렀던 것으로 기억된다. 그 속에서 자신의 몫을 다하며 묵묵히 현장을 누볐던 고인은 '냉철한 머리와 따뜻한 가슴'을 지닌 분이었다. 항상 경쟁사 기자들을 긴장케 하는 민완(敏腕) 기자였던 것이다.

2000년대 초반 필자가 먼저 언론 현업을 떠난 뒤에는 또 다른 연으로 이어졌다. 필자가 대학에서 대언론 업무를 담당하는 이른바 '홍보맨'이 되면서부터다. 이때부터는 고인의 진면목을 더 깊고 넓게 접할 수 있었다. 고인은 어느 날 필자가 근무한 대학을 담당하는 출입기자로 나타났다. 기자와 취재원으로서의 만남이란 새로운 영역이었다. 크고 작은 취잿거리들이 있었다.

우리는 각기 다른 위치에서 같은 사안을 바라보고 판단했다. 당신께서는 항상 팩트 체크를 철저히 했고, 현장을 정확하게 확인했다. 그리고 언제나 합리적 결론을 내리는 스타일이었다. 때문에 오보를 쓰거나 취재원이 억울하게 생각하는 사례들이 전혀 없었다. 잘못된 사안을 취재할 땐 어김없이 매서운 회초리를 들었다. 홍보맨 입장에서는 아프긴 했으나 담담하게 '조직 발전을 위한 보약'으로 생각할 수 있었다. 이처럼 당신은 때로는 '독일 병정'처럼 예리했고, 때로는 온화함이 느껴지는 '이웃집 아저씨' 같았다.

우리의 인연이 더 길어지면서 필자는 부산광역시 교육청 대변인으로 일하게 되었고 당신께서는 중견 언론인을 거쳐 최고 경영자가 되었다. 또 다른 위치에서 각자의 모습을 볼 수 있었다. 당시 고인의 모습은 국제신문사에서 데스크, 편집국장 등을 거치며 언론인의 사명을 다하며 후배들을 보듬는 든든한 거목이었다. 특히 최고 경영자로서 회사 살림살이 걱정에 매달리며 고군분투할 때는 또 다른 고뇌의 모습을 엿볼 수 있었다. 이렇게 세월을 거치면서 서로를 읽고 느꼈고, 때로는 인간적 고뇌도 함께 나눴다.

2019년 5월의 어느 봄날이었다. 당신께서는 언론사 사장이란 그 힘든 자리에 있으면서도 부부 동반으로 돼지국밥 한 그릇을 함께하고는 공연을 함께 즐겼다. 부산시민회관에서 열린 '정태춘 박은옥 40주년 전국 투어 콘서트 〈날자 오리배〉'였다. 서정성 가득한 시적 언어로 시대의 분노와 저항에 함께한 메시지를 공연으로 되새겨본 자리였다. 기자이기 이전에 군부독재가 우리 사회를 관통했던 암울했던 시절을 겪으며 가졌던 정의감을 함께 느낄 수 있었던 시간이 기억의 편린으로 남아 있다.

당신께서는 언론사를 떠날 때 참으로 고통스러운 속내를 털어

놓기도 했다. 그러나 모든 것을 운명으로 받아들이겠다며 언론인의 길을 마감했었다. 이후 정치의 영역으로 진입할 때는 "변신은 하지만 언제나 올곧은 길을 가겠노라"라고 다짐하기도 했다. 그러나 갑자기 당신에게 찾아온 병마…. 어찌 이렇게 아까운 분의 생을 멈추게 했는지 안타깝기 짝이 없다.

당신은 유명을 달리하셨지만 '언론인 박무성'이 남긴 숱한 흔적들은 후배들의 귀감이 될 것이고 언론 발전의 밑거름이 될 것이라 믿는다. 그리고 '인간 박무성'이 두고 간 인연과 메시지는 가족들은 물론 인연을 맺었던 모든 분께 아름답고 소중한 기억으로 영원히 빛날 것이다. 다시금 삼가 고인의 명복을 빈다. 저세상에서는 모든 고뇌 떨치고 편안하게 영면하소서….

먼 훗날 '강과 바다' 식당에서
다시 만납시다

박우근 전 부산 남구 부구청장

　박 사장님! 박 사장님! 왜 불러도 대답이 없습니까?
　잘 익은 복숭아처럼 겉으로는 까칠하지만 속마음은 달콤하고 정이 많은 그대를 배웅하면서 어떻게 인사해야 할지 그 말을 찾을 수가 없습니다. 한평생 정론직필(正論直筆), 오직 이 현대사회의 소금 역할을 다하시느라 몸과 마음을 다 바쳐왔는데 헤어질 연륜임을 예기치 못하여 그동안 살아온 날들을 다시 한 번 뒤돌아보지 못했습니다.
　앞으로 박 사장님께서 헤쳐 나가야 할 숱한 일들이 아직도 많이 남아 있는데, 저 넓은 광야를 꿈꾸고 있는 박 사장님에게 느닷없이 다가온 어처구니없는 운명의 이별 앞에 이제 고개 숙여 그대를 이 세상에서 영원히 떠나보내야 한다니, 원망스럽기만 합니다.

　박 사장님! 인생 2막에는 친구 삼아 즐겁게 살아가기로 하지 않았습니까? 그대와 내가 각자의 위치에서 고된 일들을 마치고 회포를 풀기 위해 온천장에 소재하는 '강과 바다'라는 허름한 식당에서 각자의 조직을 생각하면서 보람된 일들과 고된 일들을 술잔에 담아서 "서로를 위하여"라는 구호를 외치면서 원-샷 했던 공간과 시간들, 은연중에 가족 얘기를 하면서 나의 처조카를 박 사장님의 따님과 혼인을 맺어준 아름다운 사연, 서로의 건강을 걱정하면서 당뇨에 좋으니 차로 마시라면서 건네주었던 돼지감자, 2018년 연말 퇴임 때 국제신문 사장으로서 바쁜 일정에도 불구하고 직접 나의 공직 퇴임 장소인 수영구청까지 발걸음하여 축하해 주었던 일들이 가슴을 아프게 합니다.

박 사장님! 자신에게는 가을 서리처럼 엄격하셨고, 남에게는 봄바람처럼 대하지 않았습니까? 그대는 아름다운 사람이었습니다. 그리고 공과 사의 잣대는 가을 서리처럼 엄격하셨고 다른 사람들에게는 봄바람처럼 대하는 부드러운 그대였습니다.

인연을 맺은 지가 어언 10여 년, 2013년도에 국제신문 논설실을 방문했을 때 "무슨 일이 있으면 서로 의논합시다"라는 그대가 남긴 한마디가 머릿속을 스쳐 갑니다. 그리고 제가 부산시 대변인 시절 기관 간의 통화를 하면, 기관의 대표자 입장에서 공사를 구분하면서도 정확하고 세심하게 현안을 다루며 항상 긍정적으로 풀어나가려고 애를 쓰던 모습들이 눈에 생생합니다. 그래서 그대는 정직과 성실함, 그리고 합리적인 신뢰를 가진 분이었습니다.

박 사장님! 당신은 자상한 남편이자 강한 가장이었습니다. 가정과 직장생활을 병행하면서 저랑 만날 때면 사모님을 존경하고 섬기던 모습이 눈에 선합니다. 가장으로서의 강한 책임감과 절제함으로 균형을 이루며 아내의 풍성한 사랑을 받은 그대는 참으로 행복한 사람이었습니다. 지나온 세월을 뒤돌아보면 온통 아름다운 그리움입니다. 세월이 아무리 흘러도 그대의 살아온 일들이 영원하듯이, 나와의 아름다운 인연은 그대와 나의 기억 속에서 회자될 것입니다. 자신의 아픔을 남에게 얘기하지 못하는 배려심, 몸이 완치되면 꼭 나와 만나자라는 어려운 말 한마디가 더더욱 나의 마음을 아프게 합니다.

존경하는 박 사장님! 비록 육신은 떨어져 있지만 하늘나라 편안한 곳에서 편히 쉬면서 나를 보고 있겠지요? 나는 그대가 바라보고 있는 가운데서 열심히 살아가겠습니다. 그대의 안식처인 경주에서 얘기했듯이, 먼 훗날 다시 만나 '강과 바다'라는 식당에서 회포를 풀면서 현 세상과 저세상에서 열심히 살았노라고 얘기할 수 있을 것입니다. 먼저 떠난 그대여, 고통 없는 아름다운 하늘나라에서 나랑 만날 때까지 행복하시길 바랍니다.

박무성 그대여, 사랑합니다.

사랑하는 내 친구!
박무성 사장, 잘 지내고 있죠?

안종영 전 DH저축은행 감사

달이 떴다고 전화를 주시다니요.
이 밤 너무 신나고 근사해요.
내 마음에도 생전 처음 보는
환한 달이 떠오르고
산 아래 작은 마을이 그려집니다.
간절한 이 그리움들을
사무쳐 오는 이 연정들을
달빛에 실어 당신께 보냅니다.

며칠 전 밤에 학교 운동장을 걷는데 하늘 높이 둥근 달이 보였어요. 김용택 시인의 시가 떠오르면서 안부를 물었어요. 박 사장! 잘 계시죠? 보고 싶네요.

2000년도쯤부터니까 벌써 20여 년이 되었네요. 우리가 만난 지. 기자와 취재원으로 만나 이렇게 오래도록 친구의 정을 나누며 지내왔다는 게 나로서는 감사한 일이 아닐 수 없죠.

초보 홍보과장으로 나이브(Naive)하기 그지없었던 나를 늘 긍정적으로 보면서 순수한 열정을 격려하고 인정해줘서 그 말에 힘입어 더 열심히 했었죠. 어떻든 좋은 기사는 많이 싣고, 그렇지 못한 기사는 지면에 나타나지 않도록 해야 하는 홍보 담당자의 특성상 늘 귀찮게 하는 것이 내 일이었지만, 한 번도 싫은 내색하지 않고 상황에 맞게 잘 정리해줬던 일들을 늘 감사하게 생각하고 있어요.

사랑하는 친구 박무성 사장!

박 사장에게서 생각나는 단어를 열거하라고 하면 배려, 격려, 인정, 칭찬 등 친구로서라기보다는 오랜 기간 지원자로서의 관계로 지내온 것 같아 늘 고마운 마음을 가지고 있어요.

생경했을 새로운 도전이 끝나고 잘 지내고 있다고 생각할 때쯤 청천벽력 같은 소식을 듣게 되고, 많이 호전되어 함께 식사도 하면서 앞으로 더욱 건강하게 자주 보자고 해왔었는데 이제 불가능하게 되었어요.

그간 박 사장과 주고받았던 문자들, 카톡 내용들을 가끔 보면서 아직은 우주에서 이 지구에 있는 나와 교신을 하고 있는 듯 해요. 그리고 보고 싶을 땐 경주 그 언덕배기 따뜻한 곳에 가서 보면 되고…. 베네딕도 성인들이 수도승들에게 가르쳤듯이 매일 죽음을 눈앞에 보고 있다는 것을 내게 가르쳐준 것 같아 여전히 나를 격려해주고 있는 듯 해요.

박 사장이 가면서 남긴 영원에 대한 명상은 이렇게 순간을 의식하며 살도록, 그리고 나에게 주어진 시간의 유한성을 알도록 해서 매순간 이 세상에 계시는 하느님 사랑의 흔적을 남기며 살아가도록 나를 인도하고 있는 듯하네요.

사랑하는 친구 박 사장에게 늦게나마 이 편지를 드릴 수 있어 이 밤 너무나 감사해요.

티 없이 맑고 깨끗한
성품의 소유자

이창호 전 NH농협선물 대표

　부산에 근무할 때부터 기자와 출입처 인사로 만난 이후 오랜 교유의 시간을 가진 배재한 교수의 전화를 받았습니다. 지난해 9월 우리 곁을 떠난 박무성 국제신문 사장님의 추모 문집에 담을 추모 글을 써줄 수 없겠느냐는 부탁이었습니다. 순간 가슴이 뭉클했습니다. 저는 박무성 사장님과 배 교수의 관계를 어렴풋이 알고 있었습니다. 물론 실과 바늘 같은 멋진 선후배라는 부러움도 있었지만, 잠시 박무성 사장을 잊고 지낸 나 자신이 부끄럽기도 했습니다. 거절할 엄두도 못 내고 수락은 했지만, 솔직히 어디서부터 글을 시작해야 할지 막막했습니다.

　제가 오랜 기간 직접 만난 박무성 사장님은 훤칠한 키와 해맑은 얼굴만큼이나 티 없이 맑고 깨끗한 성정의 소유자였습니다. 내게는 일에 한한 적당히가 없었던 사람으로 자리매김된 사람입니다. 매사에 청렴하고 진솔하며 진심을 다하는 보기 드문 사람이었죠. 어쩌면 언론 본연의 일에는 가장 언론인다웠지만, 일을 떠난 자리에서는 언론인답지 않은 따뜻함과 깊은 정을 간직한 완벽주의 스타일의 저널리스트로 남았습니다.

같은 고향(경남 산청)과 대학, 학과의 직속 후배였지만 내가 대학 1학년을 마치고 입대하는 바람에 캠퍼스에서 함께한 기억은 크게 없습니다. 피도 한 방울 섞이지 않은 선후배였지만, 다정한 친구처럼 만나면 고향 지리산과 경호강, 농업 농촌 문제를 화제삼아 국제신문 근처 식당에서 폭탄주를 마시곤 했던 기억이 어제 일처럼 떠오릅니다.

지금 생각해보니 이 폭탄주가 우리의 이별을 재촉한 것은 아닌지 하여 눈시울이 뜨거워지는 건 어쩔 수 없습니다. 박 사장님은 제가 몸담은 조직에서 역점사업으로 추진하는 1사1촌 농촌사랑 운동, 농촌활성화 어메니티, 또 하나의 마을 만들기, 농업의 공익적 가치 헌법 반영 등 미래 농업에 대해 깊이 공감하며 힘을 보태준 든든한 우군이었습니다.

신문사 사장이 되었다는 소식에 얼마나 기분 좋았는지 모릅니다. 고향과 대학 후배여서가 아니라 올곧은 언론인이 신문사를 이끌게 된다는 게 자랑스러웠습니다. 언론계를 떠난 후 정계에 발을 디딘다는 말씀을 들었을 땐, 맑고 순수한 박 사장이 거친 정치판에서 혹시 마음 다치지나 않을까 걱정이 들었던 것도 사실이었습니다.

그 후 암 투병 소식에 이은 부음은 마른하늘에 날벼락이자 청천벽력(靑天霹靂)이었습니다. 보고 싶습니다. 아무 걱정 없는 곳에서, 무엇보다 아픔이 없는 곳에서 편히 쉬고 계실 거라 믿습니다.

박 사장님, 사랑합니다.

친구가 내게 베푼 덕,
베풀고 살아가마…

정영철 GREEN CONSULTING㈜ 고문

하느님이 좋은 사람은 일찍 데려간다고 하던가.
내 친구 무성이가 내 곁을 너무 빨리 떠났다.
지난해 3월 부산에서 복어 정식으로 같이 식사를 하고 아들 결혼식 기념 와인도 선물하면서 열심히 몸관리 하고 있다는 이야기를 들었다. 지난해 6월에 이제 몸이 좀 좋아졌다고 여수로 여행 간다고 해서 나도 같이 가겠다고 하여 부부 동반으로 웃으며 같이 보낸 시간이 있어서 더 허망하다.

내가 로스팅하여 내린 커피를 친구가 마셔본 커피 중에 제일 맛있다고 하고, 내가 술을 좋아하니 그 장단에 맞추어 준다고 웃으며 같이 건배도 하고. 그리고 식사 후 방에서 같이한 와인도 너무 맛있다고 하는 그런 친구였기에 더 슬프다.
2년 3개월의 어려운 시간을 온전히 혼자서 남들에게 마음 쓰게 하지 않고 배려하며, 초인적인 인내와 배려심으로 아픔을 참아냈다는 것이 내 마음을 더 아리게 한다.

우리는 까까머리 세대로, 교모를 쓰고 교복을 입고 만났다. 친구의 이름이 정춘이었다. 이번에 친구가 떠나고 나서 사진을 정리하는데 고등학교 2학때 설악산 비룡폭포 바위 위에서 같이 찍은 사진이 있었다. 우리는 아주 친하게 지냈다. 고 1때부터 우리 나름대로 인생관, 세계관, 정의, 진리, 자유, 신, 평등 등을 토론하고 고민하며, 잘난 척을 하기도 했다. 그 후 친구와는 부마사태를 경험하고 80년도 초반을 서울 삼청동에서 보냈다.

그 당시 나는 무성이가 하숙을 하고 있는 삼청동에서 살다시피 했다. 나라를 걱정하고 우리의 미래를 많이 이야기했다. 그 무렵 무성이가 나에게 보낸 편지가 있었다. 나는 잊고 있었는데 2016년 1월 어머님이 소천하신 당시 어머님의 유품 중에서 발견했다. 유품 중에는 나와 관련된 물품이 세 가지 있었는데, 그중 하나가 무성이가 나에게 보낸 편지였다. 무성이에게 보여주었더니 "허허" 웃으면서 "내가 이렇게 썼던가" 하였다.

아마 어머니께서는 정이 많고 여린 아들에게 이런 글을 보내는 대단한 친구가 있는 것이 자랑스러웠고 아들이 이런 좋은 친구 관계를 계속 이어가 훌륭한 사람이 되기를 무척이나 바랐던 것 같다. 그 당시부터 나는 무성이가 나보다 뛰어났다는 것을 느꼈다. 같이 지내면서 나는 항상 배웠고, 겉으로 말은 하지 않았지만, 마음속으로는 존경이라는 단어가 항상 자리 잡았다.

모든 면에서 훌륭하고 존경받을 만했으며, 배울 점이 너무 많은 친구였다.

지난해 9월 추석을 앞둔 무렵, 친구의 목소리라도 들으려고 전화를 했지만 연결이 되지 않았다. 걱정이 앞섰다. 조금 후에 걸려 온 선옥 씨의 전화를 통해 '지금 중환자실에 입원 중이고 상태가 좋지 않다'는 청천벽력 같은 이야기를 들었다. 그리고 친구는 나의 곁을 떠났다.

무성이가 떠난 후에 친구의 유고집에 실을 추모글 청탁을 받고 어떻게 써야 할지, 뭐라고 해야 할지 몇 날 며칠을 고민했다. 무성이가 바라는 글을 알고 싶어 친구가 잠들어 있는 곳을 찾기도 했다. 친구의 세 번째 이름이 나에게 다가왔다. '제준 이냐시오'. 하느님에 귀의한 친구 이름이었다. 내세를 믿고 본명도 한국인 최초의 신부 김대건 안드레아의 부친 세례명을 받았다. 제준 이냐시오 성인은 가장 인간적이면서 합리적으로 죽음이라는 순교 상황을 받아들이면서 자신의 신념을 표출하신 분이니, 무성이에게는 적합한 본명이라는 생각이 들었다.

참 슬픈 날의 연속이다. 친구를 떠나보낸 마음이 참 아리다. 그의 빈자리가 너무 크다. 친구와 함께한 소중한 추억 그리고 나에게 보여준 신뢰감, 배려심, 정의감, 정직함 등등은 내 마음속에 자리 잡았다. 친구가 내게 남겨준 인생의 큰 선물을 키우며, 나도 남은 인생을 살아가려 한다.

정춘아! 무성아! 나는 앞으로 열심히 나에게 주어진 삶을 살다가 나도 친구가 있는 곳으로 갈 것이니 그때 이야기 많이 하자. 다시 만나면 친구와 꽃나무 가지 꺾어 수놓고 막걸리 한잔하자. 2차로 내가 가지고 간 와인을 마시면서 못다 한 추억을 이야기하자꾸나.

다시 볼 날 기대하면서 친구를 이제 놓아줄게. 친구가 나에게 베푼 덕을 내가 이제는 베풀고 살아갈게. 친구야! 걱정과 아픔이 없는 곳으로 편히 가시게.

'영입 인재' 금정 후보로 첫 인연
박무성 위원장님,
영원히 존경합니다!

윤혜수 금정구민

박무성 국제신문 사장님이 2020년 21대 국회의원 총선 더불어민주당 영입 인재로 금정구에 출마하면서 우리 앞에 나타났습니다. 첫 만남은 민주당 부산시당에서 이뤄졌습니다. 박 위원장님은 인상이 참 좋았습니다. 선거캠프가 차려지고, 금정세무서 사거리에서 파란 물결로 출렁인 첫 선거유세를 잊을 수 없습니다.

내가 본 박무성 위원장님은 평생 외길을 걸은 언론인답게 언제나 민주적이었습니다. 당원과 선거운동원들에게 부탁하고 요청했지만 지시하지 않는 인격자였습니다. 출·퇴근 때 유권자들에게 인사하거나 사람을 대하는 모습은 신사였습니다.

박 위원장님의 힘으로 '어둠에 갇혀있는 금정'을 밝은 빛의 지역으로 바꾸어달라고 간절히 바라며 함께했습니다. 선거운동 13일의 대장정이 끝난 뒤, 우리에게 일주일의 선거기간만 더 주어졌더라면 선거 결과를 확실히 뒤바꿨을 거라고 하는 아쉬움이 지금도 남아 있습니다. 선거캠프 해단식 때 여기저기서 뜨거운 눈물을 흘리는 사람들을 토닥여 주었던 정 많고 따뜻한 분이었습니다.

박 위원장님은 시대가 요구하는 민주적 리더십을 갖춘 데다 정의롭고 따뜻한 인격자여서 참다운 정치인으로 성장할 것이라고 굳게 믿은 시민활동가의 한 사람으로서 그분을 존경했습니다. 선거 후 두 번의 식사 자리를 하면서 다음 총선 때 우리의 꿈을 꼭 이룰 수 있도록 아름다운 동지로 끝까지 함께하자고 했는데…. 그런데, 그 자리에 그분만 안 계십니다!

2023년 9월 30일 박무성 위원장님의 부음을 들었습니다. 추석이라 온 가족이 모여 있었지만 아랑곳하지 않고 바닥에 주저앉아 엉엉 울었습니다. 장례식장에서 그분의 영정 사진을 마주 볼 수가 없었습니다. 돌아가시기 두 달 전 사모님과 우연히 함께 뵈었을 때도 "건강이 많이 좋아졌다"고 하시던 분이 하얀 국화꽃 속에 계시다니…. 사모님을 부둥켜안고 "지켜드리지 못해 죄송합니다"라고 연신 되뇌며 눈물을 쏟았습니다. 뜻하지 않게 맞닥뜨리는 병마란 인간에게 겸손함을 선물하기도 하지만, 치유의 기적 또한 선물하기도 한다고 하는데…. 왜 신은 좋은 사람을 이토록 빨리 데려가셨는지 원망스럽기만 합니다.

박무성 위원장님은 아름다운 분이셨습니다! 누구나 인생길 수많은 사람과의 만남이 있습니다. 기억조차 가물가물한 만남도 있지만 그분은 멋진 선배로 제 가슴 속에 영원히 살아있습니다. 그분은 이제 제 마음의 별이 되었습니다.

박무성 위원장님, 존경합니다.

2부

―

박무성 언론인

기자
박무성의
기록

「국제신문에 입사(入社)한 지 만 넉 달 하고 보름여.
한마디로 정신없이 적응(?)하고 순취되어 왔다는 느낌을
이제사 갖는다. 누구나 그러하듯 직장생활이 이전에 예견한
대로 맞아들어가는 면도 그렇지 않은 면도 있었다.
희망과 만족보다는 실망도 많았고. 여하튼.
결코 쉬운 선택이 아니었기에 쉽사리 임할 수는 없는 노릇.
명쾌하게 정리된 부분은 많지 않지만 하나씩 둘씩
나와 나의 터를 만들어나가야 한다.
사나이답게 목숨을 걸라고 하던가.
그래 목숨을 걸라. 나의 선택과 삶에.
그 하나- 나 특유의 장점. 매사에 철저할 것.
철저함.
記者로서 결코 소홀히 할 수 없는 덕목이다.」

1990. 10. 30.

경제신문에 入社한 지 한 달밖에 안 되는 여.
한아름 정신없이 적응(?)하는 순서되어 보내는 느낌을
이제사 갖는다.
누구나 그러하듯 직장생활이 이전에 예견한 더로 맞아들어가는
연도 그렇지 않은 면도 있었다. 과 밤 나 안타깝다는 실망도
많았고. 여하튼.
결코 쉬운 선택이 아니었기에 섣불리 일반 수도 없는 그것
명취하게 정리된 부분도 많지 않지만 하나씩 하나씩
「나와 나의 미래 만들어 나가야 한다.
사람에 얽제 모습을 보여라」 라면가.
그저 모습을 보라 나의 선택과 삶이여.
그러나 — 나 독자의 장점, 매사에 철저한 것.
철저함 앞으로 결코 소홀히 할수 없는 덕목이다.
1993. 10. 30.

평생 정론직필 언론인의 참모습을 보여주었던 박무성 사장의 시작.
혼란과 긴장 속에서도 내면의 단단함을 굳건히 새겨가던,
새내기 기자의 의지가 보인다.

▲ 1997년 6월 역사적인 홍콩의 중국 반환을 보도하기 위해 홍콩 현지 취재에 나섰던 박무성 사장. 동행 취재한 사진부 서순룡 기자가 촬영했다.

현장엔 그가 있었다

역사의 한가운데 늘 그가 있었다.
사건 현장, 역사의 전환기, 시대의 여러 흐름 속에
기자 박무성은 늘 현장을 지켰다.
그가 남긴 기사 스크랩북에서는
그런 흔적들을 오롯이 확인할 수 있다.

국제신문과 함께한 시간

박정춘. 최종 합격자 발표 기사에서
확인할 수 있는 개명 전 이름.
취재기자로 현장을 누비던 고인은 편집국장과
논설주간, 대표이사 등 주요 보직으로 옮긴 후에도
늘 자신의 할 바를 다해주었다.

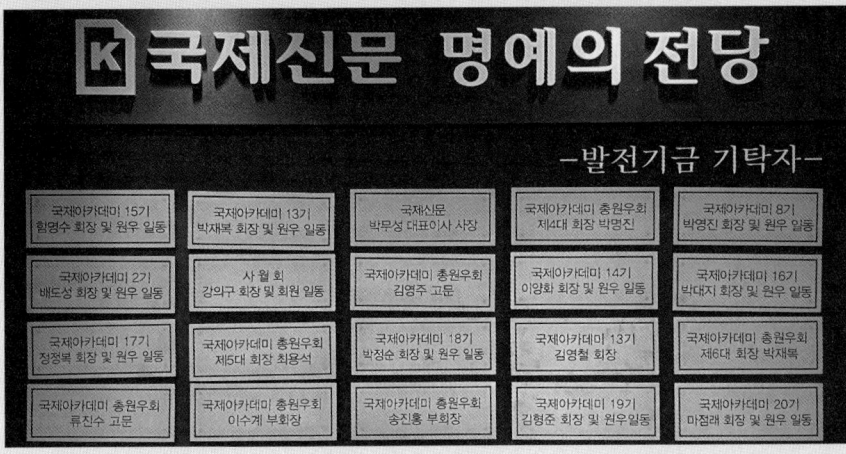

▼ 국제신문 2018년 10월 16일자

본사 신임 사장에 박무성

박무성(사진) 국제신문 논설주간이 국제신문 신임 사장으로 선임됐다.

㈜국제신문은 15일 이사회를 열어 박 논설주간을 대표이사 사장으로 선임했다고 밝혔다. 신임 박사장은 1990년 국제신문에 입사해 사회1부장, 사회2부장, 경제부장, 문화부장, 논설위원, 문화사업국장, 편집국장 등을 역임했다. 박 사장은 부산대 사회학과를 졸업했으며, 부산대 대학원에서 사회학 석사학위를 받았다. 박 대표이사 사장은 16일부터 공식 업무를 시작한다. 유정환 기자

취재기자 박무성, 현장을 누비다

政治가 뭐길래

1995. 10. 21.

"이렇게 물러나게 돼 죄송스럽게 생각합니다. 너무나 다른 길을 가게 돼서 그만둡니다. 여러분의 양해를 바랍니다."

20일 오전 11시 南구 牛岩동 부산외국어대학교 본관 2층 회의실. 재단이사장·교직원·학생대표 등 70여 명이 참석한 회의실에서는 朴奉植 총장의 퇴임식이 열리고 있었다.

여느 총장의 거창한 퇴임식과는 달리 단출하다 못해 초라한 느낌마저 들었다.

게다가 후임 총장이 결정되지 않은 상태에서 朴 총장이 자청했다는 퇴임식은 분위기가 무거웠다.

10분이 채 안 되는 퇴임 인사말에서 朴 총장은 퇴임에 대한 사과와 양해의 말을 수차례 거듭했다.

"개인적인 문제로 많은 분들이 섭섭하고 괘씸하게 생각하는 것을 압니다."

지난해 1월 부산외대 총장으로 부임한 朴 총장은 4년 임기 중 절반도 채우지 못하고 떠났다.

朴 총장은 '너무나 다른 길'이라는 표현을 썼지만 40년 가까운 교직생활을 박차고 새로 정치입문을 희망하고 있는 것으로 알려지고 있다.

지난 6월 지방선거 이후 朴 총장이 내년 총선에 고향인 慶南 梁山에서 출마한다는 소문이 파다하게 나돌았다.

이 같은 소문이 일부 언론에 비치면서 외대 내에서는 교직원과 학생들이 분명한 입장 표명을 요구하고 나섰고 이에 따른 잡음이 끊이질 않았다.

"외국에서는 대통령과도 안 바꾼다는 총장직입니다. 국무총리라면 몰라도 국회의원에 나가기 위해 총장직을 그만두시면 안 됩니다. 학교도 생각하셔야죠." 朴 총장의 출마설이 나돌 때 외대 관계자들은 이렇게 진언했다고 한다.

서울대 정치학박사, 국제정치학회장, 학술원 회원, 서울대 총장, 국민훈장 목련장 수상 등 누가 봐도 학자로서 대성한 朴 총장의 이력이다.

"총장님이 산맥 같은 학풍을 뿌리내려주길 고대했는데 정치가 뭐길래…." 외대 한 학생의 말처럼 어렵게 초빙한 朴 총장에 대한 외대인의 기대는 컸다.

63세의 朴 총장은 대학 강단의 정치이론보다 정치현실에서의 실천을 오랫동안 갈망했는지도 모른다. 그러나 권력과 돈이면 최고로 치는 요즘 세태에서 또 정치판으로 향하는 한 학자의 퇴임식은 많은 지성인들에게 기대보다는 아쉬움과 실망감을 남겼다.

〈朴貞春 기자〉

교수 임용 갈등
1996. 2. 15.

교수님, 이번 교수 임용의 타당도와 신뢰도는 얼마나 되나요?

14일 오후 4시 40분께 부산대 본관 5층 총장실 입구 복도에서 사회학과 학생 80여 명이 피켓을 든 채 연좌농성을 벌이고 있었다. 사회학과 교수들이 교학협의회의 협의사항을 무시하고 일방적으로 결정해버린 전임교수 임용 결정에 반발하던 학생들이 급기야 총장 면담을 요구하며 실력행사로 나온 것이다.

"학과 발전 외면하는 교수들은 각성하라." 스승을 규탄하는 학생들의 목소리가 우렁찰 수는 없었다.

학생들이 이처럼 스승을 향해 반기를 들고 있는 것은 사회학과가 올해 전임교수 1명을 뽑는 과정에서 교수들의 결정에 학생들과 학과 출신 시간강사들의 의견을 무시했기 때문이다.

표면적인 마찰 이유는 지난 90년 작성한 교수 학생운영협의회의 교원임용 때 학생과 협의를 거친다는 협의 사항을 교수들이 무시하고 일방적으로 결정했다는 것.

그러나 문제의 이면에는 재학생들은 釜山大 출신 선배가 전임교수가 되기를 바라고 있고 사회학과 출신 시간강사들은 박사 10명 중 누군가가 '자리'를 잡고 '물꼬'를 터야 한다는 조바심이 자리잡고 있다. "교수들이 왜 본교 출신들을 키워주지 않는지 모르겠습니다. 크게 보면 자신들의 학맥을 형성하는 길인데…." 한 보직교수는 사회학과의 이번 사태에 대해 교수들의 책임이 크다는 반응을 보였다.

사회학과 한 교수는 釜山大 출신을 채용하려 해도 교수들 간에 의견일치를 보지 못한다고 전했다.

어느 사회, 어느 조직이든 계파 간 알력은 있기 마련이며 특히 학문의 세계에서는 계파 간 갈등이 순기능으로 작용할 소지도 많지만, 정도를 넘어설 때는 문제가 다르다.

올해 사회학과 대학원 석사 과정에 釜山大 출신의 지원자는 단 한 명도 없었다. 유례가 없던 일이다. 한 시간강사는 "대학원에서 학문의 뜻을 펴기에는 희망이 없고 한계가 너무나 많다는 것을 알고 있기 때문"이라고 이유를 풀이하면서 "교수들의 이해관계가 학과를 망치고 있다"고 말했다.

사회적 병리를 진단하고 합리적인 치유책을 제시하는 것은 사회학의 주요한 연구 분야이자 주어진 역할이다. 그러나 釜山大 사회학과 구성원들은 학문의 터전에서조차 원만한 해결책을 찾지 못하고 갈등하는 모습을 부끄럽게 내비치고 있는 것이다.

〈朴貞春 기자〉

페스카마호 선상 반란

1996. 8. 31.

「선상 반란」 본격 수사

해경 중(中) 교포 6명 압송… 살해 경위 추궁

부산해양경찰서는 남태평양 사모아 해상에서 선상 반란을 일으켜 한국인 선원 7명 등 선원 11명을 살해한 페스카마 15호의 중국교포 선원들을 사건 발생 28일 만인 31일 오전 부산 남구 감만동 해경부두를 통해 압송 수사를 펴고 있다. 〈관계기사 3, 22, 23면〉

해경은 선상 반란의 동기와 경위, 주모자, 모의 내용 등 40개 항목의 세부 신문항목을 중심으로 全재천 씨(38·중국길림성 조양진) 등 중국교포 선원 6명을 집중 추궁하고 있다.

해경은 이와 함께 이날 새벽 귀환한 유일한 한국인 생존 선원 李인석 씨(27·전북 익산군 모현동)와 페리 부스탐 씨(25) 등 인도네시아 선원 6명에 대해서도 별도로 피해상황 및 반란 진압경위를 조사하고 있다.

해경은 이번 사건이 중국, 인도네시아인 등이 관련된 다국적 사건이라 외교 문제가 발생할 것을 우려, 수사에 만전을 기하고 있으나, 중국교포 선원들의 범죄 행위를 입증하는 데는 어려움이 없을 것으로 보고 있다. 해경은 이에 따라 다음 달 2일에 현장검증을 실시한 뒤 5일 사건 관련 일체를 검찰에 넘길 계획이다.

한편 지난 27일부터 선상신문에서 중국교포 선원들이 동원산업 실항사 崔동호군(19)을 바다에 산채로 빠뜨려 살해할 때 레인시모랑커(31), 구모가프(22) 등 인도네시아인 선원 2명이 협박을 받은 뒤 가담했으며, 선원들의 피살 장소가 당초 알려진 갑판이 아닌 조타실 안이라는 새로운 사실도 밝혀졌다.

◇임시취재반◇
사회1부 남차우·권순익·주진태·박정춘·신수건 기자
사진부 김형기 차장·박수현 기자

「선상 반란」 범행 동기 뭘까

中 교포 선원 당초 하선 요구 확인
선상 징계위 결정 내용 '최대 의문'
"구타·인간적 모멸감만으로 살해" 납득 어려워

부산해경이 페스카마호 선상반란 사건의 범인들과 생존 한국인 李인석 씨, 인도네시아 선원들의 신병을 확보하고 본격적인 수시에 착수함에 따라 수사 방향에 관심이 쏠리고 있다.

해경은 사건 수사를 조속히 매듭짓고 내달 5일 수사 결과를 검찰에 넘길 방침이다.

해경이 집중적인 수사를 벌이고 있는 것은 중국교포 선원들의 정확한 살인 동기, 구타나 인간적인 모멸감, 하선 지시 등 지금까지 알려진 범행 동기들이 11명의 인명을 잇달아 살해할 이유로는 상식적으로 납득하기 힘들어 이 부분을 집중적으로 캐고 있다.

승선 당일부터 작업 거부에 들어간 중국교포 선원들에 대해 지난달 29일 열린 선상징계위원회의 징계 내용이 무엇이었길래 당초 하선을 요구했던 선원들이 선장을 위시한 한국 선원 등 11명을 잇달아 살해하게 됐는가 하는 점도 중점 심문 사항이다.

더욱이 선장이 중국교포 선상 선원들을 하선시키기 위해서 사모아 파고항으로 항해하는 도중에 범행이 저질러졌다는 것은 결국 징계위 결과가 범행의 결정적인 계기가 됐을 것으로 보고 있다.

또 해경은 구타사실과 관련 생존 선원들뿐만 아니라 일본 측을 통해서도 구타사실을 확인하고 있으나 李인석 씨가 숨진 동료 선원들의 구타 사실을 확인해줄 수 있을지는 미지수이며 항해사로서 주로 조타실에서 근무하는 李씨가 선상 작업에 대해서는 잘 알지 못한다는 정황도 인정할 수밖에 없는 입장이다.

이와 함께 중국교포 선원들이 한국인 선원 중 李인석 씨만 살려 놓은 이유를 밝히는 것도 범인들의 살인 동기를 규명하는 열쇠가 된다고 보고 있다.

해경은 범인들이 한꺼번에 어창에 들어간 비상식적인 상황과 李인석 씨와 생존한 인도네시아 선원들이 중국교포 선원들의 반란을 진압하고 다시 선박을 장악하게 된 경위에 대해서도 세밀하게 조사하고 있다.

▶ 1996. 8. 31 실제 기사

한편 부산지검 형사2부 수사전담반(반장 부부장)은 이 사건 공소유지를 위한 준비 작업에 나섰다. 검찰은 이번 사건이 선상 살인극인 데다 이미 범행 발행 시점이 20여 일이 지났고 선원들의 증언 이외에는 뚜렷한 증거품이 아직 발견되지 않아 범인인 조선족 선원 6명에게 유죄를 이끌어내기 위해서는 무엇보다 기소 전에 철저한 증거 확보가 필요하다고 보고 있다.

따라서 검찰 수사전담반은 우선 해경의 수사결과를 보고받은 후 내달 2일 사고 선박에서 현장검증을 실시해 조선족 선원들의 범행 과정과 수법 등을 확인하고 선박구조와 선내 피해자들의 혈흔이나 유류품 등을 중심으로 관련 증거품을 수집해 국립과학수사연구소와 해양연구기관 등에 감정을 의뢰할 계획이다.

이어 검찰은 6명의 조선족 선원들을 해양경찰서가 기본수사를 완료하는 9월 5일께 사건을 송치받아 이들을 상대로 보완조사를 벌일 예정이다.

이와 함께 수사 전담반은 이번 사건에서 생존 인도네시아 선원 6명의 증언이 결정적 유죄 입증자료라고 보고 재판 과정에서 이들의 진술이 어긋날 것에 대비, 통역인을 동원해 법원에 증거 보전 절차를 밟아 이들의 진술 내용을 정식 증거자료로 확보할 계획이다.

이 같은 공소유지를 위한 증거자료를 마련한 뒤 검찰은 오는 9월 26일이 기소 만기일이나 이날부터 추석(27일) 연휴가 시작되는 점을 감안, 늦어도 21일께까지는 이들 조선족 선원을 기소하기로 했다. 〈임시취재반〉

해경의 작전
재판관할권 등 5개국 利害 얽혀 극비 인수

페스카마호 확보는 선상반란 사건 발생 이후 한국 측이 수사권을 확보한 뒤 난동 선원들을 선상 호송하기까지 한 편의 첩보영화를 연상케 하는 치밀한 작전으로 전개됐다.

해경은 페스카마호 사건이 5개국의 이해관계가 얽힌 다국적 양상을 띠고 있는 데다 재판관할권 등 여전히 복잡한 외교적 문제를 안고 있어 사건 수사에 신경을 곤두세우고 있다.

페스카마호 사건은 온두라스 국적의 선박에서 중국인 선원들이 한국인 7명과 인도네시아인 3명 등 모두 11명을 살해, 처음부터 다국적 문제양상을 띠었고 선박이 표류하다 일본 영해에서 발견되면서 문제가 더욱 복잡하게 얽혔다.

일본은 선박 발견 이틀 만인 지난 26일 오전 페스카마호를 공해상으로 이동시켰다.

당초 자국의 수사권을 고집하던 일본이 공연히 외교적 부담을 안을 필요가 없다는 판단으로 수사권을 포기한 것으로 받아들여졌다.

해경은 이 같은 일본의 반응을 보안에 부치고 26일 오후 3시 부산 다대포항에 정박 중이던 부산해경 3천t급 구난함 3001함과 8명의 수사반을 극비리에 파견, 페스카마호 인수 작전에 들어갔다. ＜임시취재반＞

홍콩반환 특집

1997. 6. 26. - 7. 1.

새 역사 맞이 부푼 홍콩 - 1997. 6. 26

"기대 반 우려 반"… 축제 열기 고조

주권 반환 D-4

본사 朴貞春·徐淳龍 기자 현지 특파

행사비 3백 億 투입… 증시 덩달아 과열

세계 8천5백여 언론인 뜨거운 취재경쟁

[홍콩= 박정춘 기자]「慶祝回歸(경축회귀) 주권반환 D-5일인 26일 홍콩섬에는 현지 주민들의 기대와 우려가 교차하는 가운데 축제 열기가 점차 고조되고 있다. 〈관계기사 12, 13면〉

홍콩섬 중심가인 완차이(灣仔)와 구룡반도의 번화가 침사초이의 대형 건물에는 홍콩의 새역사를 반기는 금빛 글씨의 대형 현수막들이 곳곳에 붙어 있고, 센트럴의 쇼핑타운인 퍼시픽 프라자 일부 상가에는 보다 자극적인「熱烈慶祝 香港回歸(열렬경축 향항회귀, 열렬경축 홍콩반환)」란 축하 문구가 걸려 있다.

크고 작은 빌딩의 외벽에는 홍콩 상징인 紫荊花나 반환기념 심벌인 돌고래 모양을 수만 개의 전구와 네온사인 등으로 장식해 밤이면 홍콩 전체가 불야성을 방불케 한다.

156년 만에 식민종주국인 영국으로부터 대물 홍콩을 되돌려 받는 중국은 3억元(한화 3백억 원)의 거액을 들여 엄청난 규모의 축하 행사를 떠들썩하게 준비하고 있다.

이 같은 분위기 속에서 증시와 부동산 가격이 과열되고 있다. 지난 20일에는 홍콩증시 종합지수인 항생지수(恒生指數)가 사상 최고치를 기록했다.

구룡반도에서 홍콩섬으로 가는 길에 的士(택시) 운전사 汪進 씨(46)는 홍콩의 주권반환에 대한 소감을 "모우 만타이(無問題)"이라는 한마디로 시큰둥하게 대답했다. 汪 씨는 "7월 1일 이후에도 서민들의 생업에 크게 지장이나 없기를 바란다"고 말하며 장래에 닥칠 변화에 대한 일말의 불안감을 나타냈다.

한편 한국·일본·미국·영국·베트남·남아프리카공화국을 비롯한 세계 각국의 770개 언론기관에서 파견된 약 8천5백 명의 언론인들은 금세기 최대의 취재 대상 가운데 하나로 평가되는 역사적인 홍콩반환을 맞아 치열한 취재경쟁을 벌이고 있다.

▶ 1997. 6. 26 실제 기사

홍콩 主權 내일 중국 반환 - 1997. 6. 30.

156년 英 통치 역사 속으로
1일 0시 완전 귀속… 인민軍 입성
전 세계 VIP 참석 세기적 기념식

[홍콩=박정춘 기자] 홍콩이 156년간의 영국 식민지시대를 청산하고 7월 1일 0시를 기해 중국에 되돌아간다. 〈관계기사 3, 11, 24, 25면〉

중국과 영국은 이 역사적 순간을 기념하기 위해 세계 45개국 귀빈 4천여 명을 초청, 컨벤션센터 신관에서 30일 밤 11시 30분부터 다음 날 0시 10분까지 주권반환식 행사를 성대하게 거행한다.

주권반환식에 江澤民 국가주석 겸 당 총서기와 李鵬 총리 등 黨·政·軍 지도자 100명으로 구성된 중국 대표단과 찰스 황태자와 토니 블레어 총리 등 200명의 영국 측 대표단을 비롯해 매들린 올브라이트 美국무장관, 柳宗夏 한국 외무장관 등 전 세계 VIP들이 참석, 지난 84년 12월 19일 조인된 中英공동선언에 따라 이뤄지는 20세기 마지막 역사적 사건의 현장을 목격하게 된다.

이로써 중국은 아편전쟁 패배로 지난 1884년 체결된 南京조약에 따라 홍콩을 식민지로 내준 치욕적 역사를 청산하게 되고 전 세계에 걸쳤던 영국의 식민 지배는 사실상 막을 내린다.

홍콩 回歸는 세계적으로 처음 있는 一國兩制(1국가 2체제)의

실험장 역할도 하게 된다.

찰스 황태자와 江 주석은 이날 반환식 행사에서 국가원수 자격으로 각각 고별사와 경축사를 하고 李鵬 총리와 블레어 총리는 정부 대표 자격으로 반환문서에 서명한다.

주권 교체를 상징하기 위해 유니언 잭과 홍콩旗가 30일 밤 11시 59분 영국 국가인 〈신이여 여왕을 구하소서〉가 울려 퍼지는 가운데 내려지고 1일 0시 정각 중국의 五星紅旗와 홍콩 특구旗가 중국 국가 〈의용행진곡〉 연주 속에 게양된다.

이에 앞서 컨벤션센터 부근 이스트 타마르에서 고별식을 갖는 영국 측은 반환행사가 끝난 직후 찰스 황태자와 크리스 패튼 총독, 브라이언 더튼 홍콩주둔군 사령관 등이 왕실 소유 브리타니아號를 타고 홍콩식민지 경영에 작별을 고하고 필리핀으로 떠난다.

반환식을 마친 江 주석과 총리 등 중국 지도자들은 1일 새벽 1시 30분 컨벤션센터에서 홍콩특별행정구(SAR) 정부출범식을 주재하고 董建華 초대 행정장관과 행정 요인, 입법부 위원, 사법부 판사들의 취임 선서를 받는다.

홍콩 주둔 인민해방군은 선발대에 이어 0시를 기해 4천여 명이 21대의 장갑차를 앞세우고 홍콩에 입성, 각각 기지로 배치된다.

> 본사 박정춘·서순룡 기자 현장르포

홍콩~심천 "마지막 국경선"

"돌아온 홍콩 세계로 가는 고속도" - 1997. 6. 30.

홍콩에서 중국 본토로 들어가는 관문 深圳, '영국식민지 홍콩'과 深圳을 갈라놓았던 국경은 7월 1일 0시부터 중국의 '행정특구 홍콩'과 '경제특구 深圳'을 분리하는 단순한 경계선으로 바뀐다. '없어질 국경선' 홍콩-深圳 관문을 본지 국제부 박정춘 기자와 사진부 서순룡 기자가 탐방, 현지 르포를 보내왔다. 〈편집자주〉

연휴 고향길 인파 북적 '불난 호떡집'
홍콩~심천 분단 하천엔 아직도 철조망
그러나 그들엔 이미 오래전 하나된 국토
무서운 경제적·잠재력 지닌 심천에 긴장감

    28일 오전 9시 20분 홍콩 전철의 시발점인 구룡역은 深圳으로 가려는 승객들이 벌써 매표소 앞에서 장사진을 치고 있었다.
    深圳으로 가는 사람들은 한눈에 표시가 난다. 대부분이 중국 고향에 있는 친지들에게 줄 선물꾸러미를 들고 있거나 바퀴 달린 가방을 끌고 있다. 특히 이날은 5일간 황금연휴의 첫날이라 고향 방문객이 많았다.
    중국으로 건너가기 위해서는 우선 홍콩의 북쪽 종착역 羅湖까지 가야 한다. 여기서 국경을 통과하면 深圳이다.

구룡역에서 출발한 羅湖행 전철이 2~3개 정거장을 지나자 입추의 여지 없이 승객들이 들어찼다.

이 지역 사람들이 쓰는 광동어는 원래 억양이 노랫가락같이 높낮이가 심한 데다 연휴를 맞아 고향을 찾는 길이어서 들떠있기 때문인지 워낙 말들이 많아 전동차 안이 그야말로 '불난 호떡집' 같았다.

별다른 행락지가 없는 홍콩 사람들은 휴일이면 深圳나 廣東 일대로 나들이를 간다.

평소 주말에도 10만 명이 넘는 인파가 몰려들어 북새통을 이루는데 深圳은 일단 넓은 데다 최근 몇 년 새 각종 위락시설과 호화 유흥지가 들어서 한나절 가족 나들이에는 좋은 여건을 갖추고 있기 때문이라고 한다.

구룡을 출발한 지 40여 분. 羅湖역에 도착한 전동차는 1천 명이 넘는 승객들을 쏟아낸다. 인파에 밀려 역 구내를 빠져나가니 통관절차를 밟기 위한 사람들이 수십m 줄을 서 있고 홍콩 면세점에는 미처 선물을 준비하지 못한 사람들로 붐볐다. 여권 소지자(외국인)는 홍콩 거주민과 출국수속 절차가 분리되어 있어 크게 시간이 지체되지는 않았다.

홍콩과 深圳은 너비 20m가량의 하천으로 분리되어 있다. 양쪽을 잇는 다리에 접어들어 중국 쪽을 바라보니 홍콩 주권반환일을 카운트다운 하는 대형 전광판이 먼저 눈에 들어왔다. 그 옆에서는 인부들이 홍콩반환 기념으로 새로 설치하는 기념탑의 마무리

손질을 하고 있었다.

하천을 가운데 두고 홍콩 쪽에는 나선형 철조망이, 중국 쪽에는 철조망 담을 설치해 놓았는데 제거 작업은 하지 않고 있었다.

다리를 건너면 중국 땅이다. 중국 비자를 받기 위해 임시비자 발급소로 들어섰다. 深圳특구만을 방문하기 위한 목적이라면 여기서 즉석 비자를 발급받을 수 있다. 다만 深圳특구를 벗어나서는 안 되며 기간은 5일이다.

20평 남짓한 비자발급소는 대리석 바닥에 가죽 소파 등으로 깨끗하게 정리되어 있었는데 2개월쯤 전에 확장공사를 마쳤다고 한다.

40대 초반으로 보이는 중국 세관원에게 홍콩을 되찾는 소감이 어떻느냐고 물었더니 "특별한 느낌은 없다. 홍콩은 이전부터 중국과는 벽이 없는 곳이다"며 퉁명스럽게 말했다.

홍콩과 深圳를 넘나드는 사람들도 갈 길만 서둘렀지 '마지막 국경길'을 지난다는 감회 같은 것은 찾아보기 힘들었다. 그들에게 홍콩-深圳은 이미 하나로 열려 있었던 것이다.

세관을 빠져나와 시야에 들어온 深圳의 분위기는 이 중국 공무원의 반응과는 확연히 달랐다. 우선 홍콩 시가지 못지않은 초고층 현대식 빌딩들이 시야를 가로막았다.

홍콩반환을 축하하는 홍·청·황색 깃발들이 가로변을 화려하게 장식하고 있었으며 금빛으로 '祝香港回歸祖國'이라고 새긴 대형 현수막도 여기저기 걸려 축제 분위기가 완연했다.

한국의 2개 차선만 한 너비의 인도는 화강암으로 단장돼 있었다.

▲ 1997. 6. 30 실제 기사

　지난 94년 초여름에 둘러본 深圳은 시가지 전체가 공사판과 같았었다. 비록 활력은 있었으나 온통 먼지로 뒤덮여 산만하고 지저분한 도시로 남아있던 기억 때문에 눈에 들어온 광경이 믿어지지 않을 정도였다.

　택시를 타고 廣州로 가는 고속도로는 컨테이너트럭과 화물차들로 가득 차 왕복 6차선이 여유 있어 보이지 않았다.

　深圳 변두리 上沙·下沙공단 지역은 중심가에 비할 바는 아니었으나 3년 전에 비해서는 공장들 외관이나 거리도 거의 다 정비되어 있었다. 여전히 시내 곳곳에는 30~40층 이상되는 빌딩 신축공사가 벌어지고 있었다. 도심지 고가도로 주변에는 인부들이 나무

와 꽃을 심는 등 조경공사가 한창이었고 오색 꽃으로 예쁘게 꾸민 홍콩반환축하 조형물 화단이 군데군데 보였다.

"영국 식민지하의 홍콩은 深圳의 관문에 불과했으나 '조국회귀'된 홍콩은 중국과 세계를 연결하는 고속도로다." 深圳에 사는 중국 사람들의 이야기다.

이날 오후 늦게 深圳에서 홍콩으로 되돌아오면서 홍콩반환 카운트다운 전광판을 다시 한번 뒤돌아보았다. '香港回歸 3日'. 중국의 미래를 진단하기에는 아직 이르다. 그러나 경제특구 深圳만은 머잖아 지금의 홍콩에다 대륙의 광활함을 더할 것이라는 생각에 긴장감마저 들었다.

〈홍콩= 박정춘 기자〉

인민軍 홍콩 진입

「홍콩차이나」 時代 열렸다 - 1997. 7. 1.

英 식민통치 마감 1國 2體制 출범… "자유보장" 다짐

[홍콩=박정춘 기자] 1일 0시(한국시간 새벽1시)를 기해 역사적인 홍콩 차이나 시대가 열렸다. 홍콩이 156년간의 영국 식민지배를 청산하고 중국의 一國兩制(1국가 2체제) 준수 및 인권과 자유의 보장 다짐 속에 새로 출범했다.

찰스 영국 황태자와 함께 홍콩 컨벤션센터 그랜드홀에서 홍콩

주권반환식 행사를 주재한 중국 주석은 1일 0시 5분 경축사에서 중국이 홍콩에 50년간 고도자치를 허용하는 1국가 2체제의 약속을 준수하고 주민들의 인권과 자유도 보장할 것임을 다짐했다.

江 주석의 연설은 중국 국가 〈의용행진곡〉이 울려 퍼지는 가운데 중국의 五星紅旗와 홍콩특별행정구(SAR) 旗가 나란히 게양돼 전 세계에 홍콩의 중국 반환을 공포한 지 5분 만에 이뤄졌다.

이에 바로 앞서 영국의 유니언 잭旗와 홍콩 정청旗가 영국 국가 〈신이여 여왕을 구하소서〉 연주 속에 하강돼 영국의 식민지배 종식과 함께 서구 열강이 아시아를 강점해온 西勢東漸의 역사에 종언을 고했다. 홍콩은 중국에 반환됐으나 사회주의가 자본주의 시장경제체제를 흡수하는 사상 초유의 一國兩制 원칙에 따라 50년간 고도자치를 구가하는 새로운 시대에 돌입했다.

찰스 황태자는 엘리자베스 여왕을 대신해 국가원수 자격으로 고별사를 했다. 영국 측은 반환식이 끝난 직후 찰스 황태자와 크리스 패튼 총독, 브라이언 더튼 홍콩주둔군 사령관 등은 왕실 소유 브리타니아號를 타고 필리핀으로 떠났다.

한편 홍콩에 이미 선발대를 진주시킨 홍콩 주둔 인민해방군은 30일 밤부터 1일 새벽까지 4천여 명의 병력이 21대의 장갑차를 비롯한 차량 400대로 홍콩에 입성, 10개 기지로 배치됐다.

西勢東漸의 역사 '종언'

의미와 과제

대영제국 식민지 이제는 14곳 남아 - 1997. 7. 1.

홍콩 시장경제 뒷받침 여부가 변수

홍콩의 주권이 중국에 되돌아간 것은 서구 열강이 아시아를 지배해온 西勢東漸의 역사에 종언을 고했다는 점에서 의의가 크다.

제국주의 선봉으로 해가 지지 않았을 만큼 방대한 식민지를 경영했던 '대영제국'은 이제 북대서양의 버뮤다, 케이먼 군도, 지브롤터, 포클랜드 등 14개 지역에 18만의 해외영토 주민이 있을 뿐이다. 제국주의는 제2차 대전 이후 脫식민지화로 서서히 몰락해왔지만 홍콩 회귀로 그 잔재가 완전히 청산됐다고 할 수 있다.

秦始皇 이래 통일 중국 이상을 지녀온 중국 지도자들은 홍콩 회귀를 계기로 고조된 민족 열기를 바탕으로 대만과의 통일 전략에 박차를 가할 것으로 홍콩의 서방 외교관들은 전망하고 있다.

대만은 홍콩의 중국 회귀를 환영하면서도 중국에 흡수 통일되는 것을 극력 꺼리고 있어 국제 사회의 이목이 대만해협에 쏠릴 것으로 보인다.

중국은 또 홍콩 회귀를 계기로 경제교류를 더욱 강화, 개혁 개방에 이어 제2의 경제도약 기회를 맞고 있다고 할 수 있다.

중국은 자국의 외화보유고 1천2백억 달러에 홍콩의 지참금 1천억 달러까지 합치면 외환보유액이 일본과 독일을 합친 것보다 많을 정도로 경제력이 막강해진다.

이 같은 천문학적인 외환보유고에 세계 7위 교역국인 홍콩을 품에 안아 경제성장에 가속도가 붙게 됐고 홍콩을 통해 서방 선진기술 도입이 활성화될 것으로 기대하고 있다.

그러나 이의 실현을 위해선 넘어야 할 산이 많다.

중국 지도부는 一國兩制의 원칙과 기본법, 그리고 영국과의 공동성명에 의거, 주권반환 후 50년간은 홍콩에 자본주의 시장경제를 기조로 고도의 자치 허용을 거듭 다짐하고 있으나 사회주의식 중앙집권에 익숙해져 있어 홍콩의 시장경제를 제대로 뒷받침할 수 있을지가 의문시되고 있다. 홍콩에 파견된 중국의 외교부 특파원, 인민해방군, 신화통신 홍콩분사는 물론 廣東省, 상해 등 지방정부들은 어느 정도 시간이 지나면 제각각 홍콩 문제에 개입하려 들 개연성을 부인하기 어려운 실정이다.

중국사회의 고질적인 병폐인 부정부패도 큰 걱정거리.

만약 홍콩에 진출한 2천여 개 중국 기업들이 권력의 배경을 업고 공무원들과 결탁, 갖가지 이권을 챙기고 투기에 나설 경우 홍콩 번영의 토대를 이뤄온 공정한 게임의 룰은 삽시간에 흐려지게 될 것이다. 〈홍콩=박정춘 기자〉

홍콩차이나 첫날
"새 홍콩, 자유 없이는 번영 없다" - 1997. 7. 1
민주적인 입법기구 구성 위한 투표 英·美 관심사

세계 각국은 1일 홍콩의 주권 반환과 관련, 홍콩의 민주적이고 공정한 입법회의 구성과 자유언론의 보장 등을 일제히 촉구하는 등 장래 홍콩의 위치에 우려와 기대를 함께 나타냈다. 특히 홍콩에 모인 각국 지도자들은 연쇄 회담을 갖고 홍콩이 현재와 같은 자유와 민주가 보장되어야만 번영이 있을 것이라는 데 인식을 같이했다.

英·美 자유선거 실시 촉구

○…英·美 양국은 홍콩의 자유선거 실시를 거듭 촉구했다.

로빈 쿡 영국 외무장관은 30일 매들린 올브라이트 美 국무장관과의 회담이 끝난 뒤 새로운 입법회의 구성을 위한 자유롭고 공정한 선거가 가능한 한 빠른 시일 내에 실시돼야 한다고 강조했다.

쿡 장관은 민주적인 입법기구 구성을 위한 투표실시는 美·英 두 나라 모두에게 중요한 관심사라며 이같이 지적했다.

올브라이트 장관도 홍콩의 미래와 선거를 통한 발전이 자신의 주요 관심사라면서 홍콩 지도자들은 "홍콩의 미래가 현재와 비슷한 모습이어야 한다"는 사실을 이해하길 바란다고 밝혔다.

반환식 참석을 위해 홍콩에 도착한 토니 블레어 영국 총리도 중국은 홍콩에 대해 광범위한 자치권을 보장한 지난 84년의 小 헌법을 준수해야 한다고 촉구했다.

日 "홍콩 원동력은 자유"

○…일본 유력 언론들은 홍콩의 자유와 번영을 지속시키겠다는 중국의 약속은 지켜져야 한다고 강조했다.

「요미우리(讀賣)신문」은 "홍콩 경제력의 저변에 깔려있는 것은 '자유'이며 영국의 불간섭정책이 홍콩 번영의 원동력이 됐음은 의심의 여지가 없다"며 중국은 홍콩의 독특한 자치체제 유지를 보장해야만 한다고 주장했다.

「아사히(朝日)신문」도 홍콩 반환이 "유혈사태" 없이 이뤄진 것을 환영한다면서 중국은 홍콩에 간섭하거나 압력을 가하지 않을 것이란 약속을 지켜야 하며 "자유 없이는 홍콩의 번영도 없을 것"이라고 경고했다.

호주, '유럽점령 종식' 축하

○…봅 호크 前 호주 총리는 홍콩 반환 과정에서 중국의 역할을 높이 평가한 반면 영국이 오랫동안 홍콩에서 민주주의를 실시하지 않았던 사실을 맹렬히 비난했다.

호크 전 총리는 야만적인 방법으로 홍콩을 탈취했던 서방국가들이 이제 와서 중국에 홍콩문제를 어떻게 다뤄야 한다고 설교하는 것은 '도덕적으로 앞뒤가 맞지 않는 일'이라고 비판했다.

그는 중국이 홍콩 시민들에게 정상적인 일을 영위할 수 있도록 자유를 허용할 것임을 확신한다고 덧붙였다.

한편 알렉산더 다우너 호주 외무장관은 홍콩에 대한 영국의 식민 지배 종식은 아시아 '유럽 점령시대'의 종언으로 기록될 것이라고 평가했다.

마카오 반환 순조롭길 기대

○…자이메 가마 포르투갈 외무장관은 오는 99년 12월 20일로 예정된 마카오의 중국 반환이 순조롭게 이뤄지길 바란다고 밝혔다.

▲ 1997. 7. 1 실제 기사

가마 장관은 이날 錢其琛 중국 외교부장관과의 회담이 끝난 뒤 포르투갈은 지난 87년 중국-포르투갈 간 공동선언에 따라 마카오의 "모범적이며 차분하고 평화로운 반환"이 이뤄지도록 노력할 것이라고 강조했다.

그는 마카오 반환문제를 다루는 양측 대표팀 간의 협상에서 최근 "상당한 진척"이 이뤄졌다고 설명했다.

베트남, 우호관계 증진 희망

○…베트남 지도자들은 홍콩 반환의 역사적 의미를 높이 평가하는 한편 중국과의 관계 증진을 다짐했다고 베트남 언론들이 전했다.

도 무오이 베트남공산당 서기장과 레 둑 안 국가주석 등은 이날 공동 축하 메시지를 통해 "97년 7월 1일은 1세기를 넘는 홍콩의 외국 지배를 종식시킨 중국 역사상 위대한 사건으로 기록될 것"이라고 축하했다. 〈홍콩=박정춘 기자〉

빅토리아항 컨벤션센터

각국 귀빈 4천여 명 -1997. 7. 1
중국 미래 위해 '건배'

柳宗夏 외무, 한-홍콩 투자보장협정 체결

홍콩 주권교체식이 거행된 빅토리아항 컨벤션센터(HKCEC)는 금세기 최대 규모의 정상급 인사들이 참석한 장소라는 기록을 남겼다.

홍콩 컨벤션센터 신관에는 40개국 정상이나 각료, 40여 개 국제기구 및 단체 대표 등 4천여 명이 2천 3백여 평의 초현대식 대연회장에 모여 홍콩의 주권을 되돌려 받은 중국을 위해 축배를 들었다.

4천여 명의 귀빈들 가운데 400여 명은 각국을 대표하는 각료급으로 유엔에서의 회의를 능가하는 외교 무대가 됐다. 이에 따라 세계 각국 대표들은 30일부터 2~3일간 홍콩에 머물면서 국가별로 각종 협정을 맺는 등 정상급 외교를 펼치고 있다.

우리나라 대표로 참석한 柳宗夏 외무장관도 30일 홍콩특구 데니스 유 외무장관과 한국-홍콩 투자보장협정을 체결한 데 이어 이날 오후 압둘라 바다위 말레이시아 외무장관과 양국 외무장관 회담을 가졌다.

홍콩 주권반환식에는 주최 측인 중국에서 江澤民 국가주석과 李鵬 총리 등 20명의 대표단이 참석했다. 대표단에는 錢其琛 외교부장, 長萬年 중앙군사위부주석, 王漢彬 전인대부의장 등 黨·政·軍 대표들이 골고루 포함돼 있다.

江 주석과 李 총리는 30일 深圳에 머물면서 주권반환식에 참석한 뒤 1일 새벽 북경으로 되돌아가 북경에서 개최되는 홍콩 주권회귀 기념행사를 주관할 예정이다.

주권을 되돌려 주는 영국에서는 찰스 황태자를 비롯, 지난 84년 중국과 홍콩반환 협상에 서명했던 마거릿 대처 前 총리, 로빈 쿡 외무장관, 마지막 홍콩총독인 크리스 패튼, 윌슨 前 홍콩총독 등이 모습을 보였다.

우리나라에서는 柳 외무장관과 具平會 무역협회장을 비롯, 成석주 駐홍콩한인상공회장, 鉉경섭 교민회장, 한은총재 등 6명이 행사에 참석했다.

미국에서는 매들린 올브라이트 국무장관이 대표로 참석했으며 대만은 정부요인 대신 對 중국 협상창구인 海基會 구진포 회장을 대표로 보냈다.

이밖에 국제기구 대표로는 코피 아난 유엔 사무총장을 비롯, APEC(亞太경제협의회)·EU(유럽연합) 등에서 사무총장급 등이 참석했다. 〈홍콩=박정춘 기자〉

홍콩차이나 첫날

반환 어떻게 이뤄졌나 -1997. 7. 1

中-英 신경전 역사 속으로
82년 英 대처 총리 북경 방문으로 공식 협상
鄧 「1국 2체제」 견지, 85년 「완전 반환」 관철

홍콩 주권이 영국에서 중국으로 넘어감으로써 지리한 협상 과정과 그 이후 전개된 양국 간 신경전도 이제 역사의 한 페이지 속으로 사라졌다.

영국은 1840년대 1차 아편전쟁과 1850년대 2차 아편전쟁으로 중국으로부터 홍콩섬과 九龍 및 주변 부속 도서들을 각각 할양받고 이어 1898년 전쟁에 패배한 중국을 위협, 新界지역을 99년간 조차하는 데 성공했다.

그러나 140년의 세월이 흐른 1970년대 말에 와서는 서구 제국주의의 동양 식민지 강점시대와는 시대와 상황이 180도 달라져 힘의 균형이 중국 측으로 기울었다.

홍콩의 영국계 자본들은 97년으로 합의됐던 新界의 조차 만기일이 다가오면서 이 문제의 해결 없이는 더 이상의 발전을 기할 수 없다고 보고 영국 정부에 중국과의 협상을 촉구하고 나섰다.

이에 따라 1979년 3월 머레이 매클리호즈 당시 홍콩 총독은 북경을 방문한 길에 鄧小平을 접견하고 홍콩문제에 대한 의향을 떠보기 시작했다.

中-英 간 공식 협상은 지난 82년 9월에 있었던 마거릿 대처 영국 총리의 북경 방문으로 막을 열게 된다. 대처 총리는 홍콩에 대한 중국의 주권은 인정하고 행정권의 지속을 그 대가로 받아내자는 복안을 갖고 협상에 임했으나 鄧小平은 주권 회복 문제는 협상의 대상이 아니고 다만 그 절차와 방법이 문제일 뿐이라며 강경하게 대응했다.

鄧小平은 사회주의 체제를 유지하지만 홍콩에는 향후 50년간 고도 자치에 의한 자본주의 시장경제와 생활양식을 허용한다는 1국 2체제 원칙을 견지했다.

결국 6년을 끈 마라톤 협상 끝에 양국은 홍콩의 주권을 중국에 완전 반환하는 데 합의하는 「영중공동선언」 비준서를 85년 교환했다. 협상은 끝이 났지만, 양국 간의 신경전은 계속됐고 이는 반환이 이뤄지는 1일 0시까지 계속됐다고 해도 지나침이 없을 정도이다.

中-英 양국 간의 반목과 대립은 마지막 총독 크리스 패튼이 부임한 지 3개월 만인 지난 92년 10월 시정연설에서 민주화 정치 개혁 방안을 발표하면서 절정으로 치달았다.

중국 측은 패튼 총독의 민주화 정치 개혁은 식민지 지배 종식에 앞서 혼란의 씨를 뿌리려는 것이라고 비난하고 일체의 협상을 중단하고 일방적인 정책 수립에 나섰다.

중국은 홍콩에서 상업제도·금융제도 등 경제만 배울 뿐 정치는 배우지 않겠다는 입장인 데 반해 영국 측은 홍콩에 대한 자국민과 기업의 이익 보호를 위해 교두보를 남겨 두어야겠다는 의도가 반환협상 과정 내내 팽팽히 맞선 것이다. 〈홍콩=박정춘 기자〉

> 부경대학교 통합 기념 「월간조선」 특별 기고

통합 성공사례 연구-釜慶대학교
실패 사례를 철저히 연구…
통합계획 公論化해 갈등 해소

4년제 국립대학 통합의 한 모델

釜慶(부경)대학교가 부산·경남지역의 새로운 名門(명문)으로 부상하고 있다. 생긴 지 이제 겨우 만 5년. 사람으로 치면 유치원에 다닐 나이밖에 안 됐지만, 신입생 평균 수능점수가 367점에 이르고 있을 만큼 우수한 학생들이 몰리고 있다.

1996년 7월 6일 부산수산대학교와 부산공업대학교가 통합하면서 새롭게 출범한 이 대학은 통합의 성공적 모델로 꼽힌다. 학교의 수준은 우선적으로 학생들의 자질에 의해 좌우된다.

통합 후 부경대의 위상 변화는 신입생들의 입시 점수에서 단적으로 드러난다. 전체 신입생들의 수능시험 평균성적은 통합 후 첫 신입생을 모집한 1997학년도에 230점대에서 1998학년도 300점으로 급상승한 데 이어 1999학년도에는 320점대, 2000학년도에 330점대로 올랐다. 2001학년도 입시 정시모집 합격자의 평균점수는 367점을 기록했다.

수능이 갈수록 쉬워졌다는 점을 감안해도 다른 대학과 비교할 수 없는 상승 폭이다.

실제로 부경대는 합격자 전체 평균성적에서 부산지역 14개 4년제 대학 가운데 부산대에 이어 2위권에 올라 있다.

통합 이전 부산수산대는 몇몇 학과의 경우 아주 높은 수준을 보였으나 전체 평균성적은 부산지역에서 중위권에 머물렀다. 개방대학인 부산공업대는 하위권 수준이었다. 그러나 이들 대학이 통합한 부경대는 부동의 2위를 지키던 명문사학을 밀어내고 그 자리를 차지했다.

부산지역 80개 인문계 고교 진학 담당 교사 모임인 부산시진학지도협의회 朴萬濟(박만제) 총무(부산 용인고 교사)는 부산지역 대학별 성적 수준을 이렇게 설명한다.

"일선 고교에서는 부산대·부경대·D大 순으로 원서를 써줍니다. 수험생들의 대입 성적을 보면 D大 법학과와 국제통상학과를 제외하고는 부경대가 D大보다 학과별로 5~10점씩 높아요. 통합 후 D大를 추월해 바로 2위로 올랐으니 부경대로서는 엄청난 시너지 효과를 본 것이죠. 부경대가 국립대라는 점, 대학이 위치한 지리적 이점 등을 감안하면 앞으로 격차가 더 벌어질 것으로 보입니다."

부산 대신학원이 각 대학의 2000학년도 입시성적을 분석한 자료에 따르면 학과별 합격자 수능 평균점수(원점수 기준)는 전반적으로 부경대가 D大보다 높다. 경영학부의 경우 부경대가

340.06점, 동아대가 330.05점이고 기계학부는 부경대 337.90점, D大 316.64점, 건축공학부는 부경대가 340.77점, D大가 329.94점 등이다.

계열과 학부별 모집 단위가 서로 일치하지 않는 경우가 많기 때문에 모집 단위가 똑같은 학과를 비교했으며, 부경대는 D大와 달리 의학·약학 분야가 없어 이는 논외로 했다.

대신학원 車相路(차상로) 기획연구실장은 "2001학년도 입시에서는 D大가 약진했지만 추가 합격자 등록이 마감되면 전체 평균 점수에서 부경대가 여전히 8점 정도 앞설 것으로 전망된다"면서 "부경대는 1997학년도 입시부터 입학성적이 급등하기 시작해 상승 분위기를 이어가고 있다"고 말했다.

열악한 상황에서 活路 찾다가…

이러한 학교의 환골탈태는 결코 우연히 이루어진 것이 아니다. 두 학교 총장의 인내와 희생, 교수들의 적극적 기여, 동문, 재학생들의 총화가 이루어 낸 작품이다. 그리고 두 학교의 이질적 요소와 상호보완적 요소가 적절히 안배돼 있었던 점도 통합에 유리하게 작용했다.

대학의 통합논의가 시작될 당시 동문들과 교수, 학생 등 대학 구성원 대부분은 비판이나 반대에 앞서 냉소적인 반응을 나타냈다. 타당성을 따져볼 만한 쟁점이라기보다 실현 가능성이 없는 허황한 이야기로 받아들였던 것이다. 그런데도 4년제 국립대학 간의 수평적 통합은 2년 남짓한 기간에 기적적으로 성사됐다.

두 대학이 통합을 공식적으로 검토하기 시작한 시기는 1994년 3월 들어서다. 대입 지원자의 감소, 대학 간 무한경쟁 등 교육환경이 급변하면서 중소규모의 지방대학은 갈수록 경쟁력이 떨어질 수밖에 없는 상황이었다.

교육부의 정책 기조는 특히 지방 중소 대학에게 불리했다. 대학평가와 그 결과에 따른 재정지원의 차별화, 국책 공대 선정, 대학의 서열화 내지 등급화는 생존을 위한 자구적인 전략을 모색하게끔 몰아갔고, 사립대 위주의 정원 자율화 시책은 지방의 중소 국공립대학들의 규모 확장을 사실상 봉쇄했다.

당시 부산수산대는 교명이 말해 주듯 수산해양 분야의 특성화 대학이라는 이미지 때문에 종합대학으로서 위상을 정립하고 발전 방향을 모색하는 데 어려움이 많다고 인식하고 공개적으로 교명 개정을 추진하고 있었다.

부산공업대 또한 공업계열 중심의 학과 구성과 개방체제 대학으로서 학사 운영의 자율성을 제약받는 상황이었다. 개방체제 대학은 주간 대학원 과정이 개설되지 않아 교수들이 연구 보조 인력을 확보하지 못하는 등 연구 환경이 열악했다. 젊고 유능한 교수들로서는 당연히 개방대학 체제의 각종 제약에 불만을 품었으며 이의 폐지를 요구하던 시기였다.

張善德(장선덕) 당시 부산수산대 총장은 지방 중소대학들이 처한 환경을 이렇게 설명했다.

"아무것도 할 수 없는 상황이었습니다. 급변하는 국내외 환경 속에서 대학이 생존을 위해 스스로 선택할 수 있는 길이 없었다는 이야기죠. 학과 하나 신설하고 학생정원 수십 명 늘리는 일도 여간 어려운 일이 아니었으니까요. 대부분 교수들이 이러한 문제를 충분히 인식하고 있었습니다."

규모의 확대를 통한 이익

수산대와 공업대가 서로를 통합의 파트너로 자연스럽게 받아들이게 된 이유는 무엇일까. 통합을 염두에 두고 양 대학 총장이 했던 메모나 기획연구실의 분석자료를 보면 통합의 목적과 필요성으로 대학 규모의 획기적 확대가 최우선으로 꼽히고 있다.

학생 수는 수산대가 약 8,000명, 공업대가 약 1만 4,400명으로 이를 합하면 2만 2,400명이다. 또 교수는 수산대가 247명, 공업대가 221명으로 모두 468명에 달해 규모 면에서 적정 수준에 도달한다는 분석이다. 장기 발전을 효율적으로 추진할 수 있는 가장 알맞은 크기의 '몸집'을 갖게 된다고 판단한 것이다.

규모 문제와 함께 두 대학의 성격과 학과 구성이 판이하고 중복되는 부분이 많지 않아서 통합에 긍정적으로 작용했다.

두 대학의 학과 수는 부산수산대가 42개, 부산공업대가 30개로 합해서 72개나 됐다. 그러나 학과명이 완전히 똑같은 중복학과는 경영, 무역, 기계공학, 토목공학, 전자공학 등 10개 학과에 불과했다. 학과명이 유사한 학과는 자원경제학과-산업경제학과, 법학과-산업법률학과, 영어영문학과-영어과 등 세 개였다.

이러한 두 대학의 이질적인 특성은 통폐합 대상 학과를 최소화할 수 있고 통폐합에 따른 기득권 상실이나 불이익 때문에 통합을 반대하는 교수들의 명분을 약화시키는 근거가 됐다. 당시 부산공업대 崔洪錫(최홍석) 기획연구실장(현 부경대 경영대학장)은 "양 대학의 통합으로 기존의 경쟁력에 손실을 초래하는 부분은 없었다. 경쟁력을 확보하고 있는 부문을 서로 유입, 취약 부분을 보완하자는 것이 기본 전략이었다"고 설명했다.

부경대는 대연캠퍼스와 용당캠퍼스로 이뤄져 있다. 이들 캠퍼스 간 거리는 3㎞로 셔틀버스로 3~5분이면 오갈 수 있다. 두 학교 간의 거리도 통합의 타당성과 설득력을 얻는 데 결정적인 요소가 됐다. 게다가 대학의 면적도 수산대가 35만㎡, 공업대가 36만 5,000㎡로 비슷한 크기였고, 연간 재정 규모도 1995년 기준으로 수산대가 314억 원, 공업대가 264억 원으로 큰 차이가 없었다.

1995년 교육개혁위원회가 교육개혁 방안의 하나로 국공립대학을 축소 조정한다는 방침을 발표하면서 수산대와 공업대의 통합논의는 가속된다.

예산 절감 효과

　당시 부산지역에는 국립대학이 다섯 개나 됐다. 국립대학 조정 또는 축소 정책이 현실화될 경우 부산대, 한국해양대, 부산교육대, 부산수산대, 부산공업대 등 5개 대학 가운데 규모가 작은 수산대와 공업대가 구조조정 대상의 우선순위에 오를 가능성이 가장 높았다. 더욱이 수산대와 공업대의 통합이 무산될 경우 두 대학 모두 다른 대학과의 통합, 특히 흡수 통합될 공산이 없지 않았다.

　부산수산대는 1941년 4년제 전문학교인 '공립부산고등수산학교'로 설립 인가를 받아 3년 뒤 '부산수산전문학교'로 교명을 변경했다. 1946년과 1962년 두 차례 부산대학교의 단과대학으로 편입되기도 했으나 1964년 부산수산대로 다시 분리, 1990년 종합대학교로 승격했다.

　부산공업대는 1924년 '부산공립공업보습학교'로 출발해 1946년 공업중학교, 1951년 공업고등학교, 1963년 공업고등전문학교를 거쳐 1974년 공업전문대학으로 승격했다. 1984년에는 부산개방대학으로 개편되고 1988년 '부산공업대학'으로 이름이 바뀌었다.

　이들 대학은 특수목적대학이기 때문에 설립 취지를 벗어나는 통합은 불가하다는 것이 교육부의 공식 입장이었다. 특히 개방대학 체제가 도입돼 그중 가장 모범적으로 운영되고 있던 부산공업대가 통합된다면 전체 개방대학 체제가 흔들릴 우려가 있다는 점이 걸림돌로 작용했다.

부산수산대 내부에서는 두 대학이 통합되면 일반종합대학에서 결국 개방대학 체제로 전락하는 것이 아닌가 하는 의구심을 떨쳐버리지 못하고 있었고, 이는 통합 반대의 가장 큰 이유로 제기되기도 했다.

이에 대해 양 대학은 통합대학의 시너지효과를 구체적으로 명시, 교육부 실무자들을 설득하는 동시에 통합대학의 학과, 교수, 직원 수 등은 양 대학의 합을 유지하는 것을 원칙으로 한다는 통합추진 기본합의서를 통해 반발을 무마해 나간다.

수산대와 공업대는 통합대학으로 재편하면서 대학본부 8개과, 연구소 5개를 포함한 부속시설 10개를 감축한 것을 비롯, 13개 학과, 4개 단과대학, 1개 대학원을 통폐합하고, 8개 본부 보직과 15명의 일반직원 등 51명의 보직 및 인력을 감축하게 된다. 또 학부 신입생 정원은 110명을 감소하고 편입생은 520명을 줄였다. 현재 교수진은 500명, 대학원을 포함한 재학생 정원은 1만 7,700명에 이른다.

모교 출신 총장들의 '의기투합'

부산수산대와 부산공업대 통합 드라마의 주인공은 당시 양 대학의 최고 결정권자였던 張善德(장선덕) 총장과 韓相淑(한상숙) 총장이라는 데 누구도 이의를 달지 않는다.

1994년 3월 張 총장은 수산대 2代 총장에 취임하자마자, 바로 공업대 韓 총장을 만나 두 대학의 '빅딜'을 추진하기로 '의기투합'한다. 다행스럽게도 張 총장과 韓 총장은 양 대학의 모교 출신 총장이었다. 때마침 수산대 姜龍柱(강용주) 기획연구실장과 공업대 千再基(천재기) 기획연구실장 역시 모교 출신이었다는 점은 통합에 대한 동문의 의견을 수렴하고 반발을 최소화할 수 있는 좋은 여건으로 작용했다.

특히 두 대학이 이미 총장 직선제를 도입하고 있었기 때문에 통합이 성사될 경우 통합대학의 총장은 다시 선출할 수밖에 없다는 사실에도 불구하고 임기에 연연하지 않고 통합추진의 주역으로 나선 점은 높이 평가받고 있다.

두 대학 빅딜의 단초는 부산수산대의 한 교수가 만들어냈다. 1993년 10월 하순 수산해양대학장을 역임한 뒤 평교수로 있던 장선덕 교수 연구실에 평소 친하게 지내던 후배 교수 세 명이 방문, 총장 출마를 권유했다. 다음은 張 총장의 얘기.

"12월에 있을 2代 총장 직선에 출마를 결심하고 나니 욕심이랄까, 의욕이랄까, 많은 생각이 들었습니다. 열흘가량 혼자만의 시간을 갖고 이런저런 구상을 했는데 총장에 선출된다면 적어도 대학의 획기적인 발전책을 강구해야 한다는 강박감 같은 게 들더군요."

그때 선배인 수산경영학과 張受鎬(장수호) 교수(現 한국수산경영기술연구원장)가 "부산공업대와 통합을 추진해 보라"는 화두를 던졌다. "앞으로 대학 환경은 더 어려워질 것이다. 힘들겠지만 때가 된 것 같다"고 덧붙였다.

부산수산대의 통합논의는 처음이 아니었다. 1969년 한국해양대와 통합이 추진됐으나 양측이 모두 반대해 무산된 적이 있다. 그 후 일각에는 통합에 대한 욕구가 잔존하고 있었다. 장수호 교수는 통합론자였다. 1990년 부산수산대가 종합대학교로 승격한 뒤 첫 총장선거에 부산공업대와의 통합을 공약으로 내세우고 출마했으나 낙선한 경험이 있었다. 그는 통합논의가 본격화된 뒤 동문들의 거센 반발을 무마하는 데 결정적인 역할을 한다.

그때 장선덕 교수는 선배 張 교수의 생각에 공감하고 통합에 대한 확신을 갖고 있었지만 선거공약으로 제시하라는 권유는 받아들이지 않았다.

차기 총장에 선출된 장선덕 교수는 1994년 3월 2일 취임식을 마치자마자 연락도 없이 불쑥 부산공업대 한상숙 총장을 방문한다. 총장에 취임하면 부산시장이나, 부산대 총장을 찾아 인사하던 것이 관례였다.

"오전 11시쯤 됐을까, 공업대 韓 총장을 찾아가니 마침 교무회의를 하고 있더라구요. 잠시 기다리겠다고 하는데 韓 총장이 교무회의 자리에 나를 데리고 가 인사를 시켜줘요. '협력할 일 있으면 서로 협력하자'면서요. 내가 '가까워서 제일 먼저 왔다'고 답례 인사를 했더니 교무회의 참석자들이 박수를 치더군요."

교무회의를 서둘러 끝내고 張 총장과 韓 총장은 인근 식당에서 식사하면서 세 가지 구두 약속을 한다.

"두 대학을 통합을 하되 대등한 관계로 통합하고 보안을 철저히 유지합시다."

부산공업대 韓 총장은 이전부터 張 총장과 친분이 두터웠다. 총장이 되기 이전에 3년간 張 총장의 출신 학과인 해양공학과에 출강을 해 서로를 잘 알았다.

"우리 공업대 입장에서도 획기적인 발전 방안이 필요하던 시기였어요. 그러나 4년제 대학 간의 통합이 그리 쉬운 일인가요. 수산대 張 총장은 통합만이 양 대학이 살 수 있는 윈-윈(WIN-WIN) 전략이라고 강조하더군요."

韓 前 총장은 張 총장과 뜻을 모으면 반드시 통합을 이룰 수 있을 것으로 확신했다고 한다.

"양교 통합은 비록 구체적인 수준은 아니지만 1990년대 초부터 원로 교수들 사이에서 간혹 이야기되고는 했어요. 누가 주도하느냐가 문제였는데 당시는 비교적 여건이 좋았습니다. 張 총장도 나도 의지가 강했으니까요."

他 대학 통합자료 수집

이날 이후 부산수산대 기획연구실에는 '대학의 획기적인 발전 방안'이라는 이름으로 통합 검토지시가 공식적으로 떨어지고 당시 강용주 실장은 4월 초 부산공업대 기획연구실과 협의 창구를 구축, 두 대학의 통합문제를 구체적으로 검토하기 시작했다.

두 대학 기획연구실은 1994년 5월부터 군산대와 군산수산전문대의 통합사례와 고려대·연세대 등 사립대의 과거 흡수합병 사례 등 他 대학 통합의 자료를 수집하고 현장 방문을 통해 통합추진에 필요한 절차와 일정계획 등을 구체적으로 작성하는 등 방대한 작업을 진행해 나갔다.

통합의 초기과정은 급속하게 진척됐다. 1994년 9월, 13개 항의 통합추진 기본합의서(안)를 작성해, 양 대학이 1부씩 나눠 갖고 교육부에도 1부를 제출했다. 통합추진 기본계획서가 작성된 지 꼭 1년이 지난 1995년 6월 양 대학이 각각 개최한 전체교수회의에서 통합추진이 결정됐다.

교육부는 대체로 두 대학 통합에 반대하는 입장이었다. 金淑喜(김숙희) 장관에 이어 1995년 5월 임명된 朴煐植(박영식) 장관은 통합은 두 대학의 총장이 결정할 일이라는 기본적인 입장을 보였으나 개방대학을 관장하는 평생교육국장은 개방대학인 부산공업대의 통합은 절대 불가하다는 태도를 견지했다.

교육부를 비롯해 총무처·경제기획원 등 정부 부처를 누비면서 통합을 반대하는 관료들을 설득하고 이견을 조율하면서 통합을 위한 정지 작업을 도맡은 '심부름꾼'은 李成一(이성일) 수산대 사무국장이었다. 李 국장은 교수 출신이 아닌 관료로서 현안들을 원만하게 처리해 나갔다.

양교 통합을 위해 金泳三(김영삼) 대통령과 면담

한편 통합과정에서 벽에 부딪친 수산대 張 총장은 정치권에다 문제 해결을 위한 지원을 요청한다.

"당시 청와대 洪仁吉(홍인길) 총무수석에게 통합의 필요성을 설명하고 협조를 요청했죠. 洪 수석의 도움으로 청와대 비서실 교육 부문 담당 기획수석과 농수산 수석의 부정적인 태도를 바꿔 놓을 수 있었습니다."

"張 총장은 洪 수석을 통해 金泳三 대통령을 몰래 만났습니다. 내인가를 받은 셈이었습니다. 그리고 통합 승인만을 기다리고 있었죠."

이성일 국장의 말이다.

부산수산대와 부산공업대는 마침내 1996년 2월 8일 교육부의 통합승인을 받았다. 이어 그해 7월 6일 국무회의에서 국립학교설치령이 개정되면서 통합대학으로 탄생한다.

통합대학의 초대 총장 선출에 대해서는 논란이 많았다. 공업대 韓 총장은 1996년 5월 임기가 만료되지만, 수산대 張 총장은 임기가 2년 정도 남은 상태였다. 통합방침이 승인될 당시에는 통합추진

위원들을 중심으로 두 총장을 통합에 기여한 공로를 인정해 잔여임기 동안 통합대학의 초대 총장으로 추대하자는 여론이 많았다.

하지만 교수협의회는 통합대학 초대 총장의 직선을 요구해, 결국 양 대학 합동교수회의에서 직접선거를 실시, 수산대 대기과학과 韓英鎬(한영호) 교수를 선출했다.

수산대 張 총장은 지난해 7월 정년퇴임 후 명예교수로 추대됐으며 부산지역 여론주도층 모임인 부산포럼 공동대표로서 활발한 사회활동을 펼치고 있다. 또 공업대 韓 총장은 임기 후 교수직으로 복귀하기로 되어 있었으나 교직을 떠나 자신의 이름을 딴 한상숙 건설기술연구소를 차려 소장으로 일하고 있다.

부산수산대와 부산공업대가 1996년 7월 통합대학인 부경대학으로 출범한 이후 지금까지 통합으로 인한 갈등이나 불협화음이 대학 외부로 표출된 적은 거의 없다. 이 모두 두 사람의 깨끗한 처신이 이루어낸 결과물로 보인다.

부산수산대와 부산공업대의 통합추진 사실이 언론을 통해 세상에 알려진 것은 1994년 11월이다. 양 대학의 통합문제가 공론화되기 시작한 것이다.

두 대학 통합에 대한 반응은 다양했다. 학생들의 의견도 엇갈렸다. 수산대 학생들은 우선 개방대학과의 통합 추진이라는 점에 당황해했다. 여론이 집약되지 않았다는 이유를 내세워 반대하는 입장과 대학발전을 위한 방안이 될 수 있다는 찬성 입장의 두 가지 상반되는 대자보가 나붙기도 했다. 총학생회는 학생들의 의견이 양분되자 찬성, 반대 어느 쪽을 결정하지 않고 유보적인 입장을 취했다.

단과대학 별이나 학과 별로 찬반 설문조사나 토론회가 열리는가 하면 단과대학 교수 간담회, 교수협의회 등이 잇달아 개최돼 통합논의에 불이 붙고 있었다.

수산대 측의 통합 반대 의견 높아

부산수산대가 1995년 5월 실시한 설문조사에서 통합에 찬성하는 비율은 학생 34.0%, 직원 60.5%, 교수 61.5%로 나타났다. 학생들은 고학년일수록 통합에 긍정적이었고, 교수들은 경영대·자연대·공대 순으로 통합 찬성률이 높았다.

한편 부산공업대 학생들은 대체로 통합에 긍정적인 반응을 보였다. 개방대학이 일반대학에 비해 차별을 받고 있다는 인식이 많았기 때문에 수산대와 통합, 일반종합대학으로 가는 것에 굳이 반대할 이유가 없었던 것이다. 다만 행정직원들의 86.5%가 통합에 반대했는데, 이들은 통합에 따른 조직감축과 인사상의 불이익을 우려하고 있었다.

학교 문제에는 동문들의 목소리가 드세게 마련. 두 대학 동문들은 모두 통합에 반대했으며 특히 수산대 측이 심했다. 통합을 추진하는 張 총장에게 "모교를 팔아 먹는다"는 비난도 많았고, 동창회 사무실에는 라스팔마스, 사모아 수산기지 등지의 동문들로부터 '통합을 막으라'는 항의 팩스가 쏟아지기도 했다.

"동문들의 반발이 극심했죠. 통합 파트너가 마음에 들지 않는다는 것이 주된 이유였어요. 동문들이 끝까지 반대했다면 통합은 어려웠을 거예요."

당시 수산대 총동창회 李相兆(이상조) 회장(現 경남 밀양시장)의 설명이다. 동문들의 반발 무마에는 앞서 張 총장에게 양교의 통합을 종용했던 장수호 교수가 앞장섰다. 張 교수는 "동문들이 모교 발전을 위해 할 수 있는 일은 가만히 있는 일이다"며 모교 통합에 대한 평소 신념으로 동문들을 설득했다. 이런 노력들로 인해 동문들은 반발을 누그러뜨리고 묵인하는 입장으로 돌아섰다.

통합추진이 공론화된 뒤부터 두 대학은 총장과 기획연구실을 중심으로 공개적이고 민주적인 방식으로 설득작업을 벌여나갔다.
두 대학은 교무회의 등을 통해 대학 통합의 필요성과 통합추진에 관한 협의내용을 소상하게 설명하고 학생·교직원들을 대상으로 설문조사를 실시해 여론을 수렴했다. 통합과 관련 궁금한 사항에 대해서는 설명과 함께 자료를 배포하고 통합추진 배경을 충분히 이해시킨 다음 양 대학 전체교수회의에서 통합추진 여부를 결정키로 했다.

전체교수회의는 공업대가 1995년 5월 29일, 수산대가 사흘 뒤인 6월 2일 열었다. 두 대학 모두 통합추진에 대한 찬반토론을 거친 뒤 투표로 결정키로 했다. 투표 결과가 상대편 대학에 끼치는 영향을 배제하기 위해 앞서 투표를 실시한 공업대도 수산대가 투표를 끝낸 6월 2일 동시에 개표했다. 공업대는 91.2%가 통합에 찬성했고 수산대는 59.6%가 찬성, 통합추진안이 가결됐다.

갈등의 해결 과정

통합추진위가 교수들만으로 구성된 것에 대해 두 대학 총학생회는 학생들을 배제한 채 통합논의가 진행되고 있다며 강한 불만을 제기했다. 이에 따라 통합추진위 산하 조직구성소위원회, 교명제정소위원회에는 양 대학의 행정직원 대표 각 2명과 학생 대표 각 2명이 함께 참여했다.

통합추진위는 처음부터 양 대학을 부산수산대와 부산공업대로 부르지 않고 각각 대연캠퍼스와 용당캠퍼스라는 명칭을 사용했다. 통합을 논의하는 구성원들이 서로 이해득실을 따지는 대립적인 관계가 아니라 동반자적인 관계에서 상대방을 배려하는 자세로 통합추진에 임했던 것이다.

두 대학의 통합추진 이후 최대 위기는 정작 교육부로부터 통합승인을 받고나서 일어난다. 1996년 2월 8일 교육부가 양 대학을 통합키로 기본방침을 정하고 통합추진단이 구체적인 통합안을 만들어 가던 4월, 통합대상 학과나 명칭이 유사한 학과의 통폐합 문제가 거론되면서 부산수산대 총학생회를 중심으로 격렬한 학생소요가 일어났다.

통합대학 출범을 몇 개월 앞두고 통합이 무산될 고비를 맞았으나, 지휘부는 당황하지 않고 의연하게 대처했다.

장선덕 前 부산수산대 총장은 "통합 반대 세력을 설득해나가는 과정이 바로 통합에 따르는 갈등을 가장 효과적으로 해결하는 길이라고 생각했다"면서 "살신성인하는 인내와 희생정신이 필요했다"고 당시 상황을 설명했다.

1996년 4월 19일을 전후해 벌어진 부산수산대 학생들의 통합반대 시위는 대학 측이 설득에 나서는 한편 학생들의 요구사항을 적극 반영함으로써 해결됐다.

두 대학 총학생회는 1996년 7월 통합 후 그해 연말까지 대연캠퍼스와 용당캠퍼스로 분리 운영하다 총학생회장 선거를 전체 학생들을 대상으로 실시, 1997년도부터 하나의 총학생회를 구성했다.

姜南周(강남주) 부경대 총장은 "통합대학 출범 5년째인 지금 부경대는 통합의 착근상태"라며 "과거 부산수산대와 부산공업대의 단순한 合(합)이 아니라 통합 부경대의 정체감을 찾는 데는 그렇게 오랜 시간이 걸리지 않을 것"이라고 자신했다. 그것은 부경대가 통합 과정에서 소수의 의견에 다수가 승복할 수 있는 높은 수준의 민주적 소양과 합리적인 상식의 힘을 충분히 경험했기 때문이라고 姜 총장은 설명했다.

부경대는 두 가지 사안에 역점을 두었다. 우수학생 유치와 교수들의 자질 향상과 연구환경 개선이 그것이다. 한영호 부경대 초대 총장은 통합의 성패가 우수학생 유치와 교수들의 자질 향상 및 연구환경 개선에 달려 있다고 믿었다.

"우수 학생을 유치하지 못하면 결코 우수한 대학이 될 수 없는 일이죠. 지금 우리 대학 입학생들의 수능성적은 통합 前 수산대에 비해 100점 이상 올랐어요. 동시에 교수들의 연구 환경을 개선하고 우수한 학생들에 걸맞은 유능한 교수들을 확보하는 데 집중 투자했습니다."

BK21 사업 주관대학에 선정

교수들의 연구 풍토는 부산수산대와 부산공업대가 상당히 달랐다. 수산대는 교수 1인당 연구비가 전국 3위에 오를 정도로 연구 환경이 좋았던 반면 공업대는 개방대로서 연구 활동이 미미했다. 따라서 통합 직후 공업대 출신 교수들은 연구비 지원 기준을 종전 연구 실적으로 삼는 것에 대해 반발하는 등 한때 갈등을 빚기도 했다.

韓 총장은 이 문제를 공동연구라는 방법으로 풀어나갔다. 수산

대와 공업대 출신 교수들이 함께 팀을 구성, 공동연구를 유도하고 이에 따라 연구비를 지원했다고 한다.

"두 대학의 통합에 따른 교수들의 위화감은 대화를 많이 하면서 처우개선을 통해 해결하려고 노력했습니다. 이 문제는 생각보다 수월하게 해결되더군요. 문제는 연구비 지원을 위한 대학 자체의 자금과 외부 자금 조성이었습니다."

韓 총장은 최첨단 연구시설 조성사업의 일환으로 공동실습관에 총 100억 원의 예산을 연차적으로 투입하고, 공과대학 교수 전원이 참여하는 '부경기술사업단'을 구성해 産學(산학)협력체제를 구축했다. 공동실습관은 다이옥신 측정, 도핑 테스트 등을 할 수 있는 첨단 연구실험시설을 구비했다. 포항공대 연구진도 이 시설을 빌려 쓸 정도라는 게 韓 총장의 설명이다. 또 부경기술사업단은 부산지역 9,900여 개 중소기업들과 연계해 기술 및 산업지도를 하고 있다.

부경대는 연구력 부문에 집중투자한 결과 교육부의 '두뇌한국 21'(BK21)사업에 지역선도형 기계산업 분야 사업단의 주관대학으로 선정됐다. BK21사업 주관대학은 부산지역에서 부산대와 부경대 단 두 곳뿐이다. 또 산업자동화 및 정보통신 분야 사업단의 참여 대학으로 선정됐으며, 교육부의 해양식량자원개발 특성화 분야 사업단으로 지정돼 있다.

이에 따라 부경대는 1999년 기준 BK21사업 지원액이 18억 3000여만 원으로 부산대(13억 7000여만 원)를 능가했다. 교육부 학술연구비 지원 순위는 전국 10위를 차지했다.

모 일간지가 매년 조사하는 대학종합평가를 보면 부산수산대와 부산공업대가 통합, 부경대로 이름을 바꾼 1996년 가을 같은 기관의 대학평가에서 부경대는 종합평가 순위 29위에 올랐다. 교육여건·시설 종합순위는 21위, 교수 확보율은 20위(70.10%), 교수·연구 종합순위는 21위, 교수 1인당 연구비는 13위(1995만 원)를 기록했다.

1997년 평가에서는 학생당 강의실 면적 순위 4위(10.37㎡), 학생당 연구실 면적 17위(0.98㎡), 교수진 박사학위 소지율 15위(88.32%)로 시설과 연구 부문 평가에서 비교적 높은 점수를 받았다. 양 대학의 통합을 통한 규모 확대와 발전 방향 모색이라는 통합 추진의 당초 목적을 실현하고 그 결과를 인정받은 셈이다.

'부경대 알리기'

한편 부경대는 두 대학을 통합하면서 13개 중복학과를 통폐합하는 대신 환경해양대학에 위성정보과학전공과 환경탐사공학과 등 21세기 해양산업 수요에 대비한 학과를, 공과대학에 메카트로닉스·자동화정보공학 전공을 각각 신설했다. 이밖에 대학과 지역 특성에 맞게 해양스포츠학과를 전국에서 처음으로 만들고 신문

방송학과를 신설, 종합대학의 변모를 갖추었다.

통합 직후 부경대가 가장 고민한 것은 인지도 문제, '부경대 알리기'였다.

당시는 2년제 전문대학들이 교명에 '전문'이라는 말을 없애고 '♥♥대학'만으로 표기하기 시작하던 때였다. 첫 신입생을 모집하던 1997학년도 입시에서는 부산 경남지역에서도 부경대를, 이름을 바꾼 전문대학쯤으로 여기는 사람이 많았다.

당시 韓 총장은 학교를 알리기 위해 일주일에 한두 번 이상 지역 신문에 부경대 교수의 이름으로 칼럼이 실리도록 하는 등 적극적인 대외 활동을 펼치도록 독려했다. 김포공항과 철도역 주변에는 '부산에는 국립 부경대학교가 있습니다'라는 홍보물을 붙이기도 했다.

또 입시 홍보는 수험생들을 직접 초대해 학교 곳곳을 직접 보고 판단하도록 했다. 이 전략은 지금도 큰 비중을 차지하고 있다.

부경대는 현재 부산·경남지역에서는 잘 알려져 있지만, 전국적인 인지도는 낮은 상태. 또 입시성적 면에서 수험생이나 젊은 계층은 부경대를 東亞大보다 우위에 놓고 있으나 기성세대들은 동아대를 부산대 다음으로 꼽고 있다.

"부경대는 강점이 많은 대학입니다. 올해 통합대학의 첫 졸업생이 배출돼 지역사회에 실질적으로 기여하게 되면 더 나은 평가를 받을 것입니다."

강남주 총장은 부경대의 미래를 확신하고 있다고 말했다.

부경대 강남주 총장 인터뷰
"수산과 해양과학 분야에선 세계 수준의 대학 만들겠다"
"상생의 길 택했다"

지난해 7월 부경대 2代 총장으로 취임한 강남주 총장은 오는 2004년 1학기까지 부경대를 이끌어가게 됐다. 통합대학으로서 뿌리를 내리고 지속적인 대학발전의 토대를 마련해야 하는 과제를 부여받은 것이다.

- 부산수산대와 부산공업대가 부경대로 통합된 지 5년이 지났습니다. 통합의 완성도 내지는 정착 수준이 어느 정도라고 보십니까.

"조직은 통합이 이뤄지면서 일차적으로 완성되지만 구성원 간의 갈등이나 알력과 같은 문화적인 측면은 5년 만에 씻어지기 어려울 거라고 봐요. 부경대는 현재 통합의 착근상태라고 할 수 있습니다.

1996년 두 대학 통합 당시 60세이던 교수들이 지금 정년을 맞아 대학을 떠나고 있습니다. 통합 이후 신규 채용된 교수가 100여 명 되는데 이들이 통합 이후 부경대의 새로운 학풍과 문화를 만들어 나갈 것입니다.

통합 당시 대립과 반목이 완전히 가신 것은 아니지만 새로운 교수진에다 통합 이후 입학한 학생들이 올해부터 배출되기 시작하기 때문에 통합된 부경대의 새로운 아이덴터티를 확립하는 데는 많은 시간이 필요하지 않을 것입니다."

- 현재 교육부 차원에서 국립대학 발전계획 등 이른바 대학의 구조조정 방안이 추진되고 있습니다. 만약 수산대와 공업대가 자율적으로 통합하지 않았다면 지금 어떤 상황일까요.

"양교의 통합은 무엇보다 자발적으로 이뤄졌다는 점에서 유례가 없는 역사적 사건입니다. 이 때문에 통합의 과정이나 결과에 대해 상세하게 기록돼야 하는 것은 물론이고 성공의 배경이나 향후 전망 등이 훌륭한 학문적 연구과제가 될 수 있을 거예요.

부경대의 탄생은 여러 가지 의미를 갖겠지만 개인적으로는 수산대와 공업대 양교가 학문적 相生의 길을 텄다는 데 가장 큰 의미가 있다고 봐요. 대학의 생명이 학문연구와 교육에 있다면 양교가 통합을 통해 지속적이고 비약적으로 발전할 수 있는 토대를 마련한 셈이죠.

이를테면 魚礁(어초·해저의 융기부로서, 어류가 모여 좋은 어장이 되는 장소)를 예로 들 수 있어요. 지금까지 어초는 대부분

시멘트로 제작해 바다에 빠뜨리고 있는데 이 시멘트가 20~30년이 지나면 백화현상이 일어나죠. 수산 분야에서는 뾰족한 대안이 없다고 보았는데 주철관으로 어초를 만들면 백화현상도 없고 부식도 안 돼 환경에 전혀 피해를 끼치지 않는다는 거예요. 수산학과 공학의 기술적인 접점이라고 할 수 있는 거죠.

당시 통합이 되지 않았더라도 부산수산대의 일부 특성화 분야는 지금까지 전국 최고의 경쟁력과 수준을 유지할 수 있었을 거라고 믿어요. 하지만 통합의 필요성으로 제기됐던 문제들이 더욱 심각하게 인식될 것이고 지금과 같은 통합의 시너지효과는 기대하기 어려운 상황이겠죠."

두 총장의 공로

현재 부경대 기획실은 姜 총장의 지시로 1500만 원의 예산을 확보해 통합백서 제작을 준비하고 있다.

- 지역사회는 물론 전국적으로도 부경대의 통합을 보기 드문 성공 사례로 꼽고 있습니다. 여러 가지 배경과 이유가 있을 텐데요.

"수산대와 공업대의 지향점이랄까, 열망이 일치한 게 통합을 성공적으로 이뤄낸 근원적인 이유라고 할 수 있어요. 대학 규모를 기준으로 정부 지원금이 결정되는 현실에서는 획기적인 발전을 꿈꾸기 힘든 상황이라면 양적인 문제, 다시 말해 일시에 규모를 팽창시킬 수 있는 방법이 통합이었다는 것이죠. 그 같은 배경에다 양교의 지리적인 입지, 통합을 추진한 사람들의 헌신적인 노력 등이 통합을 이뤄낸 에너지가 된 것입니다.

부경대 통합의 공은 마땅히 당시 수산대 장선덕 총장과 공업대 한상숙 총장에게 돌아가야 합니다. 국립대학에서 총장이 지니는 권한은 결정적인 거예요. 보직교수나 행정직원들이 할 수 있는 일은 보좌기능이나 보조역할에 지나지 않아요. 양교 총장의 합의와 구체적인 노력이 없었다면 통합은 불가능했을 것이고 그런 점에서 두 분 총장의 역할이 절대적이었습니다.

특히 임기를 절반이나 남긴 상태에서 통합을 완결하고 총장직에서 물러난 張 총장은 역사적으로 높이 평가받을 것입니다."

- 부경대 통합이 성공적이라는 평가에도 불구하고 정작 통합을 추진한 주체들을 그에 합당하게 대접하지 않고 있다는 지적이 있는데요. 이를테면 張 총장이 통합 부경대 초대 총장 선거에서 탈락한 것이라든지, 통합추진위원회 일을 했던 교수들의 통합 이후 보직 임명이라든지, 당사자들로서는 아쉬움 같은 게 있을 거라고 봅니다만.

"이런 비유를 들 수 있겠죠. 사람들이 강물을 건너기 위해 뗏목을 이용합니다. 그 뗏목으로 어렵사리 강을 건넜어요. 그런데 강을 건넌 뒤 산으로 가야 하는데 그 뗏목을 가져가야 하느냐는 겁니다. 강을 건널 때 뗏목은 반드시 필요했고 고마운 것이었지만 산으로 가져가야 한다면 엄청난 짐이 될 수밖에 없는 것이죠.

사람이든 사물이든 상황 속에서 적합한 역할이 있다고 믿습니다. 통합 과정과 그 결과에서 평가를 받는 것은 당연한 것이고, 또 부경대의 역사나 한국 대학사회의 역사 속에서 평가를 받을 것입니다."

'국가경쟁력은 대학에서 나온다'
통합이 진행되던 당시 姜 총장은 수산대 인문사회대 학장으로 있었다. 姜 총장은 비판적 지지파에 가까웠다. 통합이 실패할 경우 가뜩이나 유별난 대학사회에 파벌이 형성되고 씻을 수 없는 갈등이 일어날 것을 가장 우려했다고 한다.

"통합을 둘러싼 교수들 간의 논란은 불가피한 것이었습니다. 공업대보다 수산대 측 교수들의 반발이 심했는데 통합에 반대하는 교수들은 수산대가 개방대학 체제로 가는 것이 아닌가 하는 의구심을 가졌어요. 그런데도 결국에는 대다수가 통합을 지지하는 방향으로 갔습니다. 이건 소수가 다수를 설득한 결과라고 할 수 있어요. 대학사회 나름의 학문적 토양과 합리성, 무엇보다 민주적인 과정이 없는 곳에서는 기대할 수 없는 일이죠."

- 험난한 과정을 거쳐 양교를 통합시켜 놓고 정작 통합 이후에는 가시적인 발전 없이 제자리걸음을 하고 있다는 지적이 있는데요.
"사립대는 총장이나 이사장이 수십억 원 규모의 연구소 하나

설치하는 게 그리 어려운 일이 아니지만 국립대는 그게 간단하지 않습니다. 정부 지원을 받아야 하는데 한꺼번에 그런 지원금을 따내기가 쉽지 않습니다. 부경대 연간 예산이 900억 원가량 되는데 인건비 등 경직성 예산이 대부분입니다."

姜 총장의 평소 지론은 국가경쟁력은 대학에서 나온다는 것이다. 수천 미터 심해에서 망간단괴를 건져내는 일이나 로켓을 발사하는 사업 등은 국가가 '대학의 머리'를 이용해야 한다는 주장이다. 국가에 필요한 인재는 국가가 투자해서 얻는다는 인식이 필요한데 이렇게 투자에 인색해서는 인재 양성이 불가능하다고 꼬집는다.

- 통합된 부경대의 21세기 청사진을 어떻게 그리고 있습니까.
"전자정보시대를 앞서 가려는 기업가가 e 비즈니스(e-business)를 개발하듯 대학은 e 유니버시티(e-university)를 만들어가야 합니다. 현재 본관 맞은편에 신축 중인 전자정보센터에 전자도서관을 구축해 모든 실험·실습을 사이버공간에서 할 수 있도록 할 계획입니다. 이는 대학의 정보화, 과학화의 구체적인 실천이라 할 수 있어요.
이 같은 정보화와 과학화를 바탕으로 수산과 해양과학 분야에서는 국내 최고, 나아가 세계적 수준으로 성장한다는 전략입니다."

방송기자 출신의 아이디어맨

姜 총장은 방송기자로 사회에 첫발을 내딛었다가 교수로 변신, 국립대 총장까지 하게 된 좀 유별난 이력을 갖고 있다. 20代 후반부터 15년가량을 기자로 활동했던 까닭인지 지금도 남다른 순발력과 아이디어를 갖고 있으며 추진력 또한 뛰어나다. 게다가 어느 총장 같은 권위를 찾아보기 어려울 정도로 친화력이 있다.

일본 학생들을 부경대로 유치하기 위해 부산에서 직선으로 40㎞ 남짓 떨어진 일본 대마도에서 2월 26일 입시설명회를 갖는 것을 비롯, 새봄이 오는 3, 4월 임진강에 잉어와 붕어 치어 10만 마리를 방류, 이들 물고기가 남북을 오가며 성장할 수 있도록 한다는 것도 姜 총장의 아이디어다.

- 대학발전을 위해 가장 시급한 것이 있다면.
"정부가 지난해 11월 대학의 구조조정을 유도하려고 구조조정 실적을 평가해 인센티브 차원에서 150억 원의 기금을 지원한 적이 있습니다. 부경대는 5년 전 자율적으로 통합을 실현한 대학입니다. 그런데도 부경대는 평가 기간 이전에 통합했다는 이유로 구조조정자금을 지원받지 못했어요. 통합으로 이미 구조조정을 마무리한 대학을 두고 그런 평가 기준을 적용한다는 게 얼마나 경직된 행정입니까."

부경대는 특수목적대학이라는 과거 수산대와 공업대의 소극적 이미지를 통합으로써 완전히 탈피하고, 수산해양 분야와 응용기술 분야를 양대 축으로 삼는 특성화 종합대학으로서의 위상을 국내외에 굳히고 있다.

姜 총장은 부경대가 이 나라를 위해 두 개의 날개를 달 것이라고 했다. 삼면이 바다인 한반도에서 생존을 위한 필수전략으로서의 수산해양 분야가 오른쪽 날개라면 국내 최대 규모에 걸맞게 최고를 지향하는 공과대학이 왼쪽의 날개라는 것이다.

- 「월간조선」, 2001년 4월

박무성이 만난 사람들 　 데스크 파워인터뷰

"관중 69명 앞에서 경기 해봤나…
야구단 대박꿈은 환상"

- 장병수 롯데 자이언츠 사장
(•대담 : 박무성 부국장·스포츠 부장)

국제신문 각 부서 데스크들이 뉴스 속 인물들을 찾아 나섰다. 매주 월요일 정치·경제·사회·문화·스포츠 등 각 분야의 주요 인사들을 만나 그들의 감춰둔 속내를 들춰내 독자들 앞에 풀어놓는다.

- 국내 프로야구단 매년 100억 원 이상 적자 나는 상황인데 9구단 무조건 찬성 무책임한 행동
- 지금은 부실 구단 살리는 게 우선
- 매출 10조 원 이상 대기업이 나선다면 반대할 이유 있겠나
- 이대호 해외 진출 기회 줘야 하겠지만 만약 국내 잔류하면 어떻게든 잡을 생각
- 롯데 투수력 안정 올해는 정규리그 우승이 목표 팬 여러분도 예쁘게 봐주시길

그는 분이 채 삭지 않은 듯했다. 인사를 나누자마자 속사포처럼 할말을 쏟아냈다. 말은 빠르고 공격적으로 비칠 만큼 직설적이었다. 다부진 체격에 강단있는 표정까지 천상 타고난 체육인처럼 보인다.
프로야구 롯데 자이언츠 장병수 사장. 경남 창원을 기반으로 하는 제9구단 창단에 '나 홀로' 반대한 롯데 진영의 선봉장이다. 기존 연고지의 절반을 떼주는 마당에 누군들 팔짱 끼고 구경만 할 수 없는 노릇일 테다. 그는 롯데가 반발하는 이유는 구단 이기주의 때문이 아니라고 여러 차례 강조했다. 신통찮은 기업에 신생 구단을 맡겼다가 자칫 부실화될 경우 프로야구 전체가 타격을 입고, 그 후유증을 고스란히 롯데가 떠안을 공산이 크다고 했다.
장 사장을 지난 10일 오후 부산 사직야구장에서 만났다. '130년 전통의 미국 메이저 리그와 80년 역사의 일본 야구를 우리와 단순 비교하는 것은 무리다. 지금 한국 야구는 제9, 제10구단 창단 등으로 외형을 키울 때가 아니라 내실을 기하는 일이 더 시급하다'는 게 그의 생각이다.

- 지난 8일 KBO(한국야구위원회) 이사회에서 제9단 승인이 예상 밖으로 빨리 결정됐다. 롯데가 여론을 수용한 것인가.

▶KBO가 특정 기업과 도시를 연계해 드라이브를 걸고 있다는 느낌이다. 지난 1월 회의 때도 예산과 FA(선수자유계약)제도를 손보는 데 2시간 이상을 할애하고 모두 지쳐 파김치가 됐을 때 9구단 창단 안건을 꺼냈다. 9구단 선수 수급과 육성, 심사 기준에 대해 물었으나 정해진 것이 없었다. KBO의 무능을 질타하고 기준을 요구했다. 8일 2차 회의도 마찬가지였다. 다른 구단들은 강 건너 불구경이다. 새 구단이 생기면 나쁠 게 뭐 있느냐며 따지더라. 신생 구단 창단에 대한 엄밀한 심사기준을 만들어야 한다.

- 부산 야구팬 가운데도 9구단 창단을 반기는 이들이 많다.

▶ 장병수 롯데 자이언츠 사장이 지난 10일 부산 사직야구장에서 본지 박무성 부국장과 이야기를 나누고 있다.

▶많아서 나쁠 게 없다는 논리다. 하지만 국내 구단 가운데 흑자를 내는 곳이 아직 없다. 부실 구단을 창단하는 것보다 넥센 같은 재정적으로 어려운 구단이 자리를 잡도록 돕는 일이 우선이다. 야구단을 운영하려면 모기업이 해마다 100억, 200억 원대에 달하는 적자 보전을 각오해야 한다. 매출액 10조 원, 경상이익 1조 원, 광고매출 5000억 원이 안 되는 기업은 프로야구단을 꾸려나가기 어렵다. 연고지 문제도 간단치 않다. 관중 동원력이 가장 뛰어난 롯데도 지난해 120만 관중에 120억 원 적자를 냈다. 창원에 연고도 없는 엔씨소프트가 얼마나 팬을 확보할 수 있을지 미지수다. 쌍방울이 전주를 연고로 창단했을 때 쌍방울 팬보다는 해태 팬이 더 많았다. 엔씨소프트가 출범해도 마산구장에는 롯데 팬이 더 많을 것이다. 팬 확보에는 많은 시간과 투자가 필요하다.

- 9구단 창단 발표 이후 창원의 분위기는 '굿바이 롯데'였다. 실제 뉴스 헤드라인도 그랬다. 기득권의 절반을 잃을 입장인데….

▶야구단의 가장 큰 수입원은 관중 수입(지난해 롯데는 70억 원)인데 큰 손실은 없을 것으로 본다. 부산 팬이 창원까지 가지는 않는다. 오히려 엔씨소프트가 마산구장의 적은 관객으로 어떻게 유지할지 걱정이다.

- 엔씨소프트는 IT(정보기술)기업답게 변화와 적응에 탁월하다. 톡톡 튀는 야구마케팅을 기대하는 팬들도 많다. 반면 롯데는 보수적이라는 지적을 받는다.

▶구단을 지탱하는 것은 팬과 입장료 수입이다. 관중 확보라는 어려운 현실은 외면한 채 장밋빛 청사진만 제시하고 있다. 대기업인 현대도 재정적인 문제로 구단을 포기했다. 수백억 원을 쏟아부어도 계속 하위권에 처지면, 들인 돈은 차치하고 기업 이미지마저 추락한다. 대기업도 쉽사리 창단을 하지 못하는 것도 이 때문이다. 우리

박무성이 만난 사람들 | 데스크 파워人터뷰

도 꼴찌할 때 69명의 관중 앞에서 야구를 한 적도 있다. 최저 관중 기록이다. 이것이 프로야구의 현실이다. 프로야구단 창단만으로 대박난다고 생각하면 오산이다. 삼성이 경영능력이 모자라 관중이 없나.

- 엔씨소프트 김택진 사장을 만난 적이 있나.

▶일면식도 없다. 그 사람 잘 모른다.

- 신세계그룹이 창원서 창단한다고 나섰다면.

▶우리가 반대할 이유가 없다. 당연히 찬성이다. 자격을 갖춘 대기업이 창원이나 울산에 구단을 창단한다면 롯데와 선의의 경쟁을 통해 얼마든지 윈윈하고 서로 발전할 수 있다. 다시 말하지만 엔씨소프트 창단에 반대하는 것은 우리만 잘 살겠다는 구단 이기주의가 아니다.

- 롯데 보고 '짠돌이'라고들 하는데….

▶투자가 인색하다는 비판이 많다는 것 알고 있다. 사실 롯데가 부산지역에 투자를 많이 한다. 오페라하우스 건립 등 천억 원대 사업도 추진하고 있지 않나. 다만 자랑하는 데 익숙하지 않아 눈에 띄지 않을 뿐이다. 그룹의 모태가 부가가치가 크지 않은 제과업이어서 과거에는 다소 타이트한 경영을 한 것도 사실이다. 이 때문에 부정적인 선입견이 뿌리박힌 것 같다. 지금은 재계 5위 안에 드는 그룹이다. 구단주인 신격호 회장은 부산에 대한 애정이 각별하다. 최근에는 아시아 스포츠기업으로 최초로 유니세프와 후원 협약을 맺기도 했다. 사회공헌 분야에서도 팬들에게 다가서기 위해 노력하고 있다.

- 올 시즌이 끝나면 이대호는 자유계약선수가 된다. 100억 원 이상의 대형 계약이 될 것이라는 관측도 있다. 잡을 용의가 있나.

▶이대호가 해외로 진출하겠다면 기회를 줘야 하지 않겠나. 그렇지 않고 국내에 잔류하겠다면 많은 계약금이 들더라도 그를 잡을 생각이다. 롯데 프랜차이즈 스타이기 때문이다. 구체적인 액수를 뽑아보지는 않았다.

- 프로야구단도 기업이다. 요즘 기업 실적은 CEO의 책임이 절대적이지 않은가.

▶나도 성적 때문에 압박을 엄청 받는다. 그룹에서도 성적 외에는 주문이 없다. 하지만 성적 올리기가 쉬운 일은 아니다. 전력 보강을 위해 트레이드가 필요하지만 여건이 조성돼 있지 않다. 선수를 트레이드하면 팬들의 비난이 쏟아지게 마련이다. 그래서 김해 상동 2군에서 키워 쓴다. 손아섭 전준우 이재곤 등은 모두 우리가 육성한 선수다. 박정태 2군 감독에게 늘 부탁하는 입장이다. 지난해에는 비난을 무릅쓰고 넥센에서 황재균과 고원준을 영입했다. 또 사령탑도 소통이 원활한 양승호 감독으로 교체했다. 내가 CEO이지만 선수들에게 큰소리칠 입장도 못 된다. 단지 사기 진작을 위해 노력할 뿐이다.

- 부산 팬들은 이제 '가을야구'에 만족하지 않는다. 올해는 우승 가능한가.

▶지난해 플레이오프는 너무 아쉬웠다. 공격은 물론 투수진도 좋았는데 운이 없었다. 올해는 우승을 위해 팀도 개편했다. 사이판 전지훈련에 가보니 훈련량이 로이스터 감독 때보다 배 이상 늘었더라. 선수들

끼리도 주전 경쟁하는 모습을 보고 기대를 걸었다. 투수력은 지난해보다 안정됐다. '영건'인 김수완 이재곤이 제 몫을 하고 진명호, 오수호 등 상동 출신들이 좋은 활약을 보일 것이다. 또 브라이언 코리와 고원준, 최향남, 김명성 등 새로 보강된 투수들이 마운드를 잘 지킬 것으로 믿는다. 공격에서도 황재균이 부상에서 회복됐고 전준우도 지난해보다 나은 기량이 기대된다. 이대호와 홍성흔도 지난해 못지않은 활약을 보일 것이다. 객관적인 전력은 분명 우승권이다. 올해는 4월에 5, 6할 성적을 유지하고 여름 이후 치고 나가서 정규리그에서 우승을 노리겠다.

- 롯데의 우승은 침체된 부산에 활력을 불어넣고 도시 분위기를 바꾸는 계기가 될 수 있다.

▶어쩌면 우승 기회는 올해가 마지막일지도 모른다. '구도 부산'의 연고지 구단이라는 사명감을 갖고 우승할 수 있도록 노력하겠다.

- 마지막으로 안티 팬들에게 한마디.

▶프로야구를 지탱하는 요소는 팬과 우수한 선수, 구단 세 가지다. 요즘은 야구장 관중 한 사람 한 사람이 모두 감독이다. 우리가 매사 친절하게 팬을 대하지 못한 부분도 있지만, 그라운드 야구 이면의 프론트 야구(야구 경영)에 대해서도 이해를 구한다. 팬 서비스와 성적 향상을 위해 부단히 노력하고 있다. 예쁘게 봐 주시라고 당부드린다.

● 장병수 사장은

장병수 사장은 기자 출신이다. 경북고와 서울대 정치학과를 나와 1970년대 말, 엄혹한 시절에 동아일보에 들어갔다. 사회부 정치부 등을 돌면서 20년 이상 '신문밥'을 먹다가 2003년 롯데그룹 정책본부 홍보실장으로 자리를 옮겼다. 롯데 자이언츠 사장이 된 건 지난해다. 한 시간 이상 이야기를 듣다 보니 역시 '냄새'가 났다. 그도 몸에 밴 기자 냄새는 쉽게 털어내지 못하는 모양이다. 좋게 말하면 소신이고 나쁘게 말하면 고집인데, 남다른 열정이 신뢰를 갖게 한다. 작별 인사를 하면서 올해 롯데 자이언츠 우승에 베팅해도 되느냐고 물었더니, 'CEO 장병수'를 믿어보라고 했다.

박무성이 만난 사람들   국제 인터뷰

盧씨 비자금 성실한 소시민 의욕 꺾어
- 「국민포장」 수상 제32회 저축의날 鄭東和 씨

숱한 난관 극복… "통장 보면 하루 피로 말끔"
신문 배달·행상 등 가족 생계 위해 온몸 던져

▲ 「국민포장」 수상 제32회 저축의날 鄭東和 씨

"피곤하고 괴로울 때면 저금통장을 들여다보고 또 보면서 그 속에 내일의 행복한 삶이 숨어 있음을 느끼고 하루의 피로를 이겨내고는 합니다."

지난달 31일 제32회 저축의날에 국민포장을 수상한 鄭東和 씨(48·동국제강 부산제강소 제강팀), 국민포장이라는 대단한 상도 한평생 온갖 어려움과 좌절을 이겨내고 정직하게 살아온 鄭 씨의 삶에는 오히려 무색해진다.

특히 盧泰愚 전 대통령의 5천억 원대 비자금 파문이 전국을 흔들면서 억대의 돈에 대한 감각뿐 아니라 참된 가치관마저 무너지는 요즘 한 방울 한 방울의 땀으로 빚어낸 자신의 저축인생은 더욱 빛을 발하고 있다.

鄭 씨는 지난 47년 부산 東구 凡一동 산비탈 조그만 오막살이집에서 3남 1녀 중 장남으로 태어났다. 6·25전쟁이 나자, 鄭 씨의 아버지는 군대에 가고 4살배기 鄭 씨는 행상을 하는 어머니 등에 업혀 여기저기 떠돌아다녔다.

"국민학교 입학할 무렵 아버지가 제대해 돌아오셨으나 건강이 좋지 않아 일자리를 구하기 힘들었고 술로 세월을 보내는 날이 많았습니다. 국민학교 졸업할 무렵 행상을 하시던 어머니마저 몸져누우시니 별 수 있습니까. 저라도 생활전선에 나서야죠."

지성국민학교에 다니던 鄭 씨는 6학년 때부터 신문배달, 껌팔이 등 닥치는 대로 돈벌이에 나섰다. 공부는 해야겠다는 생각에 야간 중학교에 들어갔으나 학생 수가 차지 않아 학교가 문을 닫는 바람에 배

1995. 11. 6.

움의 길도 끊기고 말았다. 기술을 배우려고 철공소에 들어갔지만 어리다고 기껏 공구창고를 관리하는 일을 시켰다. "그것도 쉬운 일이 아니었습니다. 어찌나 공구가 사라지는 일이 많았는지 맞기도 하고 꾸중도 듣고 견디다 못해 나왔습니다."

철공소에서 나온 鄭 씨는 당시 조방 앞에 있던 태평극장 등에서 땅콩이나 오징어를 팔기도 하고 신발공장에 다니기도 하면서 어려운 가정의 생계를 도맡다시피 했다.

일자리를 찾아 떠돌아다니던 鄭 씨가 자기 사업으로 처음 시작한 것은 책방이었다. 22살 때부터 방위병으로 근무할 때 예비군 중대장이 성실한 鄭 씨를 믿고 자신의 책방을 넘겨줬던 것이다. "책방을 하면서 돈을 조금 모았죠. 그런데 동생이 뺑소니 교통사고를 당해 뒷바라지하느라고 책방을 정리하고 도 다시 빚을 졌습니다."

73년 빈털터리가 된 鄭 씨는 동국제강에 입사하고 결혼도 했지만 갈수록 느는 것은 가족 수와 빚뿐 나아지는 것은 아무것도 없었다. 鄭 씨는 이대로는 안 된다고 생각, 당시 2백만 원의 빚을 떠안고 분가를 결심한다.

鄭 씨는 南구 龍湖동에 월세 9천 원의 사글세방을 얻었다. 당시 월급은 7만 2천 원으로 잔업수당까지 합치면 7만 5천 원 정도 됐다. 2백만 원의 빚을 갚기 위해 매달 4만 2천 원씩을 떼내고 나머지로 온 식구가 생활을 했다.

"그 당시 얼핏 TV를 보니 이런 말이 나오더군요. 2월은 28일밖에 안 되는데 제 월급 주고 참 좋은 달이라고요. 이 말을 듣고 TV를 부숴버리고 싶을 만큼 울화가 치밀었습니다. 저의 경우는 날짜가 짧으니, 월급도 그만큼 줄고 방세와 빚 갚아야 하는 날도 빨리 닥쳐오는데 고통이 이만저만이 아니었습니다. 없는 집 제사 다가오듯 한다는 말이 있지 않습니까."

鄭 씨는 이렇게 해서 3년 만에 빚을 다 갚았다. 그리고 저축을 시작했다. 월급의 3분의 1은 무조건 통장에 넣었다. 5년 동안 꼬박꼬박 저축한 돈으로 83년에는 龍塘동에 전셋집을 얻을 수 있었다.

"그런데 웬 날벼락입니까. 부친이 큰 사건에 휘말렸습니다. 우리가 가해자였기 때문에 피해보상도 해주고 우발적인 사고임을 입증하기 위해 변호사도 사고하니 비용이 1천만 원이 넘더군요." 몇 년 동안 저축해서 마련한 전셋집도 비우고 적금도 몽땅 해약했지만 鄭 씨는 또 4백만 원의 빚을 졌다.

"하늘이 캄캄하고 눈물만 날 뿐이었습니다. 울지 않으려고 하늘을 쳐다봐도 흐르는 눈물을 숨길 수 없어 화장실에 들어가 얼마나 울었는지 모릅니다. 한참 후 밖에서 아내의 울음 섞인 목소리가 들려왔습니다."

"여보, 우리 다시 시작해요. 아이들도 많이 자랐으니 나도 힘껏 도울게요."

鄭 씨 부부는 다시 시작했다. 鄭 씨는 잔업이 없는 날에는 퇴근 후 가는 기계 등 주방기기를 메고 행상에 나섰고 부인 徐菊連 씨(43)는 섬유공장 플라스틱사출공장 등을 다니다 수입이 좀더 낫다는 식당에서 일을 해 한푼 한푼을 모았다.

"살기가 힘들다는 생각보다는 아이들만 내버려두고 다녀야 하는 것이 무엇보다 가슴 아팠습니다. 여름에는 아이들이 밖에 나

박무성이 만난 사람들 국제 인터뷰

다니다가 교통사고가 날까 봐 방문을 잠근 채 출근하고 겨울이면 연탄가스와 화재가 두려워 불을 빼고 나왔습니다. 밤늦게 집에 돌아가면 아이 셋이서 부둥켜안고 울다가 눈이 퉁퉁 부은 채 지쳐 잠자고 있을 때가…." 鄭 씨는 이 말을 하면서 목이 메어 말을 잇지 못하고 붉어진 눈시울을 감추려고 고개를 돌렸다.

그러나 아이들이 말썽 없이 건강하게 성장하는 것이 鄭 씨는 가장 고맙다고 했다. 慶星大에 다니는 장남 容德 군(19)이 지난해 慶星大와 부산공업大에 동시 합격했던 것이 자신의 인생에서 가장 기쁜 기억으로 남아있다.

鄭 씨 부부는 주위에서 지독하다는 소리 들어가며 저금을 했다. 이때부터 동국제강 동료들이 鄭 씨에게 붙인 별명이 '땡보'다. 한푼 한푼 모은 끝에 90년 6월 '거금' 4천6백만 원을 찾아 꿈에도 그리면 19평짜리 아파트를 장만하고 지난해 4월에는 조금 더 큰 22평짜리 새 아파트로 이사를 했다.

또 가난한 집안의 장남으로서 동생 둘을 결혼시키기도 했다.

鄭 씨는 현재 자신의 재산이 1억 원쯤 된다고 했다. 그러나 1천3백만 원이 든 통장과 매월 30만 원씩 불입하는 근로자장기저축, 15만 원씩 넣는 정기적금 2개에다 보험 2개에 가입해 있으며 아이들 앞으로 각각 하나씩 3개의 통장이 있다.

鄭 씨는 용돈이 거의 들지 않는다. 출퇴근 때는 걸어 다니고 담뱃값과 동료들과 가끔 마시는 술값이면 족하다. "돈 쓸 일이 뭐 있나요. 5만 원 정도 비상금을 들고 다닙니다만 몇 달은 갑니다."

정치 이야기는 별 관심이 없다는 鄭 씨도 최근 온 나라를 들끓게 하는 盧泰愚 비자금 사건에 대해서는 한마디 했다. "나쁜 짓이죠. 우리 같은 사람도 많은데…. 하루빨리 사건이 정리돼 성실하게 사는 사람들이 살맛을 잃지 않았으면 좋겠습니다."

〈朴貞春 기자〉

"얼어붙은 온정 발길 잦아졌으면"
- 부산아동일시보호소 朴瑞春 소장

보육아동지원금 월 6만 5천 원 턱없이 부족
거창한 복지시책보다 현실적 해결책 필요

부산 금정구 노포동 사회복지법인 남광사회복지회, 아동복지원·아동일시보호소·재가노인복지회관 등 3개 사회복지시설에서 200명에 가까운 식구들이 한솥밥을 먹고 지내는 이곳은 지난 1일 창립 50주년을 맞았다. 창립 반세기의 역사를 기려 이날 성대한 기념식을 치렀지만 기념행사의 북적거림도 잠시뿐 지금은 겨울나기 준비에 여념이 없다.

"어느 사회복지시설이든 겨울 한철을 지내기가 가장 힘듭니다. 더군다나 몇 년 새 복지시설을 찾는 온정의 손길도 격감하고 있어 시설에 있는 어린이·노인·장애인 등 소외된 사람들에게는 겨울이 더욱 쓸쓸해지기 마련입니다."

남광사회복지회 내 부산아동일시보호소 朴瑞春 소장(40)은 겨울나기 걱정이 앞선다. 박소장은 아동일시보호소 소장과 남광사회복지회 상무이사직을 맡고 있다. 최근 팔순을 넘긴 어머니가 복지회의 공식적인 회장직을 맡고 있으나 실제 운영은 朴소장 책임이다.

이달 들어 남광사회복지시설을 찾은 후원자는 단 한 군데, 지난 5일 금정구 장전동 주민들의 친목 단체인 촛불회에서 밀감

▲ 부산아동일시보호소 朴瑞春 소장

1상자, 라면 5상자 등을 선물하고 간 것이 전부다.

사회복지시설 사람들에게는 연말연시와 설 추석 명절이 사실상 '대목'이다. 이때 각계에서 보내주는 성금과 성품으로 1년 동안 나눠 쓰면서 턱없이 모자라는 정부지원금을 벌충하는 것이다.

"복지시설 사정을 잘 모르는 사람들은

박무성이 만난 사람들   국제 인터뷰

성금이나 성품을 받으면 즐겁고 없으면 아쉬운 선물 정도로 여기지만 실상은 그렇지가 않습니다. 정부지원금은 복지사들의 인건비에도 못 미칩니다. 보육원 원생들에게 지급되는 주 부식비로는 라면밖에 먹이지 못합니다."

복지시설에 대한 정부지원금은 직접비와 간접비로 나뉘어 지급된다. 간접비는 인건비와 건물관리비 등이며 직접비는 시설에 있는 사람 수에 따라 주 부식비·피복비·난방비가 제공된다.

보육원 원생들에게 지급되는 지원금 내역을 보면 1인당 주 부식비가 한 끼에 325원, 피복비가 연간 6만 원, 겨울철 75일 동안 난방비가 월 16만 원 등으로 이를 모두 합해 평균하면 보육원 어린이 1명이 한 달에 6만 5천 원으로 생활해야 한다. 턱없이 부족한 비용. 부족분은 기부금으로 충당할 수밖에 없다.

朴 소장은 인건비 부분도 열악하기는 마찬가지라고 설명했다. 사회복지시설 복지사의 한 달 초봉은 제수당을 합해 55만 2천 원 정도이며 보육사는 41만 1천원 선, 특히 보육사는 수용시설 어린이들과 먹고 자고 24시간을 같이 생활해야 하니 길어야 1년을 넘기지 못하고 이직한다는 것이다.

朴 소장은 "부산시가 전국에서 처음으로 11월 한 달을 '복지의 달'로 지정해 3년째 실시하고 있지만 이 같은 시책이 복지시설에는 오히려 여건이 열악해지는 결과를 빚고 있다"고 지적했다.

정작 개선이 시급한 복지시설의 여건은 그대로 접어둔 채 복지문제를 사회복지 전체 차원으로 확대한 데다 거창한 복지시책을 벌이는 것처럼 시민들에게 인식되는 바람에 복지시설의 문제점들이 희석되고 관심이 멀어지는 결과를 초래하고 있다는 것.

최근 5년 새 보육원 양로원 등 사회복지시설을 찾는 시민들은 해마다 반감되고 있다.

사정 분위기가 지속되는 데다 올해는 유례없는 경기침체로 해마다 난방비 정도를 지원하는 사회단체나 기업들이 거의 발길을 끊고 있다.

朴 소장은 "지난해 우리 복지회에 지원된 성금품을 금액으로 환산하면 2천 2백만 원에 달했는데 올해는 1천만 원을 겨우 넘을 정도"라고 밝혔다.

"특히 올해는 추석 직전에 효정원 비리 사건이 터져 추석기간 겨우 6팀이 방문하는 데 그쳤습니다. 효정원 사건 같은 경우는 성금품이 격감하는 타격뿐만 아니라 전체 사회복지시설 종사원들의 사기를 짓밟아 버리는 치명타와 같습니다. 게다가 최근 심장병어린이 돕기를 빙자한 뽀빠이 이상룡 씨의 횡령사건 등 사회복지시설에 대한 인식을 흐려놓는 악재들이 잇따라 최악의 겨울나기가 될 것 같습니다."

朴 소장은 다양한 복지시설 중에도 어린이 수용시설에 각별한 관심을 보였다. 선친이 평생 고아원을 운영했기 때문에 朴 소장은 어린시절을 고아원 원생들과 함께 생활했다.

"부모님이 고아원 일에 매달려 있어 초등학교 때 선생님이 '네가 고아 신세'라고 했을 정도입니다. 그래서 죽어도 고아원장 같은 일을 하지 않으려고 했는데 운명인가 봅니다. 힘들지만 앞으로 할 일을 생각하면 후회는 하지 않습니다."

1996. 12. 9.

남광사회복지회는 4년 전 작고한 朴 소장의 선친 台德 씨가 지난 46년 부산 남구 대연동에 고아원인 남광학원을 설립한 것이 시초다.

현재 노포동 시설은 지난 70년 이전한 것이다. 공무원으로 재직하던 朴 소장의 선친이 일제 강점기 때 부랑자 수용시설의 운영을 떠맡아 부산 최초의 사회복지회를 설립한 것이다.

5남 1녀의 朴 소장 남매는 누구도 아버지를 이어 복지회 일을 맡으려고 하지 않았다고 한다. 朴 소장도 당초 대학 영문과로 진학했는데 휴학하고 군복무하고 있는 새 교수로 있던 큰형님이 朴 소장 몰래 다른 대학 사회복지학과로 학적을 옮겨 놓은 것이 운명을 결정짓는 계기가 되고 말았다.

현재 부산지역에는 아동복지시설 27개소, 노인복지시설 6개소, 장애인복지시설 13개소, 정신요양시설 10개소 등 76개 복지시설에 1만여 명이 추운 겨울을 보내고 있다.

"사회가 발전하고 사람들의 씀씀이가 헤퍼질수록 복지시설의 소외된 이웃들에게 드리워지는 그늘은 더욱 커지기 마련입니다. 정부의 복지시설에 대한 지원금 현실화가 가장 합리적인 해결책이지만 이것도 시민들의 관심과 온정이 뒷받침될 때 가능한 일입니다."

朴 소장은 봉투에 든 큰 성금이 아니라면 1상자나 과일 1상자를 갖고 복지시설을 찾아오는 시민들의 온정이 그 어느 때보다 아쉽다고 했다.

〈박정춘 기자〉

박무성 세상을 읽다 　국제칼럼

부자들의 대통령

2012. 2. 13.

　대통령 되기도 어렵겠지만, 대통령 하기도 참 힘든 세상이다. 프랑스에서는 현직 대통령이 남다른 호사를 누렸다고 해서 대선을 두 달여 앞두고 여론의 뭇매를 맞고 있고, 한국에서는 5년 임기의 마지막 해를 보내고 있는 대통령이 새해 격려사를 보냈다가 일선 경찰서 간부로부터 조롱을 받았다. 작년에는 돈 많고 여자 좋아하던 이탈리아 총리를 비롯, 유럽의 상당수 집권자들이 경제문제를 제대로 풀지 못해 쫓겨나듯 물러났다. 존경과 권위는커녕 김문수 경기지사 말처럼 "집 강아지보다 더 욕을 먹는" 요즘 대통령들이다. 바야흐로 최고 권력자들의 수난 시대다. 이런저런 이유가 있겠지만, 혹자는 모든 권위를 깨트려 버리는 해체주의적 조류나 자본에 대한 국가권력의 위기를 이야기한다. 하지만 국민을 떠받들기보다 지지 세력만 챙기고, 공과 사가 헷갈리고, 일신의 영달을 앞세우다 곤경을 겪는 자격 미달의 권력자도 숱하게 많다. 그렇다면 수난이 아니라 수모를 자초했다는 표현이 적확하겠다.

국민에게 부자가 되게 해주겠다는 약속을 앞세워 2007년 대통령이 된 사람이 있다. 그가 부자가 된 그런 길로 인도해 줄지 모른다는 기대감에 국민은 큰 지지를 보냈다. 하나 그 약속이 지켜질 수 없다는 것을 확인하는 데 시간은 그리 오래 걸리지 않았다. 이미 부자였던 극소수만 더욱 부자가 됐을 뿐 대다수 삶은 더 곤궁해졌다. 그에게는 십계명이 있었다. ①재벌과 친구로 지내라 ②세금을 낮춰 부자들을 지켜라 ③측근을 챙겨라 ④공과 사를 구별 말라 ⑤검찰을 권력의 하수인으로 만들어라 ⑥권력은 소수 엘리트 손에 맡겨라 ⑦언론을 장악하라 ⑧토목으로 승부하라 ⑨부자 동네에 투자하라 ⑩이념은 상관 말라, 정권만 지키면 된다. 그는 임기 내내 이 계명을 받들었다. 국민의 대통령이 아니라 부자들의 대통령이었던 것이다.

대개 '747' '강부자' 대통령을 떠올릴지도 모르겠다. 여기서 그는 니콜라 사르코지 프랑스 대통령이다. 사회학자인 미셸 팽송과 모니크 팽송-샤를로 부부가 취임 이후 지금까지 부자들의 이익을 위해 권력을 행사해 온 사르코지의 행적을 생생하게 고발한 책 『부자들의 대통령』에 나오는 내용이다. 사르코지는 조세상한선을 60%에서 50%로 낮춰 부자들의 세금 부담을 대폭 경감시켜 주었다. 데팡스 경제지구개발 등 대대적인 토목공사를 진행했다. 방송개혁이라는 명분으로 공영방송의 광고를 폐지하고, 광고 수입이 자신의 친구들이 사주로 있는 민영방송으로 흘러가도록 길을 열어주기도 했다. 심지어 국영방송국 사장 임명권을 대통령의 권한으로 바꾸었다. 당연히 논란이 거셌다. 사르코지의 논지는 이랬다. "프랑스 텔레비전 제1주주가 국가인데 왜 내가 그 사장을 임명해서는 안 되는지 이유를 모르겠다." 이에 대해 팽송 부부는 "사르코지는 은연중에 '짐이 국가다'라고 한 루이 14세처럼 행동했다…. 그는 프랑스 국민의 대통령이라기보다는 기업체 사장같이 처신했다"고 지적했다.

명색이 시민혁명을 거쳤다는 공화국 프랑스에서 대통령에 의해 이처럼 민주주의가 유린당하고 있다는 사실이 놀랍다. 더 놀라운 일은 어떻게 재방송처럼 똑같은 장면을 우리나라에서도 보고 있는가 하는 거다. 굳이 다른 점이라면 사르코지는 그간의 태도를 싹 바꿔 '서민들의 대통령'인 양 토빈세 도입 등을 공약으로 재선에 나섰다는 것이고, 우리 대통령은 '그냥 가만히' 있다는 것이다. 집권 여당의 존폐마저 자신과는 상관없다는 듯 말이다.

대선을 앞둔 프랑스에서 이제 시민들은 무엇을 할 것인가. 팽송 부부의 결론은 간명하다. 연대다. 부자들이 그들의 이익을 지키기 위해 뭉치는 것처럼 일반 시민들이 나서서 넓고 단단한 결속력을 가진 공동전선을 구축해야 한다는 것이다. 그러면서 던지는 메시지가 무겁다. "지금도 프랑스의 모든 공공건물 입구에 돌로 새겨져 있는 자유, 평등, 박애의 세 단어는 200여 년 전 혁명으로 쟁취해 이미 뿌리내린 가치가 아니라, 매일 뼈가 부딪히도록 싸우며 완성해 가야 할 가치다." 위대한 똘레랑스의 나라라는 프랑스가 이럴진대, 4월 총선과 12월 대선을 향해가는 우리는 과연 무엇을 위해 연대하고 싸울 것인지 자꾸 되묻게 된다.

아버지의 귀환

2013. 3. 4.

KBS 주말 드라마 〈내 딸 서영이〉가 50%를 육박하는 시청률을 기록하며 어제 막을 내렸다. 평생 식구들의 등골을 빼먹으며 살던 아버지와 이런 아버지의 존재를 부정해온 딸 서영의 애끓는 가족애를 그렸다. 배우 류승룡이 열연한 〈7번방의 선물〉은 개봉 38일 만에 관객 1100만 명을 돌파하고 한국영화 흥행 순위 6위까지 올랐다. 여섯 살 지능을 가진 지적장애인 아버지 용구가 딸 예승을 위해 누명을 벗으려 하지 않고 죽음을 택한다는 줄거리다. MBC 〈일밤-아빠! 어디가?〉는 다섯 명의 아버지가 7~10세의 자식들과 시골에서 1박 2일 함께 지내는 모습을 담은 프로그램이다. 좌충우돌하면서 서로를 알아가는 과정에 공감이 큰지 보는 이가 제법 많다.

대중문화계에 아버지 코드가 뜨고 있다. 부성애가 문화적 콘텐

츠로 부상한 건 처음이 아니다. IMF(국제통화기금) 외환위기가 불어닥친 1997년에는 김정현의 소설 『아버지』가 나와 영화로도 제작됐다. 2007년 글로벌 금융위기 땐 조창인의 소설 『가시고기』가 베스트셀러 목록에 오르기도 했다. 극심한 경제난으로 세상살이가 팍팍해지면서 가족주의가 대두하고, 위기를 극복하기 위해 강한 아버지를 불러내는 것이라는 분석이 주를 이룬다. IMF 외환위기 당시 50대 아버지들은 이제 은퇴세대가 됐고 문화소비층 역시 세대교체가 이뤄졌다지만, 아버지 콘텐츠는 별로 달라지지 않았다.

아버지는 어머니와 달리 모순되는 기대를 요구받는 존재다. 사회적 성공을 쟁취한 아버지인 동시에 정직하고 도덕적인 아버지를 바란다는 이야기다. "가정에선 항상 친절하고 공평해야 해. 그리고 자식들을 사랑해야 해. 하지만 밖에서는 제일 강한 사람이어야 해. 폭력이나 나쁜 방식을 동원해서라도." 아버지는 이율배반적인 사랑의 법칙과 권력의 법칙 사이에서 갈팡질팡할 수밖에 없는 것이다. 이른바 '부성(父性)의 패러독스'다.

아버지의 역할을 어머니가 대신할 수 있을까. 정신분석학자 루이지 조야는 부성과 모성을 근본적으로 다르게 보았다. 모성은 임신 출산을 거치면서 어머니로서 어떻게 해야 하는지 본능적, 선험적으로 알게 되는 속성이다. 반면 부성은 생물학적으로 주어진 행동양식이 아니라 사회적으로 탄생한 정신적 각성이라는 것이다. 이런 부성은 로마시대에 절정을 이뤘다. 로마법에서 부권은 아들을 낳음으로써 절로 얻는 권한이 아니었다. 로마의 아버지들은 아들을 번쩍 들어 올리는 거양의식(suspicere)을 통해 부자의 결속과 함께 부권을 획득했다. 부성은 전통의 가치와 지혜를 가르치고 세대 간 소통을 가능하게 해주는 긍정적인 권위였지만, 쉽게 사라질 수밖에 없는 시대적 소산이기도 했던 셈이다.

이후 아버지는 가톨릭의 신에 의해, 유럽 혁명기의 평등정신에 의해 점차 사라져갔다. 지금은 동서양을 막론하고 물신주의 속에서 오로지 가족의 생계를 유지하는, 경제적 능력에 의해서만 평가되는 일원으로 전락했다. 〈7번방의 선물〉이나 〈내 딸 서영이〉에서 부성은 가족을 지키고 이끄는 권위가 아니다. 정신적인 힘을 주고 밝은 미래를 보장해주는 유능함과는 거리가 멀다. 이들 영화와 드라마에서 어머니는 애초 존재하지 않는다. 여기서 아버지는 어머니의 희생과 사랑을 대역하는 여성화된 부성, '또 다른 어머니'인 것이다.

부성의 상실은 궁극적으로 문명의 해체를 초래한다는 게 루이지 조야의 결론이다. 부성의 포기는 시대를 극복할 수 있는 가능성을 포기하는 것과 다름없다고 했다. 강한 아버지가 떠받치고 있는 강력한 중류층이 존재하지 않는 한 어떤 나라도 완전하게 근대적인 삶으로 진입할 수 없었다는 그의 통찰에 주목할 필요가 있다. 부성의 회복을 가부장적 권위로의 복귀와 혼돈해선 곤란하다. 그렇다고 요즘 대중문화처럼 또 다른 어머니의 모습으로 착각해서도 안 된다. 우리가 진정한 부성을 찾고 싶어하는 까닭은 아버지가 이끌어주는 묵직하게 균형 잡힌, 성숙한 삶을 갈망하기 때문인지 모른다. 아버지는 아직 귀환하지 않았다.

칼레 시민의 노블레스 오블리주
2013. 6. 10.

서울 중구 태평로 삼성생명 건물 한쪽에는 플라토 미술관이 자리 잡고 있다. 1999년 로댕 갤러리로 개관했다가 2011년 이름을 바꿨다. 국내 최초이자 세계 8번째 오귀스트 로댕 작품 상설전시관이다. 이곳엔 그의 대표작 〈천국의 문〉과 〈칼레의 시민〉이 전시돼 있다. 물론 진품이다. 녹은 청동을 틀에 부어 찍어내는 방식으로 만든 것이어서 진품이 여럿 있다. 〈천국의 문〉은 8번째, 〈칼레의 시민〉은 12번째 에디션이다. 플라토는 이들 작품을 전시하기 위해 이건희 삼성 회장의 부인 홍라희 씨가 만든 미술관. 건물을 짓는 데 꼬박 3년이 걸렸다. 돈도 돈이려니와 상당한 정성을 들였다.

〈칼레의 시민〉은 작품성 자체보다 역사적 배경으로 더 많이 회자되는 작품이다. 칼레는 프랑스 북부 작은 항구도시로 영국의 도버와 최근 거리에 있다. 지정학적 위치 탓에 백년전쟁(1337~1453) 초기 영국군의 집중 공격을 받았다. 칼레에선 시민군을 조직해 격렬하게 저항했다. 마지못한 영국은 프랑스 본토를 우회 공략한 뒤 막바지에 칼레 봉쇄작전을 펼쳤다. 칼레 시민군은 극한의 굶주림을 견디며 1년을 버텼으나 한계가 왔다. 모두가 몰살될 위기 상황. 백기를 든 칼레 시장 비엔은 영국 왕의 선처를 호소했다. 도시 전체를 바칠 테니 시민들은 무사히 떠나게 해달라고 했다.

칼레의 저항으로 악전고투했던 영국 왕 에드워드 3세는 조건을 내걸었다. 시민을 대표하는 6명이 스스로 나서 처형을 받는다면 나머지 사람들은 살려주겠다는 것. 가혹했다. 의견이 분분했다. 시민들 각자 무슨 생각을 했을지, 어떤 반응을 보였을지 짐작하기 어렵지 않다. 에드워드 3세는 칼레의 분열과 자멸을 의도했을 게다. 그러나 칼레 시민은 달랐다. 최고 갑부가 먼저 자원했다. 이어 가장 존경받는 사람이 따라나섰다. 이런 식으로 6명은 채워졌다. 영국군 진지 앞에 선 그들에게 마침내 교수형 집행 명령이 떨어졌다. 이때 임신 중이던 왕비 필리파 드 에노가 간청했다. 뱃속의 왕자를 위해서라도 저들에게 자비를 베풀어 달라고. 에드워드 3세는 무릎을 꿇고 눈물을 흘리는 왕비의 뜻을 받아들였다. 1347년의 일이다.

그로부터 500여 년이 훌쩍 지난 1884년 칼레시청은 이들 6명의 동상 제작을 로댕에게 의뢰했다. 이들의 영웅담을 불멸의 예술품으로 남기고자 했던 것이다. 하지만 로댕은 영웅을 새기지 않았다. 머리를 쥐어뜯으며 고뇌하는 모습, 입을 반쯤 벌린 넋 나간 얼굴, 만감이 교차하는 듯 입술을 앙다문 표정, 그리고 비통한 눈길들. 〈칼레의 시민〉은 이렇게 만들어졌고, 노블레스 오블리주의 표상이 됐다. 작품을 주문했던 칼레시청 측은 완성작을 보고 무척 못마땅해했다고 한다. 로댕은 타인의 생명을 위해 자신의 죽음을 받아들여야 하는 인간의 고뇌를 그렸다. 어쩌면 그는 노블레스 오블리주를 그렇게 준엄하게 해석했는지 모르겠다.

〈칼레의 시민〉은 지금 우리 사회 지배층의 부조리한 행동양식을 극명하게 대비시켜 준다. 이재용 삼성전자 부회장은 아들을 명문 국제중학교에 부정 입학시킨 사실이 드러나 국민적 비난을 샀다. 그의 사촌 이재현 CJ 회장은 비자금 조성과 탈세 혐의로 검찰의 대대적인 수사를 받고 있다. 한국 제일의 기업 삼성그룹 일가에 〈칼레의 시민〉은 어떤 의미일까. 비록 실천하지는 못해도 포기하면 안 되는 좌표일까, 그냥 세금도 피하고 훗날 거금이 될 소중한 수집품일까. 로댕 갤러리가 2008년 휴관에 들어가 3년 뒤에야 플라토 미술관으로 재개관한 건 김용철 변호사의 삼성그룹 비자금 폭로 사건 여파 때문이었다.

노블레스와 오블리주의 부조화가 비단 삼성만의 문제이겠는

가. 요즘 인터넷 매체 '뉴스타파'가 잇달아 터트리는 조세피난처 페이퍼 컴퍼니 명단을 보면, 돈 있거나 권력 쥔 사람들의 그칠 줄 모르는 탐욕을 다시금 확인하게 된다. 사회 지배층이 안고 있는 문제는 도덕적 의무를 실천하지 않는다는 데 그치지 않는다. 실망과 절망을 넘어 공공성을 해치는 적대적 행위가 훨씬 심각하다. 칼레의 여섯 시민 같은 희생과 헌신을 주문할 생각은 없다. '고귀하게 태어난 사람들의 고귀한 행동'을 기대하지도 않는다. 단지 공동체의 시민으로서 지켜야 할 양식과 준법정신이라도 솔선수범하는 것이 도리라는 점을 말하고 싶을 따름이다.

나는 과연 중산층인가

2013. 8. 23.

지난해 가을 나라별로 중산층 기준을 따지는 '중산층 별곡'이 온라인과 소셜 네트워크에서 반향을 일으켰다. 한국의 중산층 기준에 대한 직장인 설문조사 결과가 대선 분위기를 타고 이야깃거리가 됐다. '부채 없는 30평대 아파트, 월급 500만 원 이상, 2000cc급 중형차, 예금잔고 1억 원 이상, 해외여행 1년에 한두 차례'. 대개 수긍은 했지만 아파트는 서울 중심인 데다 융자가 없어야 하고, 특히 예금 1억 원 대목에서 나와는 거리가 멀다고 생각한 사람이 많았을 게다.

우리와 달리 프랑스의 중산층 기준에서 돈 문제는 빠져 있다. '외국어 하나 정도 구사, 직접 즐기는 스포츠와 악기 연주, 남들과 다른 맛을 낼 수 있는 별미 요리, 사회적 공분, 타인을 위한 봉사 활동'. 적당히 돈 있다고 중산층이 되는 건 아니라는 거다. 조르주 퐁피두 대통령이 1969년 대선 때 공약집에 제시한 내용이다. 드골의 후임으로 19대 대통령이 된 퐁피두의 정책 선언인 셈. '진정한 실용주의 대통령'으로 불렸던 그의 가치관이 반영됐다.

영국이나 미국의 경우는 프랑스보다 더 추상적이다. 영국은 '페어 플레이, 자기주장의 확신과 신념, 독선적인 행동 경계, 불의와 불법에 대한 의연한 대처'. 옥스포드대학 버전이다. 미국의 공립학교가 제시하는 중산층 기준은 '자신감, 사회적 약자 보호, 부정과 불법에 대한 저항, 비평지 하나 정도 정기구독' 등이다. 경제적인 요소는 아예 없고, 사회적 존재로서의 역할을 주문하는 내용이 대부분이다. 중산층 기준에 대한 각국의 예시일 뿐이지만 대체로 한국은 물질적 '소유개념'을 준거로 삼는 데 비해 프랑스나 영국·미국은 '존재가치'에 치중하는 건 사실이다. 어떤 면에선 한국 기준으로 중산층 되기가 훨씬 어려울지 모르겠다.

중산층을 보는 관점이 왜 이렇게 다른 것일까. 프랑스 사람들은 형이상학적이고 고상한데 우리는 유독 배금주의에 젖어서 그런 건 아닐 테다. 다름 아닌 복지 수준 때문이다. 직장을 잃거나 실패를 해도 인간적 삶을 유지할 수 있는 복지 선진국과 사회안전망도 갖춰지지 않은 복지 후진국의 중산층 개념이 같을 수 없다. 중산층 기준은 계층을 나누는 척도이면서 평균적 삶의 기대치이기도 하다. 퐁피두 대통령은 보편적 복지 위에 중산층의 기준을 세웠고, 한국의 직장인들은 아등바등하는 생존경쟁 위에 그나마 경제적으로 안정된 모습을 그린 것이다.

정부가 세법 개정안을 내놓으면서 설정한 중산층 개념은 이런 점에서 지극히 도구적일 뿐 아니라 몰가치적 사고를 드러낸다. 정부는 OECD(경제협력개발기구) 기준에 따라 전체 가구소득의 중간점에서 50~150% 범위를 중산층으로 간주한다. 통계청 계산으로 환산하면 3인 가족은 연소득 1839만~5518만 원, 4인 가족은 2124만~6372만 원이 중산층이다. 연소득 2000만 원 안팎이면 기초생활보장 계층 바로 위인 차상위 계층이다. 1인당 국민소득이 4만~5만 달러에 이르는 국가라면 모를까 한국처럼 2만 달러 남짓한 나라에선 가구소득 중간점 자체가 낮아져 빈곤층이 중산층에 포함되는 모순이 생긴다. 이 기준은 중산층을 최대한 넓게 잡으려는 정치적 복선이 깔려 있다.

중산층을 두껍게 형성하는 발판도, 중산층의 감소나 붕괴를 막는 방어막도 보편적 복지다. 한국의 GDP(국내총생산) 대비 복지 지출은 10%가 안 된다. 민간 부문까지 합해야 11% 남짓,

OECD 국가 중 멕시코 다음으로 가장 낮다. 미국만 해도 19%가 넘고, 30%가 넘는 프랑스를 따라가려면 복지 지출을 세 배 늘려야 한다.

'증세 없는 복지'가 논란의 중심에 떠오르면서 증세 없는 복지는 불가능하다는 인식이 확산되고 있다. 문제는 담세 능력이다. 연간 5~10% 내지 20만 원 이내의 증세를 중산층이 감내할 수 있는 최대치로 보는 모양이다. 가계부채와 사교육비에 짓눌려 55%가 적자인생이라는 우리나라 중산층이 이마저 감당할 수 있을지 의문이다. 복지 확대의 필요성은 절감하지만, 세금 낼 여력도 없거니와 내가 내는 세금이 나의 복지혜택으로 돌아올지 신뢰하지 못하는 현실은 딜레마가 아닐 수 없다. 이런 딜레마에 공감한다면 나는 정부 통계 중산층 68%에는 속하고, 체감 중산층 45%에는 포함되지 않는 '무늬만 중산층'일 가능성이 높다.

삼성과 부산대

2014. 2. 7.

프랑스 소설가 베르나르 베르베르의 단편 〈상표전쟁-있을 법한 미래〉에는 삼성그룹 이야기도 한 토막 나온다. '한국에 있는 삼성 시티라는 항구도시는 잠수함들로 이뤄진 최초의 사설 함대를 갖추고, 경쟁사인 미국의 델, 게이트웨이, 선,…중국의 레노버 등에 소속된 금속 보급함들과 분쟁이 빚어지곤 했다'는 구절이다. 소설에선 초국적 기업들이 국가권력을 능가하는 힘으로 도시 건설은 물론 대규모 사설 군대를 만들어 전쟁도 치른다. 급기야 2018년에 코카콜라와 펩시콜라가 대농장을 차지하려고 용병을 동원해 무력으로 대결하는 '콜라전쟁'을 벌이기도 한다. 베르베르 특유의 기발한 상상력이 돋보이는 픽션이지만, 자본 권력이 지배하는 세계 체제에 대한 통찰이 섬뜩하리만치 날카롭다는 생각을 했었다.

몇 해 전 발간된 이 소설이 떠오른 건 삼성그룹의 올해 신입사원 공채 개편안을 둘러싼 논란 때문이다. 대학 총장 추천제와 서류전형 부활을 골자로 한 삼성의 인력 채용안은 대학 서열화 조장, 지방대학 차별 등의 비난 역풍을 맞고 13일 만에 사실상 백지화됐다. 삼성 대졸자 공채는 원점으로 돌아갔지만, 일회성 해프닝으로 넘길 일은 아니다. 세속적 영리를 추구하는 기업과 그 대척점에서 탈속적으로 학문을 닦아야 하는 대학이 과연 효율성과 경쟁력이라는 이름으로 동거할 수 있는 것인지, 결과 또한 공익에 부합하는 것인지 근본적인 의문을 제기하게 된다. 삼성이 나름의 잣대로 대학 줄 세우기를 의도했는지 모르겠다. 다만 분명한 것은 대학을 학문공동체가 아니라 취업사관학교 내지 고등직업훈련소 정도로 여기는 삼성의 인식이다.

대학별 추천 인원은 성균관대 115명부터 시작해 110명, 100명,

90명…8명, 4명 순으로 전국 200여 대학에 할당하는 식이었다. 대학의 반응은 혼란스러웠다. 지방대 중에도 영남권에 비해 배정 인원이 적은 호남권 대학들은 지역 차별이라며 반발했고, 여자대학은 성차별이라고 발끈했다. 서울대는 성균관대 다음 순서에 놓였다는 점에서 몹시 불쾌했을 게다. 그렇다면 부산대는 어땠을까. 이른바 지역거점대학이자 지방대의 대표격인 만큼 관심이 쏠렸다. 부산대가 할당받은 인원은 90명. 굳이 순서를 따지자면 각 100명인 연세·고려·경북대에 이어 일곱 번째다. 같은 지방대인 경북대보다 10명이 적어 자존심이 상했거나, 그나마 체면은 섰다고 안도했을 수도 있겠다.

취업이 대졸자의 지상과제가 되다시피한 상황에서 대학들이 '진리와 정의를 추구하는 상아탑'으로 외벽을 쌓아 올리는 것 역시 비현실적이고 나약한 모습일 테다. 하지만 대학이 자본시장에 편입되는 것도 모자라 자발적으로 기업화에 나서는 것은 대학을 위해서나 학생을 위해서도 비극이 아닐 수 없다. 대학 기업화의 병폐적 징후는 즐비하다. 부산대는 그런 사례의 상징으로 꼽힌다. 2009년 대학 쇼핑몰 효원굿플러스 건립 사업이 실패로 귀결되면서 부산대는 수백억 원의 부채를 떠안았다. 사업을 주도했던 당시 총장은 뇌물수수죄로 수감 중이다.

대학이 기업처럼 운영되고 고등교육이 상품화한 상태에서 학생은 단순 소비자로 전락한다. 학생은 유명 브랜드를 좇듯 대학을 찾게 마련이고, 대학은 브랜드 가치를 높이려고 물불을 가리지 않는다. 대학 서열화는 대학들 스스로 만든 부메랑이기도 하다. 여전히 각 대학은 한 푼이라도 더 많은 정부 보조금과 연구 지원금, 기부금을 얻기 위해 경쟁적으로 기업화를 추구하고 있다. 시대정신을 비판하는 고유영역으로서의 대학은 존재하지 않는다.

대학이건 기업이건 각기 사회적 역할로서 존재가치를 가진다. 그걸 혼동할 때 몰락의 길을 걷는다. 부산대가 정문 개선 사업을 벌인다고 한다. 실패한 쇼핑몰 사업의 치명적인 후유증이 상흔처럼 남아있는 흉물스러운 그 정문이다. 생김새 가다듬는 성형수술로 속병을 다스릴 수 없는 노릇이지만, 대학의 섣부른 기업화가 얼마나 위험하고 부질없는 일인지 각성하는 계기는 될 것이다. 부산대는 제 힘이 정녕 어디에 있는지 못 찾아서 문제고, 삼성은 기업의 본분을 넘어 국가영역까지 넘보는 게 문제다. 대학이 자본 권력에 휘둘리는 세상에서 미래를 담보할 수는 없는 일이다.

그래도 선거는 희망이고 축제다

2014. 5. 30.

2011년 세밑 일본 아사히신문은 국민을 상대로 광범위한 여론조사를 벌였다. 그해 3월 11일 발생한 동일본 대지진과 후쿠시마원전사고로 인해 일본 열도 전체가 심각한 혼돈과 무력감에 빠져 있을 때였다. 국가적 기강을 다잡고 어떤 돌파구라도 찾아야 하는 절박한 시기였다. 여론조사 결과 국민의 생각은 많이 달라져 있었다. 대지진 참사 이후 '세상에 도움이 되고 싶다는 생각이 강해졌다'는 응답자는 71%에 달했다. 반원전 시위 같은 집단행동이 정치를 움직일 수 있다고 여기는 비율도 44%나 됐다. 하지만 세상을 바꾸는 일을 정치가에 맡기면 된다고 응답한 사람은 고작 3%였다. 사회를 바꾸어야 한다는 갈망은 최고조에 달한 반면, 국가 관리시스템인 정부와 정치에 대한 신뢰는 땅바닥에 떨어졌다. 일본의 고민과 갈등은 여기에 있었다.

세월호 참사가 발생한 지 40여 일이 지난 지금 우리 국민의 생각을 살핀다면 이와 크게 다르지 않을 듯싶다. 세월호 사건을 일본 후쿠시마원전사고와 평면 비교하는 것은 물론 무리다. 하지만 생때같은 고교생들이 죽어가는 모습을 멀뚱멀뚱 지켜봐야 했던 참혹성과 이로 인한 상처, 절망과 무력감은 세월호 참사가 더하면 더했지 결코 덜하지 않을 것이다. 사고의 근본 원인이 탐욕적인 자본주의와 효율을 앞세운 비인간적인 욕망, 공동체의 붕괴와 책임감 상실에 있다는 사실뿐만 아니라, 무능하고 무기력한 정부의 재난 대응 시스템은 한국과 일본이 놀라울 만치 흡사하다.

후쿠시마원전사고 이후 해가 바뀌면서 일본에서는 반원전 시위가 본격 전개됐다. 2012년 6월에는 도쿄 총리 관저 앞에 20만

명이 넘는 시위대가 집결할 정도로 정부에 대한 국민의 분노는 거셌다. 당시 국민은 자신의 안전을 지켜줄 의지도 능력도 없는 정부가 국민을 무시하고, 기득권 세력끼리만 모든 것을 결정하는 행태를 용서할 수 없었다고 한다. 국민이 바라는 것은 스스로 생각하고 스스로 목소리를 낼 수 있는 사회를 만들고 싶다는 것. 요컨대 우리 손으로 세상을 바꾸고 싶다는 바람이자 욕구였다. 역사사회학자 오구마 에이지 게이오대 교수는 최근 국내에 번역 출간된 『사회를 바꾸려면』에서 당시 상황을 소상하게 풀어내고 있다. 고민은 더 깊어졌다. 과연 세상은 바뀌는 것인지, 바꿀 수 있는 것인지, 미미한 개인은 무엇을 할 수 있는 것인지.

6·4지방선거가 닷새 앞으로 다가왔다. 세월호 참사의 비통한 분위기가 선거를 덮고 있다. 여느 선거처럼 떠들썩한 유세도, 진종일 흘러나오던 로고송도 들리지 않는다. 조용한 선거를 넘어 '침묵의 선거'가 진행되고 있다. 표면적으로는 그렇다. 하지만 부산지역의 경우 예전에 볼 수 없던 심상찮은 변화의 조짐들이 감지된다. 우선 시장선거에서는 여당의 깃발만 꽂으면 따놓은 당상처럼 당선이 보장되던 '텃밭 구조'가 뿌리째 흔들리고 있다. 또 교육감 선거에선 진보 성향의 후보와 보수 후보들이 예측불허의 진검승부를 겨루고 있다. 게다가 세월호 참사를 계기로 30대에서 50대 초반의 화난 엄마들, 이른바 '앵그리맘'의 의식변화도 읽힌다. '내 자식' 나 혼자 지킨다고 되는 것이 아니라, '우리 자식' 우리

사회 모두가 지켜야 한다는 공동체적 각성은 반갑고 고무적이다.

각급 선거 때마다 약방의 감초처럼 등장하는 구호가 '내 한 표가 세상을 바꾼다'였다. 이번 지방선거에서 시민들은 이 상투적인 구호를 의문문으로 되묻는다. "내 한 표가 세상을 바꿀 수 있을까?" 우리가 사는 지금 이 사회에 대한 고민이 깊고 진지해졌다는 방증으로 볼 수 있겠다. 내 한 표가 세상을 바꾸지는 못할 것이다. 이보다는 나의 투표 행위가 나를 바꿀 수는 있다. 자신이 선택한 후보를 지켜보는 관심도가 달라지고, 지지 혹은 비판적 발언에 참여하게 되고, 나아가 같은 생각을 가진 사람들끼리 연대할 수 있게 된다.

사실 오구마 에이지 교수는 선거제도에 의한 사회변화에 대해 극히 비관적이었다. 투표를 통해 대표가 선출되는 대의민주주의 체제에서는 어차피 유력자나 대규모 조직을 등에 업은 후보가 승리하게 마련이라고 봤다. 선거를 통해 사회를 바꾸기란 애초 불가능하다는 이야기다. '시민은 투표일에만 자유롭고 투표가 끝나면 노예로 돌아간다'는 장자크 루소의 고전적인 지적과 같은 맥락이다.

하지만 간과해선 안 되는 건 시민 각자가 이뤄내는 자발적인 변화와 개개인의 힘을 시너지화하는 연대의 위력이다. 더욱이 역사적으로 결정적 계기가 있으면 그 힘은 폭발력을 갖게 된다. 이번 선거는 세월호 이전과 이후 우리의 가치관과 세계관을 가름하는 분기점이 돼야 마땅하다. 몰가치에서 기본과 원칙으로, 비인간적 욕망에서 공동체의 의리로, 안전불감증에서 생명 중심으로 생각의 중심추를 옮겨놓아야 한다. 비통한 마음에도 이번 선거가 희망이고 축제인 이유다.

사람이 없나, 사람을 못 찾나

2014. 9. 5.

천하의 인재를 얻기 위해 리더가 전범을 보인 대표적 사례가 유비의 삼고초려(三顧草廬) 일화가 아닐까 싶다. 잘 알려져 있듯 형주의 유표 밑에서 기식하던 유비는 제갈량의 명성을 전해 듣고 양양성 와룡강 기슭 초가집에 은둔하고 있던 그를 세 번이나 찾아갔다. 제갈량은 유비의 정성에 감동해 마침내 세상 밖으로 나와 그의 군사(軍師)가 됐다. 아이러니하게도 이런 유비는 늘 인재난에 허덕였다. 이미 몰락한 한(漢)나라의 정통성 계승을 기치로 내세우며 지조와 의리에 목숨을 걸었던 유비로서는 인재 풀이 좁을 수밖에 없었다.

반면 '난세의 간웅' 조조는 명분에 얽매이지 않았다. 그의 인재관은 명확하고 급진적이었다. '내가 남을 배신할망정 남이 나를 배신하게 하지는 않는다(寧敎我負天下人, 敎天下人我負)'. 새로운 질서와 실리를 좇았던 조조는 과거를 묻지 않고 능력을 중시했다. 이런 조조 휘하에 다방면의 인재들이 구름처럼 몰려들었다. 유비의 촉(蜀)나라는 조조의 위(魏)나라를 이길 수 없었다. 천하를 통일한 승자는 조조였다.

뚜렷하게 대비되는 유비와 조조의 인사 스타일은 우리 사회의 인재난을 설명하는 데 꽤 유용하다. 인재를 구하지 못하는 까닭은 무엇보다 리더가 인재를 알아보지 못하기 때문일 가능성이 많다. 사람 보는 안목이 없다는 이야기다. 그나마 귀한 인재를 버리는 일도 비일비재하다. 지연과 학연, 정치적·이념적 지형, 친소관계 등을 이유로 인재 풀을 스스로 제약한다. 결국 리더는 자신이 품을 수 있는 그릇만큼의 인재를 쓸 수 있을 뿐이다. 그렇다면 인재난은 오로지 리더만의 책임일까. 역으로 대중이 리더를 고르는 일에는 소위 '집단지성'이 지혜롭게 발휘될까. 이 문제는 미묘하고 복잡하다.

독일 음악계에는 '절대음감의 역설'이라는 말이 있다고 한다. 오케스트라 상임 지휘자들은 당연히 절대음감을 가진 능력자여야 한다고 여기는 게 상식이다. 그런데 절대음감의 지휘자는 오케스트라 단원들로부터 환영받지 못한다. 오히려 배척당한다. 독일에서 대부분 오케스트라는 노동조합이 조직돼 상임지휘자를 선정할 때 단원들이 결정적인 영향력을 발휘한다. 아주 민주적이다. 하지만 절대음감을 지닌 지휘자는 단원 찬반투표에서 과반은커녕 고작 서너 표를 얻는 데 그치기 일쑤다.

수십 명이 연주하는 오케스트라에서 관악 현악 등 파트를 막론하고 개개인의 실수까지도 꿰뚫는 절대음감의 지휘자가 단원들로서는 자존심 상하고 짜증 나고, 또한 몹시 불편한 존재인 것이다. 그러니 상임지휘자는 절대음감과는 거리가 먼, 그저 무난한 인물이 선정되는 게 태반이다. 얼치기 지도자를 호출하는 사회의 모습이다. 흔히 리더의 자질 부족을 탓하면서 '조직의 운이 없다'는 따위의 푸념은 기실 구성원들 스스로 초래한 결과인 경우가 많다. 대의민주주의의 비극적 본질이기도 하다.

인재난은 요컨대 리더의 스타일과 한계에다 대중의 파편화된 이기심이 중층적으로 빚어내는 왜곡된 사회현상이다. 물론 현대사회가 워낙 빠르게 변화하면서 복잡다기한 단체와 조직이 요구하는 인재들이 당장 공급되기 어려울 수 있지만, 이는 본질적이지 않다. 사회가 미래지향적이고, 열려 있다면 인재는 언제든 배출된다. '모든 국민은 자기 수준에 맞는 정부를 가진다'는 토크빌의 말을 빌려 이렇게 변주할 수 있겠다. '모든 사회는 자기 수준에 맞는 인재 풀을 가진다'고.

박근혜 정부가 출범 이후 번번이 '인사 참사'를 겪더니 요즘 부산시가 인재난에 시달리는 모양이다. 부산시 산하 주요 공기업인 도시공사와 교통공사 사장, 경제 분야 출연기관인 경제진흥원장을 뽑지 못하고 있다. 일차 공모를 거쳤으나 적임자가 없어 재공모 절차가 진행 중이다. 응모자들의 경력이나 위상이 고만고만했다는 전언이다. 고위 공무원이 당연직처럼 번갈아 자리하던 관례가 '관피아' 논란으로 제동이 걸리니 딱히 사람이 없다는 것이다. 부산의 인재 풀이 제한적일 수밖에 없는 사정은 긴 설명이 필요하지 않다. 당면한 변수는 리더의 안목이다.

사람이 없는 것이 아니라, 서병수 시장의 인재 풀에 문제가 있을 수 있다. 어제 부산시 경제특보와 부산도시공사 등 산하 공기업의 임원급 인사가 있었다. 그야말로 '그때 그 사람들'이라는 인상을 지울 수 없다. 지난 선거의 논공행상이 한창 이뤄지고 있는 듯하다.

'사람을 쓸 때 공로가 있으면 상을 주고, 관직은 능력이 있어야 준다'는 옛말이 있다. 아무리 공이 크다손 쳐도 능력이 없다면 포상은 하되 함부로 직위를 주지 말아야 한다는 경구다. '적재적소'는 인재를 그저 적합한 자리에 앉힌다는 의미로 그치지 않는다. 유능한 인재가 마땅한 자리에 앉아야만 조직 안팎의 관계를 원활하게 꾸려갈 수 있다는 데 방점이 있다. 인재도 제대로 구하지 못하는 리더가 공동의 발전을 꾀한다는 건 욕심이다. 섣부른 인사가 자칫 '재난'으로 귀결되는 일은 부디 없어야 한다.

일상이 된 위기, 리더십의 위기

2017. 11. 17.

근래 '서바이벌 리더십'의 아이콘으로 부각된 어니스트 섀클턴의 탐험에는 아이러니가 있다. 그가 네 번의 도전에서 한 번도 목표를 달성하지 못했다는 사실이다. 섀클턴은 1914년 8월 대원 27명과 함께 인듀어런스호를 타고 세 번째 남극탐험에 나선다. 하지만 배가 남극 해역에 닿자마자 빙벽에 갇혀 옴짝달싹 못 하는 처지에 놓인다. 그러기를 634일, 그를 포함한 인듀어런스호 선원 28명은 영하 30~40도의 혹한과 굶주림을 견디고 전원 구조돼 고국으로 돌아왔다.

인듀어런스호가 남극으로 출항하기 1년 전, 빌흐잘무르 스테팬슨이 이끄는 20명의 캐나다 탐험대는 북극을 향해 칼럭호의 닻을 올렸다. 출발은 순조로웠으나 이들 탐험대는 북극의 빙벽과 맞닥뜨려 완전히 고립됐다. 1년 뒤 섀클턴이 맞게 된 똑같은 장면이었다. 당시 극지 탐험에서는 드물지 않은 일이었다. 그러나 절체절명의 위기에서 전개되는 상황은 정반대였다. 스테팬슨의 대원들은 야수처럼 변했다. 부족한 식량과 연료를 차지하려고 아귀

다툼했으며, 먼저 구조되려고 서로를 속이면서 분열했다. 결과는 참극이었다. 불과 3개월여 만에 대원의 절반이 넘는 11명이 처참하게 목숨을 잃었다.

극과 극으로 벌어진 결과를 두고 사람들은 선장인 섀클턴과 스테팬슨의 리더십을 극명하게 대비시킨다. 섀클턴은 예일대 데니스 퍼킨슨 교수의 강의와 책으로 명료하게 정리돼 잘 알려져 있다. 그렇다면 리더로서 섀클턴과 스테팬슨의 역량은 애초 하늘과 땅만큼 차이가 컸을까. 스테팬슨 역시 당시에는 극지탐험을 나설 정도의 실력을 가진 탐험대장이자 선장으로서 자격은 최소한 갖추고 있었을 것이다. 스테팬슨과 섀클턴의 갈림은 리더십이 얼마나 디테일을 요구하는 것인지를 보여준다. 평소 같으면 구분조차 못 한 채 넘어가는 덕목이 극한상황에서 극단의 양상을 빚어낸 것이다.

스테팬슨이 놓친 것은 크게 세 가지다. 먼저 리더로서의 언어. 공포에 질린 대원들을 안심시키고 위로하기 위한 방편일 수 있겠으나 그는 거짓말을 했다. '구조대가 오고 있다'든지, '빙벽을 뚫고 나갈 돌파구를 찾겠다'는 등등. 선의의 거짓말조차 상황이 악화될수록 사람들 사이에선 신뢰를 깨는 도끼가 됐다. 스스로 말을 삼가지 못하는 리더가 소통 채널을 원활하게 관리하기는 어렵다. 자기과시적인 허풍, 상황변화를 핑계 삼은 식언이나 말 바꾸기도 큰 범주에서는 거짓말이다. 이런 언어는 구성원들의 판단을 흐리게 만들고, 교감을 차단한다. 위기를 극복하는 연대보다 각자도생의 균열을 불러온다.

　두 번째는 비전의 부재. 칼럭호나 인듀어런스호 어느 쪽 대원인들 살고 싶은 욕망이 달랐을 리 없다. 그러나 한쪽은 살기 위해 동료를 챙겼고, 다른 한쪽은 동료를 희생시켰다. 도덕성 때문인지 규칙이나 제도 때문인지 논란이 있겠지만, 리더십의 문제로 푼다면 리더의 비전이 방향을 가른 듯하다. 섀클턴은 1914년 탐험 이전에 두 번의 시도가 있었다. 처음은 로버트 스콧 탐험대의 일원으로 가담했다 괴혈병에 걸려 중도 탈락했고, 1909년에도 남극점 정복은 실패했다. 섀클턴의 리더십은 역설적으로 이런 실패 경험에서 나왔다. 그는 세 번째 실패 또한 끝이라고 생각하지 않았다. 언젠가는 다시 도전해야 할 목표가 있었던 리더와 오로지 여기를 벗어나 살아남는 것이 유일한 희망이자 의미였던 사람이 맞이한 결과는 판이했다. 실제 인듀어런스호 대원 상당수는 6년 후 섀클턴이 네 번째 남극 탐험에 도전했을 때 다시 합류했다.

　세 번째, 자기희생이다. 헌신이라면 너무 무겁고 동료에 대한 양보, 배려라고 할 수 있겠다. 섀클턴은 배가 조난당하자 선장에게 주어지던 특식부터 없앴다. 심지어 그는 균등하게 배급되는 식사용 비스킷을 동료 대원에게 양보하기도 했다. '도대체 이 세상 어느 누가 이처럼 철저하게 관용과 동정을 보여줄 수 있을까'.

대원은 이런 일기를 남겼다. 북극의 스테팬슨은 사냥감을 구한다는 핑계로 대원 몇몇만 데리고 탐험대를 빠져나간다.

국가 차원이건 우리가 속한 조직의 틀에서건 위기가 일상이 되고 있는 현실이다. 위기를 기회로 만드는 데는 리더의 역할이 절대적이다. 파국을 재촉하는 최악의 리더도 많다. 위기가 깊으면 깊을수록 더욱 그렇다. 1920년 봄, 섀클턴은 우여곡절 끝에 네 번째 남극 탐험을 시도했다. 옛 동료들은 예전의 전설적인 리더의 모습을 찾아볼 수 없었다. 단 한 번도 성공하지 못했던 섀클턴은 '실패한 탐험가의 성공한 리더십'이라는 찬사를 듣는다. 리더십의 궁극은 물질적이고 가시적인 성과가 아니라 절대 포기할 수 없는 정신 내지 가치의 추구라는 사실을 이야기하는 것일 테다. 진정한 리더십이 매우 드물고 소중한 이유다.

상식의 힘, 상식의 복원

2017. 12. 15.

지난해 이맘때 '광장의 촛불'이 없었다면, 지금은 원래 일정대로 19대 대통령 선거가 막바지 카운트다운에 돌입하고 있을 것이다. D-5일. 아마 그 어느 때보다 절박한 상황에서 보수와 진보, 또 그 사이 어딘가에 자리한 정치세력들이 서로 사활을 건 싸움을 벌이고 있을지도 모르겠다. '역사는 유연한 존재'라는 말이 있기는 하지만, 지나간 일을 두고 '만약'이라는 부질없는 가정을 하는 것은 당시 순간의 중요성과 절실한 의미를 다시금 선명하게 새겨보기 위해서일 터이다.

1년여 전 촛불집회가 열리던 토요일 저녁이면 부산 서면 일대에 나가보고는 했다. 현장 모습이 무엇보다 궁금했고, 사태 추이를 나름대로 예측하고 싶었다. 참가자라기보다 관찰자 내지 기록자의 역할에 따랐던 것 같다.

집회 현장에서 매번 놀란 것은 시민들의 자제력이었다. 기자 생활을 하면서 숱한 집회·시위를 지켜봤지만, 그런 광경은 신기할 정도였다. 참가 규모나 갈수록 확대되는 확장성에 언제 어디서 불상사가 일어날지 알 수 없는 상황이었다. 하지만 시민들은 끝까지 선을 넘지 않았고, 평화적 시위는 시종일관 유지됐다. 전 세계가 경이롭게 지켜본 그대로다.

촛불시위 자체를 혁명이라고 생각하지 않는다는 최장집 고려대 명예교수의 분석에 동의한다. 박근혜 대통령의 탄핵에 이은 조기 대선, 문재인 정부의 출범이라는 결과를 가져왔지만 혁명이라고 부를 만한 내용을 갖추지 못했기 때문이라는 설명이다. 혁명적인 사회경제적 이슈도 없이 총 23차례, 전국 참가자 누적 인원 1685만 명을 기록할 수 있었던 동력은 과연 무엇이었을까.

최 교수는 보수세력의 과도한 헤게모니가 촛불시위를 불러왔다고 진단했다. 보수에 쏠린 압도적인 우위가 안일과 무책임을 불렀고, 야당과 진보세력의 허약한 역할을 시민들의 민주운동이 대신했다는 이야기다. 정당 중심 의회주의를 강조해온 원로 정치학자의 균형 잡힌 해석으로 들린다. 정치학적 전문성을 내려놓고 저널리즘의 시선으로 풀자면 그때나 지금이나 나는 촛불시위의 동력은 상식의 힘이라고 생각한다.

여기서 상식의 의미를 철학적으로 엄밀하게 따질 일은 아니다. 세상 사람들 사이에서 통용되는 보편적인 원칙쯤으로 여기면 되겠다. 영어식 표현처럼 공통의 감각(common sense)으로, '정상적인 일반인이 가지고 있거나 또는 가지고 있어야 할 지식·이해력·판단력·분별력'(두산백과사전)이다. 상식은 사회 구성원들의 소통을 유지하는 인프라, 무형의 사회기반시설 같은 것이다. 상식이 있기에 사사건건 충돌할 수 있는 이해관계가 안정적으로 조율되고, 제멋대로일 수 있는 개성도 공통적으로 용인되는 선에서 제어할 수 있다. 요컨대 많은 사람이 더불어 사는 공동체의 생각과 행동을 합리적으로 유지해주는 골격인 셈이다. 이런 점에서 상식은 비법이나 묘안에 의지하지 않는다.

우리 사회는 언제부턴가 그런 골격이 무너져버렸다. 누구에게

나 불합리한 일도 아랑곳하지 않는 경우(비상식)가 비일비재하고, 지극히 상식적인 일조차 아예 무시하는 어처구니없는 행태(몰상식)가 드물지 않게 목격된다. 세상 살다 보면 그저 참고 넘어가야 할 일도 적지 않으련만 참는 것도 한계가 있는 법. 상식의 임계점이다. 상식이 임계점을 넘으면 저항의 칼이 되기도 한다. 최소한의 상식조차 통용되지 않는 사회는 불안하고 위험하다.

촛불시위는 우리 사회가 맞은 그 임계상황이었다. 박근혜의 비극은 한마디로 상식의 배반에서 빚어진 것이다. 상식의 힘이 낡고 무능한 권력을 무너뜨리고 새로운 권력을 만들어냈다. 촛불시위가 완성이 아니라 시작이라면, 결실을 만들어내야 하는 일은 지금부터다. 바로 상식의 복원이다. 비상식과 몰상식은 각자의 내면에서부터 내 주변에, 우리가 처해 있는 조직에, 사회 공동체에 여전히 만연해 있다. 어떤 세상을 꿈꾸느냐고 묻는다면 이제는 소박하고 진지하게 말할 수 있겠다. '상식이 통하는 세상이면 충분하겠다'고. 권력의 끄트머리가 호가호위(狐假虎威)하지 않고, 졸부들이 허장성세(虛張聲勢) 부리지 않고, 알량한 지식인이 곡학아세(曲學阿世)하지 않는 그런 세상 말이다.

'인간의 정신과 영혼은 삶의 도구라는 점에서 의복이나 마찬가지다. … 매일 아침 출근하기 위해 골라 입는 육신의 옷을 펼쳐보듯, 자신의 정신적인 의상을 점검할 줄 알아야 한다. 계절과 날씨에 따라 옷을 결정하듯, 더불어 사는 인간과 자기가 속한 사회에 맞는 생각을 갖추어야 한다'(차병직의 책 『상식의 힘』). 위기의 우리 사회가 상식을 복원할 수 있게끔 각자의 실천 지침으로 삼아도 좋겠다.

박무성 세상을 읽다   박무성 칼럼

부산시장의 조건

2018. 2. 20.

부산은 위기의 도시다. 골치 아픈 지표들을 꺼내지 않아도 오랫동안 터전하고 살아온 사람들은 이 도시가 쇠락하고 있다는 것을 잘 안다. 한낮에 도시철도를 타 보면 도시의 고령화가 얼마나 빠르게 진행되고 있는지 눈으로 확인하게 된다. 대학 진학하는 자식들이 무작정 부산을 벗어나려는 데서 지역대학의 위기를 실감한다. 급기야 그들이 취직할 즈음 대개는 부산의 미래에 절망한다. 겉모습은 어떤가. 극명한 사례가 있다. 부산의 랜드마크로 꼽히는 해운대 마린시티의 즐비한 마천루, 홍콩보다 야경이 아름답다는 이곳 초고층 빌딩들이 업무시설이 아니라 전부 아파트라는 사실에 외국인들은 또 한 번 놀란다.

부산은 1970, 80년대 고도성장에 이어 90년대 성장 둔화기까지 한국의 경제 개발의 한 축을 담당했다. 하지만 1997년 외환위기를 거치면서 그 궤도에서 이탈했다. 국가는 침체기를 극복했지만 부산은 그렇지 못했다. 치솟는 땅값과 공장 용지난, 주축 산업의 고도화를 이끌 대기업의 몰락, 20~30년간 진행될 만한 대형 프로젝트의 빈곤 등등. 이유는 많겠다. 결과론이지만 나는 '위대한 리더십의 부재'를 가장 큰 원인으로 꼽는다. 사회·경제·문화 다양한 분야의 리더가 있지만, 결국 부산시장에게 귀착될 수밖에 없는 이야기다. 부산시장은 생각보다 막강하다. 도시 정책의 설계부터 예산의 분배와 집행, 공무원과 산하 투자기관 인사까지…. 실로 많은 일을 할 수 있다는 점에서 시장은 대단한 자리다. 섣부르게 역대 시장의 공과를 말하자는 게 아니다. 단지 그들이 보낸 시간들을 거슬러 가보면 바람직하고 더 절실한 시장의 조건은 내놓을 수 있겠다.

우선, 부산시장은 적어도 15년 이후를 바라보는 눈을 가져야 한다. '15년'은 3선 제한까지 성공하는 경우 재임 기간 12년이 지나 후임 시장의 전임자 지우기가 본격화되는 시점이다. 재선까지 성공한다면 10년 정도면 되겠다. 물리적인 시간이 아니라 미래를 바라보는 방식을 말하는 것이다. 비전을 구체화하는 방안이기도 하다. 소속 정당이 같든 다르든, 보수든 진보든, 후임자도 계속 추진하지 않으면 안 되는 프로젝트를 만들어 갈 안목과 역량이 필요하다. 비전은 남들이 보지 못하는 미래를 보는 능력이라고 한다. 이런 비전이 있어야 지금 당장 눈앞의 문제들을 뛰어넘어 내일 이후 도시의 가능성과 잠재력을 끌어낼 수가 있다.

두 번째, 시민들을 세 번 정도 놀라게 하는 인사가 있어야 한다. 시청 내 부시장급 간부나 시 산하 공공기관장, 직간접 영향력이 닿는 문화단체장 정도면 되겠다. 자신에 반기를 들었던 사람을 앉히는 혁신 인사, 파격을 넘어 충격적이라면 더 좋겠다. 이런 인사가 세 번이라면 나머지는 염려할 일도 없을 게다. 과거 시장 가운데는 선거 때 상대 진영에 앞장섰던 간부를 승진시켜 시 살림과 인사를 도맡겼던 적도 있었다. 근래에는 이런 미담조차 전설처럼 받아들여진다. 자기 편 사람 쓰는 일은 간단하다. 유능한 재목을 선택하는 일도 어렵지 않다. 사사롭게 보지만 않으면 된다. 하지만 불편을 감수하면서 능력 있는 사람을 쓰기란 예삿일은 아니다. 인사는 곧 메시지라고 한다. 인사가 종국에는 리더의 철학과 정책 방향까지 제한하기 마련이다.

세 번째, 여론조사 결과에 연연해하지 않을 만큼의 배포가 있어야 한다. 표심에 영합해 인기 시책만 좇는 대신 옳은 일을 꿋꿋하게 밀어붙이는 신념과 소신은 시장으로서 품격을 보여주는 덕목이다. 민주제 선거의 전제에 포퓰리즘이 있다는 건 역설적이다. 대중적 인기를 마냥 무시하는 것이 아니라 양립할 수 없는 사안을 구분하는 용기가 요구된다. 버락 오바마 대통령 정권 초기 미 국방장관을 역임했던 로버트 게이츠는 이런 리더의 자질을 '도덕적 용기'라고 불렀다. "진정한 리더는 혼자 서 있을 수 있어야 하고, 거대한 도전에 맞서 진실을 말할 수 있어야 한다." 퇴임 연설에서 게이츠 장관이 남긴 말이다.

시민들이 바라는 시장은 한마디로 큰 인물이다. 사람의 그릇됨은 그 삶의 궤적이 만들어주는 것이다. 어떤 철학을 갖고, 위기 국면에 어떻게 처신했는지, 주변에 어떤 사람들이 모여 있는지, 그리고 무슨 꿈을 꾸고 있는지…. 나는 대통령과 부산시장의 자질을 굳이 구분하지 않는다. 부산시장의 소임을 훌륭하게 마친 사람이라면 검증을 거친 대권 잠룡으로 부상하는 게 마땅하다. 국가적인 안목을 넘어 글로벌시대 부산의 지정학적 전략까지 읽어내야 비로소 이 도시의 르네상스를 불러올 수 있다고 믿기 때문이다.

선거는 후보에게도, 시민에게도 기회다. 지금 상황에선 현직 시장의 재선도 그리 녹록하지 않고, 그렇다고 딱히 대항마도 두드러지지 않는다. 시민들의 고민은 더 깊다. 부산은 우리가 자리 잡고 살아가는 터전이다. 부디 비전과 용인술, 신념까지 삼박자를 고루 갖춘 시장이 부산을 다시 기회의 도시로 만들기를 희망한다.

지방의 위기가 안보의 위기다

2018. 3. 20.

국가의 안위와 개인의 행복은 늘 조응하는 것일까. 국가의 안보는 개인의 안보에 우선하는가. '그렇지 않다'고 유엔개발계획

(UNDP)은 정리했다. 소극적 평화 개념인 국가안보를 넘어서 '인간이 인간다운 삶을 영위하지 못하도록 하는 모든 것'을 안보 위협으로 규정했다. 이른바 인간안보(human security)다. 여기에는 안전과 평화, 경제발전 및 복지, 사회정의와 평등, 인권과 법치, 환경권 등 다양한 개념이 포함된다. 요컨대 안보를 군사적 요소에서 삶의 질 문제로 확장한, 새로운 패러다임이다. 1994년 「인간개발 보고서」에서 제시됐으니 제법 오래된 이야기다.

인간안보의 잣대를 들이대면 우리나라는 북핵의 위협 앞에 놓인 국가안보 못지않게 개인의 안보가 위태롭다. 인간안보의 다양한 요소 가운데 경제발전, 사회정의와 평등 같은 요소를 꺼내 지역별로 비춰보면 지방의 위기가 도드라진다. 특히 지역을 수도권과 비수도권으로 양분할 경우 위기의 양상은 극명하다. 국토의 12%에 불과한 수도권에 인구의 절반 이상, 100대 기업 본사의 95%, 전국 20대 대학의 80%, 의료기관의 51%가 몰려 있는 나라는 세계적으로 유례가 없다. 쭉정이로 전락한 지방의 위기가 국가안보의 위기보다 훨씬 심각하다는 것이다. 더욱이 이런 추세는 완화되기는커녕 갈수록 강화되고 있다.

지방은 위기를 넘어 소멸을 걱정하고 있다. 지역별 인구 추이에 따르면 향후 30년 안에 전국 84개 군 지역 가운데 69곳(82%), 3,482개 읍·면·동 가운데 1,383곳(39%)이 사라질 전망이다. 인구

학적 추계는 있을 법한 개연성을 말하는 것이 아니라 닥쳐오는 현실을 미리 보여주는 것이다. 지방이 소멸하면 모두 수도권에 모여 살면 되지 않겠느냐고? 인구가 아무리 적어도 도로, 상하수도, 전기와 같은 공공시설과 최소한의 행정서비스는 유지돼야 한다. 단적으로 주민 1인당 소요 예산을 보자. 2001년 기준으로 대도시는 43만 원, 군 지역은 200만 원 정도다. 하지만 9년 뒤 2027년에는 대도시 250만 원, 군 지역 1,170만 원으로 치솟는다. 결국 그 유지비용은 전체 사회, 모든 국민이 짊어져야 하는 세금 부담이다. 지방을 살리는 것이 국가를 안전하게 지키는 일인 것이다.

지방의 실질적인 자치와 분권을 이뤄 그야말로 국토의 균형발전을 꾀하지 않으면 국가적 위기는 피하기 어렵다. 우리나라는 전통적으로 강력한 중앙집권 국가다. 오죽하면 '사람은 나면 서울로 보내고, 말은 나면 제주로 보내라'는 속담이 아직도 유효할까. 봉건제의 역사를 지닌 유럽은 물론 봉건적 전통이 남아있는 일본과도 다르다. 인구 1000만이 넘는 선진국 중 분권 수준이 우리보다 형편없는 나라는 없다. 지방의 다양성과 역동성을 국가적 에너지로 활용하지 못하면 선진국 진입이 불가능하다는 방증이기도 한 것이다.

국정운영의 패러다임이 바뀌어야 한다. 그것도 획기적으로. 이를 위한 전제가 분권 개헌이다. 6·13지방선거 때 개헌 국민투표를 동시 실시키로 한 것은 애초 정치권이 공감대를 이룬 철석같은 약속이었다. 그러나 여야 정당은 당리당략 때문에 서로 네 탓 하기에 바쁘다. 급기야 대통령이 정부안을 마련해 오는 26일 발의할 예정이다. 대통령 개헌안이 이르면 오늘 공개되지만, 지방분권의 절실함은 담겨 있지 않은 듯하다. '연방제 수준의 지방분권'을 공약했던 문재인 대통령의 분권화 의지가 벌써 퇴색한 건 아닌지 우려스럽다. 뒤늦게 국회에서 오는 6월까지 여야 합의안을 도출하겠다고 하는데, 각론을 둘러싸고 이견이 커 성사 여부는 여전히 불투명하다.

중앙정부 관료 출신인 전 부산시장이 했던 말이 있다. "서울에 가 있으니 지방이 보이지 않더라." 당시 부산시장으로서 지방행정의 한계를 하소연한 것이다. 중앙권력은 지방분권을 권력의 제로섬 게임 내지 바람직한 정치 제도쯤으로 여기고 있다는 생각이 많이 든다. 자치입법권 및 자치재정권을 두고 지방정부와 지방의회의 역량 운운하는 데서 불신과 홀대의 왜곡된 시각을 여실히 확인할 수 있다. 자치분권은 중앙정치권이나 정부가 지방에 시혜적으로 베푸는 선물이 아니다. 지방 사람들로서는 스스로 정치행위를 선택하는 자주적 결정권인 동시에 생존권인 것이다.

매사 때가 있는 법이다. 87체제를 종언하고 새 시대로 나아가기 위한 개헌은 불가피하다. 그 개헌의 골자는 지방의 자치권을 보장하는 것이어야 마땅하다. 지방으로서는 사활이 걸린 사안이다. 수도권 주민도 분권은 안보라는 인식으로 접근해야 한다. 자치와 분권은 있으면 좋고 없어도 그만인 옵션(선택 사양)이 아니다. 지방은 다시 한 번 분권 개헌의 목소리를 높여야 한다. 거리에서 촛불이라도 들어야 할 절박한 처지다. 또 골든타임을 놓쳐서는 안 된다.

지방이 실종된 지방선거

2018. 5. 1.

'대통령은 국민이, 국회의원은 시민이, 지방 단체장은 주민이 뽑는다'는 말이 있다. 짤막하지만 이렇게 적확하게 각급 선거의 속성을 짚어내는 표현도 없지 싶다. 지방선거는 국가의 국민으로서 보다는 한 지역공동체 '주민'으로서 삶의 변화를, 투표를 통해 모색하는 절차다. 그런데 6·13지방선거를 불과 42일 앞둔 현재 지역 주민도, 지방도 보이지 않는다. 지방분권이나 정책, 공약 등 선거 쟁점이 남북 정상회담 같은 초대형 이슈와 중앙정치권의 정쟁에 뒷전으로 밀려난 형국이다. 지방선거에 '지방'이 실종된 것이다.

실제 유권자들 사이에서도 이번 선거에 관심 자체가 적다. 지난 4월 초 실시한 여론조사(쿠키뉴스)를 보면 가장 관심이 가는 사회 현안을 '지방선거'라고 답한 응답률은 14.7%에 그쳤다. 이에 비해 '남북문제'를 꼽은 응답률은 30.5%로 두 배 이상 높았다. 이런 추세는 50대(36.9%) 60대(42.2%)로 갈수록 더 강했다. 선거기간에는 돌발 변수가 많이 발생하기 때문에 예단하기 어렵지만, 올해 지방선거에서 지방문제가 오롯이 중심 무대를 차지하기는 어려울 듯하다. 남북 정상회담은 막을 내렸다. 그러나 선거 목전인 5월 하순 북미 정상회담이 예정돼 있고, 남·북·미, 북·러, 한·중·일 등의 정상회담이 잇달아 열릴 가능성도 높다.

사실 외적 변수가 없는 선거는 없었다. 4년 전 6·4지방선거에서는 세월호 참사가 선거기간 전체를 관통하면서 지역 현안들도 침몰되다시피 했다. 2010년 6·2선거 때는 천안함 사건이 선거판을 흔들었다. 그래도 앞서 두 번의 지방선거는 이번 같지는 않았다. 2010년 지방선거 때는 무상급식이 핵심 의제였다. 이른바 '보편복지와 선별복지' 논쟁이 선거 구도를 갈랐고, 2014년 선거 때는 안전문제가 정책과 공약의 중심에 자리 잡았다. 하지만 올해는 국가적 현안에 '지방'이 끼어들 틈이 없어 보인다. 한반도의 운명을 가름하는 남북문제가 결코 가벼운 사안이 아니나, 여기에 지방선거가 묻혀버리는 것은 바람직하지 않다.

대개 선거판에 미치는 핵심 변수로 구도, 이슈, 인물 세 가지를 꼽는다. 지방선거는 정권에 대한 중간평가 성격을 갖게 마련이다. 자유한국당은 '나라를 통째로 넘기시겠습니까'를 선거 슬로건으로 내걸었다. "사회의 모든 분야가 국가사회주의로 넘어가고 있다"며 문재인 정권 심판론을 부각한 것이다. 하지만 남북 정상회담이 성공적이라는 평가가 지배적인 데다 워낙 세계사적이고 당위적인 사안들이어서 이런 슬로건을 유권자들이 어떻게 수용할지 미지수다. 오히려 역효과를 불러오지 않을까 모르겠다.

초대형 이슈가 지배하는 선거는 '공중전'으로 치러지는 경향이 있다. 전국적인 바람을 일으켜 선거의 승세를 잡겠다는 전략이다. 이럴 경우 후보들은 개인의 경쟁력보다 국가적 이슈에 편승하려는 행태를 보인다. 이번에 유독 심하다. 가뜩이나 여당 후보들이 '문재인 효과'에 기대려고 안달하는 상황에서 인물 위주의 선거도 바라보기 어렵게 됐다. 인물난을 겪는 야당도 바닥 민심을 훑으면서 각개전투식 '지상전'을 전개하기는 만만찮아 보인다.

6·13지방선거는 광역·기초단체장, 광역·기초위원, 교육감 등 전국적으로 4,000명이 넘는 지역 일꾼을 선출한다. 부산만 해도 182명에 달한다. 선거는 사람만 뽑으면 그만인 절차가 아니다. 어쩌면 지난 4년의 공과를 평가하는 것은 도리어 표피적인 일이다. 지역 현안을 다시금 살피면서, 미래 전략을 새로 점검하고 수립하는 일이 더 중차대하고 본질적일 수 있다. 정책선거를 그렇게 강조하고 후보의 공약을 면밀히 살펴야 한다는 것도 이 때문

이다. 이 작업이 소홀하게 되면 향후 4년도 실속 없이 무망하게 시간만 보낼 공산이 큰 것이다.

더욱이 이번 선거는 2016년 말 전국의 광장·거리에 모인 촛불민심을 다시 한 번 선거라는 절차적 민주주의에 배양할 수 있는 계기가 될 수 있다. 지난해 5·9대선은 촛불시위에 이은 박근혜 전 대통령의 탄핵으로 만들어진 것이었다. 당시 한결같은 바람이 민생을 살피는 정치와 민주주의의 정상화에 대한 요구였다면, 그 정신은 이번 지방선거에서 보다 구체적이고 실천적으로 구현되는 것이 마땅하다.

6월 개헌이 물 건너 가면서 지방분권에 대한 열망도, 논의도 식은 것 같다. 시대의 흐름으로 봐도 분권으로 가야만 하는 길목에 서 있는 이번 선거에서 이 의제를 제대로 살려내지 못하는 것이 못내 아쉽다. 개헌과 상관없이 지방재정 자립 강화, 조례 제정 및 집행 수준 이상의 권한 부여 등 실질적인 지방분권을 확대하는 방안은 여전히 가능하다. 일상의 안전과 평안, 그리고 지역공동체 일원으로서의 행복을 보장하는 것은 시장이나 구청장의 책무다. 이것이 풀뿌리 민주주의 아닌가. 후보들은 물론 유권자들도 대형 이슈에만 매몰되면 안 되는 이유다.

박무성 세상을 읽다   박무성의 한 뼘 더 보기

엄마를 잃어버린 시대

2009. 2. 27.

 '엄마'와 '어머니'는 다른 존재다. 중년을 넘긴 나이에도 어머니 대신 엄마라는 말을 포기하지 못하는 까닭을 생각해본 적이 있는가. 어린 시절 학교를 다녀와서 가방도 놓지 않은 채 찾는 사람, '엄마!'. 그런데 엄마는 없고 집안이 텅 비어 있을 때 갑자기 밀려드는 당혹감, 상실감. 엄마는 처음부터, 언제나 그곳에, 그렇게 있어야 하는 당연한 존재였다. 그것도 맹목적이고 헌신적으로. 하지만 그건 우리가 엄마한테 덧씌운 멍에인지도 모른다.

 신경숙 씨의 장편소설 『엄마를 부탁해』(창비)가 야단법석이다. 올 들어 3주 연속 베스트셀러 1위에 오르면서 출간 2개월여 만에 발행 부수 34만을 돌파했다. 극심한 경기침체와 맞물려 '엄마 신드롬'이라는 사회현상까지 불러일으키고 있다. 요즘 독서 경향이 10년 전 IMF(국제통화기금) 외환 위기 때와 판이하게 다른 것은 사실이다. 그때는 경제·경영서적이나 자기계발 등 실용 서적이 주를 이뤘지만, 지금은 오히려 문학에 쏠린다. 지금 그 중심에 '엄마'가 있다. 작가는 '엄마라는 말에는 친근감만이 아니라 나를 돌봐주고 옳고 그름을 떠나 언제나 내 편이 돼 달라는 호소가 배어 있다'고 썼다.

'엄마를 잃어버린 지 일주일째다'로 시작하는 소설은 엄마의 실종을 계기로 가족들의 역할과 관계, 이에 따른 내면의 의식을 탐색한다. 아버지 생신을 맞아 네 자식이 살고 있는 서울에 도착한 엄마가 지하철역에서 아버지를 놓쳐 길을 잃는다. 전단을 만들어 뿌리고 백방으로 뛰어 보지만 엄마는 종무소식이다. 그동안 너무나 당연시했던 엄마의 존재를 되새기며 절규하는 가족들. 큰딸, 큰아들, 아버지, 어머니 자신, 그리고 작은딸로 시점이 바뀌면서 엄마와 그 삶의 결들이 절절하게 그려진다.

누구에게나 있는 존재라는 점에서 엄마라는 소재는 아주 평범하다. 하지만 사망으로 인한 단절이 아닌 '엄마의 부존재'는 당혹스러운 것이다. 실종된 엄마의 흔적을 추적하면서 추리소설 같은 팽팽한 긴장감을 끝까지 유지하는 것도 이 소설을 단박에 읽게 하는 요소다. 각자의 관점에서 엄마를 그려나가는 모놀로그가 하나의 모자이크화로 완성되면서 소설 속의 엄마는 곧 독자인 우리 엄마로 오버랩된다.

작가는 전북 정읍이 고향이다. 열다섯 살에 서울로 가 공장에

다니며 산업체 특별학급에서 공부하기도 했다. 서울로 간 건 '공부를 더 해야 한다'는 엄마의 성화 때문이었단다. 서울로 가는 야간 열차에서 작가는 언젠가 엄마에게 바치는 헌사 같은 작품을 쓰겠다는 생각을 했다고 한다. 강인하고 근엄한 어머니, 절대적인 구원의 모습을 한 어머니를 그리려고 했던 것 같다. 하지만 작가는 그런 어머니를 그리지 못했다. 어느 인터뷰에서 그는 "엄마를 인간적인 존재로 접근하고 위로하겠다는 마음으로 내려오면서 작품이 제 자리를 찾았다"고 털어놓았다.

소설 속 엄마는 끝도 안 보이는 부엌데기 노릇에 염증이 날 때면 아무도 모르게 항아리 뚜껑을 던져서 깨는 일로 가슴 속 응어리를 푼 적도 많았다. 또 '행복할 때보다 불행할 때 찾아갈 수 있는' 남모르는 남자도 있었다. 붉은색 장미를 무척 좋아하는, 엄마이기 이전에 한 여인이었다.

엄마는 당연한 존재가 아니다. 확인하는 대상이 아니라 추구해야 하는 대상이 아닐까. 작가는 지금은 엄마를 잃어버린 시대라고 했다. 소설은 어머니의 부재를 이야기하면서 역설적으로 우리에게 아직 늦지 않았음을, 아직 사랑할 시간이 많이 남아있음을 보여주고 있다. 의외로 많은 독자들이 이 소설을 보면서 눈물을 흘렸다고 한다. 작가는 이렇게 전한다.
"슬픔의 눈물이 아닌 치유의 눈물이기를 바랍니다."

오바마 대통령이 정녕 행복한 이유

2009. 2. 7.

출판시장에서 버락 오바마 미국 대통령의 열풍이 가라앉지 않고 있다. 취임 보름이 지났는데도 여전히 매주 서너 권의 신간이 쏟아지고 있다. 6일 현재까지 확인된 것만 48권. 이 가운데는 만화 2권을 포함한 어린이 도서가 5권, 오마바 대통령의 연설문을 소재로 한 중·고생 논술교재 2권도 있다. 책의 내용이나 질은 차치하고 '오마바 브랜드'를 등에 업은 물량 공세라는 점은 부인하기 어렵다. 인쇄나 기획 중인 책도 제법 있다는 점을 감안하면 조만간 100권을 넘을지도 모르겠다.

오바마 대통령에 대한 기대와 환상이 현실의 벽에 부딪히면 그 인기나 관심도 급속히 떨어지게 마련일 것이다. 하지만 정도의 차이는 있을지언정 출판시장의 오마바 열기는 세계적인 현상이다. 경제위기에 따른 재정적, 심리적 위축 때문인지 대형 기획물이 예년에 비해 훨씬 줄어드는 상황에서 오바마는 가장 안전성이 보장되는 출판 테마가 아닐 수 없을 것이다.

본고장 미국의 상황은 어떨까. 오바마는 대통령이기에 앞서 미 출판계를 이끌어가는 베스트셀러 저자로서 이미 입지를 다졌다. 그를 출판계의 스타로 만들어준 책은 2006년 10월 출간된『담대한 희망』. 그의 정치철학과 비전을 담은 이 책은 지난해 12월 페이퍼백 종합순위 3위에 오르는 등 42주 연속 베스트셀러 반열에 앉아 있다. 오바마가 출판계에 처음 등장한 것은 1995년으로 거슬러 올라간다. 그의 자서전『내 아버지로부터의 꿈(Dreams of my father)』은 하버드대학 사상 흑인으로선 최초로 법률잡지 '하버드 로 리뷰'의 편집장이 된 이후 쓴 것이다. 최근 번역된 것은 2004년 개정판으로, 뉴욕타임스 베스트셀러 1위에 오르기도 했다.

오바마의 상승기류는 당분간 계속될 것으로 미국 출판계는 내다보고 있다. 그의 정책 사상·리더십 등 대통령직과 직접 연관된 책뿐만 아니라 흑백 간의 갈등, 아프리카계 미국인들의 정체성 문제 등 관련 인문·학술 분야의 출간도 활기를 띨 것으로 예상하고 있다. 미국 출판계에 단골로 등장하는 링컨, 케네디, 카터, 클린턴 등 역대 대통령 관련 서적에 버금갈 정도로 다양한 분야의 출간이 몇 년간 지속될 것으로 기대하고 있다.

정치인이 책을 내는 일은 우리 사회에서도 흔한 일이 됐다. 선거철이 되면 여기저기서 쏟아져 나오는 정치인들의 출판물이 홍수를 이룰 정도다. 대다수가 대필한 것이기도 하고, 들여다볼 만한 책이 드물다는 것도 사실이다. 애초부터 이념이나 철학을 이야기하기보다 출판기념회 개최 내지 얼굴 알리기를 위한 명함용이 목적이라는 점도 부인하기 어렵다. 심지어 '애꿎은 나무가 몇 그루나 희생됐을까' 애도하게 만드는 책도 많지 않은가.

오바바의 (직접 쓴) 책들은 읽을 만하다. 아니 읽어볼 필요가 있다. 그가 세계 최고의 권좌에 있기 때문이 아니다. 그의 책에는 문학적 감수성과 시적 상상력이 있다. 또 백인 어머니와 흑인 생부, 동양인 계부 사이에서 정체성을 찾아가는 힘겨운 성장 과정, 인권변호사로서 인간에 대한 따뜻한 시선과 신뢰, 하버드 로스쿨 시절의 열망과 비범함, 냉혹한 정치세계에서의 승부사 기질 등 용기 있게 살아온 한 인간의 다양한 편력을 읽을 수 있다.

올해 불과 마흔여덟인 오바마가 정녕 행복한 것은 대통령에도 당선되고, 책 또한 잘 나가는 베스트셀러 주인공이어서가 아니다. 그 훨씬 이전부터 자신의 삶과 생각을 책으로 펴내 독자들과 소통할 수 있었고, 대통령이 된 후에는 자국 국민이, 세계 시민들이 그의 책을 읽고 먼저 '자연인 오바마'를 이해하려고 한다는 데 있다. 이 점이 그에게 희망과 변화를 기대할 수 있는 더 큰 이유다.

정주영, 이건희 뛰어넘기

2009. 3. 28.

6·25전쟁이 끝난 직후 미8군은 부산 유엔묘지 단장 공사를 서둘렀다. 참전국 유엔 사절들의 참배를 불과 닷새 앞둔 시점이었

다. 문제는 한겨울에 잔디를 깔아 녹색으로 꾸며야 한다는 것. 말도 안 되는 발주 조건이었지만 초창기 현대건설은 공사를 따냈고, 정주영은 미군 측 요구대로 묘지 단장을 끝냈다. 공사를 발주한 미군 측은 "원더풀"을 외쳤다. 비록 잔디가 아닌 보리 포기를 떠다 묘지를 입혔지만. 낙동강 일대 보리밭을 통째로 사들여 공사를 진행했던 정주영은 실제 공사비보다 세 배를 더 받아냈다고 한다. 고 정주영 현대그룹 명예회장의 두둑한 배포와 기발한 사업수완을 보여주는 전설 같은 에피소드 중 하나다. 그러나 이 이야기가 '콜럼버스의 달걀'로 윤색된다면 조금 당혹스러워진다.

유례없는 경제위기를 맞아 신자유주의와 세계화에 대해 비판적으로 접근하는 진보적 시각의 서적 출간이 활발해지고 있는 대척점에는 보수적 시각의 책들이 또 다른 출판 붐을 이루고 있다. 지난주 『정주영 뛰어넘기』에 이어 그의 일화를 정리한 『경제위기? 나 이길 수 있어?』가 나왔다. 이들과 나란히 『스물일곱 이건희처럼』도 서점의 신간 코너를 차지하고 있다.

『정주영 뛰어넘기』는 IMF(국제통화기금) 외환위기 때 나왔던 『정주영의 성공 손자병법』이 10년 만에 재출간된 것이다. 전체적으로 내용을 조금씩 손보고 새로운 것은 보강해 책 이름을 바꿨다. 지은이 엄광용은 경제위기를 극복하기 위해서는 '한국경제의 거대한 산맥'인 정주영을 뛰어넘어야 한다고 주장한다. 물론 여기서 '뛰어넘기'는 지양(止揚)이 아닌 지향(志向)을 주문하는 것이다. 요컨대 정주영식 성공철학이 여전히 유효한 대안이라는 뜻이다.『경제위기? 나 이길 수 있어?』는 서강대 박명훈 교수가 지난 1980년 기자로 지낼 당시 지켜본 정주영 현대그룹 명예회장의 일화를 다듬어 엮은 책이다.

『스물일곱 이건희처럼』은 한마디로 20, 30대들에게 제시하는 역할모델이다. 미래를 준비하기 위해 현실을 어떻게 바라보아야 하고 얼마나 독하게 공부해야 하는지 이건희를 통해 배우라는 메시지다. '스물일곱'은 이건희 인생의 전환점. 특출한 게 없어 아버지 이병철 회장으로부터 "네 성격에 기업은 맞지 않는 것 같으니 매스컴은 어떠냐"는 말을 듣고 당시 TBC(동양방송)에 입사했던 시기다. 저자 이지성은 이때 이건희가 현실감각과 성공관념을 깨치고 진짜 공부를 시작한 '삶의 터닝 포인트'라는 점에 주목한다. 재미있는 건 '정주영식 모델이 아니라 이건희식 모델이 필요하다'는 대목이다. 지금은 성실하게만 일하면 성장을 보장받던 산업시대가 아니라 무한경쟁 속에 끊임없이 공부하고 변화해야 하는 지식사회라는 게 그 이유다.

'코리아'는 몰라도 '쌤성'(SAMSUNG)이나 '현다이'(HYUNDAI) 브랜드를 알고 있는 외국인은 많다. 현대를 창업한 정주영이나 글로벌기업 삼성을 키워낸 이건희의 존재감이 가볍다고 그 누구도 이야기하지 않는다. 정주영은 살아생전에 '왕회장'이었고, 이건희 역시 신화적 존재다. 그들로부터 위기 극복의 전략을 배워야 한다는 명제도 부인하기 어렵다. 하지만 신화는 아니다. 삼성의 제일주의 아래에는 아직도 노조조차 인정하지 않는 구시대적 전제주의와 재산 편법 증여라는 천민자본주의의 그늘이 짙다. 현대 역시 수백억 원대 비자금사건의 어두운 기억을 채 씻어내지 못한 상태다.

이들의 신화는 '아 옛날이여'를 노래하며 보수로 회귀하고 싶은 노블리스들의 향수이자 위무는 될 수 있을지언정 알바 자리조차 구하기 힘든 지금 20, 30대들에게 희망의 모델은 아닌 듯하다. 『스물일곱 이건희처럼』은 그의 성공신화가 '재벌 아들이니까 가능했지라는 생각을 애초에 집어치워라'고 질타한다. 하지만 분명하게 말할 수 있는 건 부자는커녕 내세울 것 없는 평범한 소시민을 아버지로 둔, 그래서 2009년 스물일곱 나이를 취업준비생으로 살아가고 있는 젊은이들 중에는 '스물일곱 이건희'보다 엄청 치열한 인생이 많다는 거다. 그건 그들의 삶이 훨씬 더 절박하기 때문이다. 영웅이 아닌 '인격화'된 정주영과 이건희를 보고 싶다. 잘한 건 잘했고, 아닌 건 아니라고 이야기해야 한다. 그게 정녕 정주영과 이건희를 뛰어넘는 길이다.

다시 5월, 아버지를 묻다

2009. 5. 2.

이 땅의 아들딸에게 던지는 질문이다. 당신은 다음 중 어떤 모습의 아버지를 바라는가? 1. 비록 바깥세상에서 성공하지는 못해도 착하고 정직하며 도덕적인 아버지. 2. 정직하지는 않아도 사회적으로 성공하고 강한 아버지. 물론 1과 2를 적절히 겸비한 아버지를 원한다며 이분법적 질문 자체에 문제점을 제기할 수 있겠다. 하지만 그런 아버지 상을 구한다면 신을 찾는 게 나을 것 같다. 1을 선택한 사람은 (개인적 경험이나 생각이) 특이하거나 아니면 위선자다. '정당한 행동을 했지만 사회적 성공을 거두지는 못한 아버지보다 승리를 거머쥔 부정한 아버지를 훨씬 더 선호하는 경향'은 동서를 막론한 문화사가 여실히 보여준다.

"나와 함께 있을 때는 친절하고 공평하고 정의로워야 해. 그리고 나를 사랑해야 해. 하지만 다른 사람들하고 있을 때는 제일 강한 사람이어야 해. 폭력이나 나쁜 방식을 사용해서라도." 아버지는 이런 모순된 기대를 요구받는 존재다. 그래서 '사랑의 법칙'과 '권력의 법칙'에서 갈팡질팡할 수밖에 없는… 이른바 부성(父性)의 패러독스다.

이탈리아 출신 분석심리학자 루이지 조야가 쓴 『아버지란 무엇인가』(르네상스)는 카를 구스타프 융의 심리학적 개념에 근거해 부성의 원형과 상실 과정을 추적하고, 그 부활을 모색하는 역작이다. 영문판 원제는 '아버지-역사적·심리학적·문화적 접근'. 제법 두툼한 분량에 딱딱한 책 제목이 전공서적 같은 인상이지만 재미있게 읽힌다. 많은 통찰과 공감을 안겨주면서 때론 책을 덮고 아버지를 사색하게 만든다. 저자는 모성과 부성을 근본적으로 다른 것으로 본다. 모성은 임신과 출산을 통해 어머니로서 어떻게 행동해야 하는지 본능적 선험적으로 알고 있는 것이다. 반면 부성은 생물학적으로 주어진 행동양식이 아니라 사회적으로 덧씌워지고 문명 속에서 탄생한 정신적인 각성이다.

부성은 로마시대에 절정에 달했다. 아버지로선 그때가 최고였다는 이야기다. 로마법에서 부권은 아들을 낳은 것으로 절로 생기는 권위가 아니었다. 아버지가 되겠다는 수락 의식(아들을 안아 높이 들어 올리는 몸짓)을 통해 비로소 획득할 수 있었던 것이다. 하지만 로마시대 이후 중세 때는 가톨릭의 신에 의해서, 유럽의 혁명기에는 평등정신에 의해, 지금은 세계화의 추세 속에 아버지들은 파편화되면서 오로지 가족의 생계를 유지하는, 경제적 능력만으로 평가되는 존재로 전락했다. 아버지가 사라진 시대가 된 것이다.

부성의 상실은 궁극적으로 문명의 해체를 초래한다는 게 저자의 해석이다. 아버지의 부재는 한 사람의 인생 전체와 심지어 그 다음 세대까지 상처를 입히기도 하기 때문이다. (소설가 장정일은 2006년 발간한『장정일의 공부』에서 고 박정희 전 대통령이 나폴레옹과 히틀러의 전기를 탐독하고, 갑자기 교사직을 그만둔 뒤 일제의 군인이 된 배경에는 자신에게 없는 것이나 마찬가지였던 '부실한 아버지'의 부정적 영향이 컸다고 풀어냈다. 부성의 부재로 인해 강한 남성성을 희구하게 된 심리적 기제가 이어 군사쿠데타를 일으키고 독재자의 길을 걷게 했다며 정치심리학의 가능성을 타진했다.) 부성은 전통의 가치와 지혜를 가르치고 세대 간 소통을 가능하게 해주는 긍정적인 권위다. 억압적인 가부장적 권위나 폭력적인 남성성과는 끊임없이 충돌할 수밖에 없는 존재인 것이다. 따라서 부성을 되찾는 일은 한 사람의 개인적인 문제가 아니다. 이것은 사회 전체가 벌여야 할 싸움이며, 실패한다면 문명 자체가 붕괴될 수 있다는 설명이다.

이 땅의 아버지들에게 드리는 당부이다. 5일과 8일 어린이날과 어버이날이 이어진다. 슬하의 자식이라면 로마의 아버지들처럼 아이를 하늘 높이 번쩍 들어 올려보자. 또 이미 장성해 시집장가 가서 독립해 있는 자식들이라면 용돈 봉투나 선물 하나씩 들고 찾아오게 마련일 게다. 이들 다 큰 자식은 무척 쑥스럽더라도 아버지가 먼저 안아줘보는 거다. 아무 말 필요 없이. 로마인의 거양의식은 아이의 정신적 탄생뿐 아니라 아버지가 아버지로서 정신적으로 탄생한다는 의미를 동시에 갖고 있는 행위였다. 아버지는 부성을 잃었을지언정 자식들은 여전히 아버지를 갈망한다고 한다. 저자는 단언한다. '부성을 포기하는 것은 더 나은 시대의 가능성을 포기하는 것이다.'

나이 드는 것이 미덕이 되려면
2009. 6. 6.

지미 카터 전 미국 대통령이 은퇴 이후의 소소한 일상사와 생각들을 담아냈던 『나이 드는 것의 미덕(The Virtues of Aging)』이 국내에 번역출판된 것은 1999년이었다. 이 책을 다시 찾아든 건 노무현 전 대통령이 서거한 다음 날, 일요일 밤이었다. 먹먹한 서글픔과 가슴을 짓누르는 듯한 답답함이 견디기 힘들었다. 노 전 대통령이 '한국판 지미 카터'가 되기를 기대했었다. 카터처럼 퇴임한 뒤 오히려 평화와 민주주의의 메신저로 자신의 역할을 성공적으로 수행하면서 자국민은 물론 세계인의 존경을 받는 이 시대의 '원로'가 되기를 바랐던 거다. 전직 대통령이 스스로 죽음을 택한 연유야 어떻든 단지 이 순간의 삶이 더 소중하다는 것을 증거하고 이 책을 통해 다시 확신하고 싶었는지도 모르겠다.

꼭 10년 전엔 책의 부피(168쪽)만큼 가볍게 읽었던 것 같다. 카터센터를 설립하고 국제분쟁을 해소하는 데 어떻게 기여했다는 등의 거창한 정치철학은 없었다. 그냥 평범한 노인의 삶을 즐기게 된 과정을 담백하게 적어 놓았다. 얼마나 자상하던지 집안 정리, 인터넷, 오디오북 만들기 따위의 '나이 든 사람들이 시도해볼 수 있는 도전들'까지 소상하게 소개했다. 한국적 상황에선 전직 대통령의 생활로 상상하기 어려울 만큼 신선하고 부럽다는 느낌, '대통령이 되지 말고 바로 전직 대통령이 됐으면 좋았을 사람'이라는 농담 섞인 평판에 공감했던 기억이 남아 있다. 그러나 요 며칠 꼼꼼하게 뜯어본 책은 무게감이 달랐다. '지미 카터'와 '노무현'의 미국적 삶과 한국적 죽음, 정치적 도전과 좌절, 국민장 기간 이런저런 사람들의 발언과 반응 등이 오버랩되면서 말이다.

1980년 카터가 재선에 실패하고 백악관을 떠나야 했을 때 그의 나이는 불과 쉰여섯이었다. 50대 중반에 자신의 의지와 상관 없이 실직자가 된 것이다. 게다가 당시 고향 플레인스의 농장은 관리부실로 100만 달러 이상의 빚을 안고 있었다. 카터 부부는 엄청난 열패감에 시달렸다. "지난 과거를 잊는 것이 쉽지 않았고, 미래에 대한 두려움을 극복하고 오직 현재 생활에 집중하는 것도 어려웠다. …우리의 생산적인 활동이 모두 끝났다는 사실을 의미하는 것 같았다." 하지만 카터는 멋지게 인생의 반전을 꾀한다. 그 단초는 결국 현실을 인정하는 것이었다.

정치인들이 권좌를 떠난 뒤 감내하기 힘든 가장 큰 고통은 자신의 '존재감'을 확인할 수 없다는 것이라고 한다. 하긴 동네 친목회나 직장 내 조직에서조차 '대장' 자리에서 물러나면 미련과 아쉬움이 큰 법인데 국회의원, 심지어 대통령이라면 어떠할지 짐작하기 어렵지 않다. 권세가 높으면 높을수록 그것을 잃는 순간 추락하는 존재감의 심연도 깊다는 사실을 체득하고 있기에 그렇게들 연연해하는 것일 터다. 카터가 퇴임 후 자신의 현실을 있는 그대로 받아들일 수 있었던 것은 '실패한 대통령'이었기 때문이라는 분석이 있다. 스스로를 부정할 수 있었다는 이야기다.

노 전 대통령의 장례 기간 어느 노 (명예)교수는 자신의 홈페이지에 올린 글로 세간의 입방아에 오르내렸다. '순교자도 희생양도 아니고 한 인간으로 누릴 수 있는 모든 영화를 다 누렸고 저승으로 가는 길도 본인이 선택한 것일 뿐…'이라고. 비슷한 쇳소리를 적잖은 사람들이 했다. 입장이야 어쨌든 당사자가 누구든, 한 생명의 죽음 앞에서 그 같은 경솔함은 세상사 연륜이라는 것까지 깃털처럼 날리게 만들었다. 여전히 과거에 머물면서 자신의 존재감을 확인하고 싶은지 한 번씩 엉뚱한 언행을 서슴지 않는 추레한 '전직'들, 아직 우리 주변에 참 많다.

'지금 이 순간 생생하게 깨어 있어야 한다. 불행까지도 생생하게 인식하고 관찰할 때 비로소 그것으로부터 자유로울 수 있다. 지금의 상실은 곧 존재의 상실이다.' 캐나다의 영적 지도자 에

크하르트 톨레가 깨달음에 대해 쓴 『지금 이 순간을 살아라(The Power of NOW)』에 나오는 구절이다. 퇴임 후 카터는 전직 대통령으로 살지 않았다. 자신이 좋아하는 목공일을 살려 무주택자에게 집을 지어주는 해비타트 운동을 벌였고, 플라이낚시와 등산에 취미를 붙여 히말라야와 킬리만자로에 올랐다. 카터가 나이 들어 비로소 깨달은 가치는 두 가지였다. 새로운 것을 배우고 도전하는 즐거움과 베푸는 삶. 카터의 결론은 이렇다.

'인생이란 점점 확대되는 것이지 축소되는 것이 아니다. …후회가 꿈을 대신하는 순간부터 우리는 늙기 시작한다.'

헝가리 사과장수 할머니의 상식

2009. 6. 27.

10년 전 헝가리로 이민 간 어느 주부의 체험담이다. 한두 달 지나 그곳 생활에 조금씩 적응할 즈음 이해 안 되는 일 중 하나가 물건을 사고파는 행태였다. 시장 사과장수 할머니는 잘 익은 것 두 개, 그저 그런 정도 세 개, 흠집이 많아 제대로 팔릴 것 같지 않은 사과 두 개 등의 비율로 섞어 팔았다. 늘 그랬다. 몇 개월 더 지나 헝가리 말도 익숙해지고 자신감이 붙자 작정을 하고 사과장수 할머니를 찾았다. "돈 더 드릴 테니 이쪽 좋은 사과로 일곱 개 주세요." 말이 떨어지기 무섭게 할머니는 바구니를 낚아채더니 자기

방식대로 담아준 사과를 쏟아내버렸다. 경멸스럽다는 표정이 가득했다. '봉변'을 당한 주부는 너무 창피해 도망치듯 그 자리를 피했다. 한 달 이상 사과도 사 먹지 않고 지냈다. 그러다 위층에 사는 아주머니한테 자초지종을 설명한 뒤에야 그 연유를 들었다. "만약 그런 식으로 먼저 온 사람이 좋은 사과 다 사 버리면, 나중에 오는 사람은 어떻게 하느냐." (사회주의 헝가리의 상식과 자본주의 한국의 상식이 달랐던 거다.)

차병직 변호사가 지난주 펴낸 『상식의 힘』(홍익출판사)에 소개된 내용이다. 참여연대 협동사무처장, 상임집행위원장을 지내기도 한 차 변호사는 스스로를 '낙천적 냉소주의자'로 부른다. 그는 이 책에서 운전·음식·일기예보·스포츠 등 평범한 일상에서부터 경제·법률·문화예술·학문연구의 자유 등 거시적 담론에 이르기까지 상식의 힘에 의해 작동되는 사회의 다양한 모습을 현미경처럼 들여다본다. 상식(common sense)의 사전적 정의(두산백과사전)는 '전문적인 지식이 아닌, 정상적인 일반인이 가지고 있거나 또는 가지고 있어야 할 일반적인 지식·이해력·판단력 및 분별력'이다. 여기서 상식의 중요한 역할인 비판 기능이 나온다. 상식 수준에서 세상을 판단하는 기준이 생기고, 비판을 하게 된다는 이야기다. 상식의 기준에서 벗어나면 이해할 수 없는 것(상식 밖), 불합리한 것(비상식), 어리석은 것(몰상식)쯤으로 받아들이게 될 테다.

'아는 게 병'이라는 말은 바로 상식을 염두에 둔 격언인 듯하다.

분별력 때문에 '상식 밖'이나 비상식, 몰상식한 세상사가 훨씬 많아 보이게 마련이다. 이미 많이 알려졌지만 '상식 밖의 사실'을 한번 들여다보자. 현재 지구에 살고 있는 인류는 대략 65억 명. 이 중 절반에 육박하는 30억 명가량이 하루 2달러 이하로 생계를 꾸려가고 있다. 1달러도 안 되는 돈으로 하루를 사는 사람은 12억 명 정도다. 매일 굶어 죽는 사람은 2만 5,000명, 10세 미만의 경우 5초에 한 명꼴로 아사한다. 더더욱 납득하기 어려운 건 빈곤과 굶주림의 구조다. 세계식량기구(FAO)는 1984년 당시 인류가 120억이 되어도 모두 충분히 먹고 살 수 있다고 발표했다. 현재 곡물 생산량만으로도 지구상의 인구 1인당 매일 3,500칼로리씩을 공급할 수 있다고 한다(305~306쪽). 과연 상식이 통하는 세상인가?

'상식'의 뜻풀이에 백과사전은 철학을 끌어다 부연 설명을 달아놓았다. '…철학은 누구나 다 상식이라고 생각하고 자명하다고 인정하는 사실을 근본적으로 전복하고 처음부터 다시 고찰하는 데서 시작하는 것이다.' 상식과 철학의 변증법이라 할 수 있겠다. 기존의 상식을 뒤엎는 새로운 상식이 등장할 때마다 사회도 의식도 한 단계씩 성숙해간다는 입장이다. 이런 관점에서 보면 우리 현실의 몰상식 역시 심각하다. 「교수신문」(6월 22일자)에 따르면 전국 177개 4년제 일반대학 가운데 철학과가 설치돼 있는 대학은 55곳으로, 지난 10년 동안 8개 대학의 철학과가 폐과됐다. 김영균(청주대 문화철학과) 교수는 "변질된 학부제와 함께 경쟁과 효율을 중시하는 풍조가 철학과를 포함한 기초학문의 붕괴를 초래하고 있다"고 분석했다.

상식이 통하는 세상이면 참 좋겠다. 알량한 지식인이 곡학아세(曲學阿世)하지 않고, 권력의 끄트머리가 호가호위(狐假虎威)하지 않고, 졸부들이 허장성세(虛張聲勢) 부리지 않는 그런 세상 말이다. '상식의 힘'은 상식이 통하지 않는 세상에 대한 역설적인 고발로 읽힌다. 지은이는 토마스 칼라일의 대표적 저서 『의상 철학』을 언급하면서 이런 주문을 한다.

'인간의 정신과 영혼은 삶의 도구라는 점에서 의복이나 마찬가지다. …매일 아침 출근하기 위해 골라 입는 육신의 옷을 펼쳐보듯, 자신의 정신적인 의상을 점검할 줄 알아야 한다. 계절과 날씨에 따라 옷을 결정하듯, 더불어 사는 인간과 자기가 속한 사회에 맞는 생각을 갖추어야 한다.'

일이란, 두 마리 토끼를 쫓아야 하는 운명 같은 것
2009. 8. 29.

여느 월급쟁이들이 갖고 있는 유치하지만 간절한 꿈이 있다. 수십억 원짜리 로또 당첨. 그 다음 날 보기도 싫은 부장 자리에 사직서 던져놓고 사무실 문을 박차고 나오는 거야. 일단 고생시킨 식구들 데리고 유럽 여행부터 다녀온 다음, 목 좋은 상가건물 하나 사들여 임대료 받고 은퇴인생을 즐기는 거지. 아니라고? 그렇다면 당신은 퇴직한 선배의 이런 이야기에 훨씬 더 공감하는 '건전한' 직장인이 틀림없다. "갓 60 넘은 나이에 아침 일찍 잠은 깨는데 마땅히 갈 곳이 없어봐. 돈 아쉽지 않아도 일 없어 우울증 걸린 은퇴자들 많다고. 그러니 지금 회사 '고맙다' 생각하고 정년까지 열심히 다녀."

현대인에게 일이란 크게 두 가지 의미를 지닐 터이다. 하나는 이른바 '생존 명령', 쉽게 말해 먹고 살기 위해 마지못해서 하는 것이다(물론 억대 연봉을 자랑하며 '경제적 자유'라는 숭고한 가치를 추구하는 전문직들도 적지 않다). 또 다른 하나는 '자아실현'. 거창한 표현이 거북하다면 자신의 정체감과 사회적 존재감을 확인하게 해주는, 삶의 의미쯤으로 풀면 되겠다. 문제는 이 두 가지가 이율배반적이라는 데 있다.

일상의 소소한 주제를 남다른 통찰과 감성으로 엮어내는 이야기꾼 알랭 드 보통(Alain de Botton)이 "일하는 세계의 권태, 기쁨, 그리고 공포에 눈을 뜨게 해주는 책"을 발간했다. 『일의 기쁨과 슬픔(The Pleasures and Sorrows of Work)』(이레)은 일이라는 주제를 놓고 서로 대립되는 입장에서 성찰한 에세이집이다. 앞서 펴낸 『여행의 기술』, 『행복의 건축』 등과 마찬가지로 '일상성의 철학자'

라는 저자의 별명이 참 적절하다는 사실을 새삼 확인시켜 준다. 전작들과 다른 점은 10개 소재(화물선 관찰하기, 물류, 비스킷공장, 직업상담, 로켓 과학, 그림, 송전 공학, 회계, 창업자정신, 항공산업)에 따라 관련 현장을 일일이 찾아다니면서 르포처럼 썼다는 것이다(저자는 이 책을 에세이이기도 하지만, 포토 르포르타주이기도 하다고 했다. 사진작가 리처드 베이커의 130장에 이르는 흑백사진들은 글 못지않은 다양한 메시지를 담고 있다).

다섯 번째 소재 '로켓 과학'은 지난 25일의 '나로호' 발사와 맞물려 읽는 재미를 더했다. 이 장은 작가가 2007년 8월 일본 '와우와우 TV'가 프랑스령 기아나에서 방송용 위성을 쏘아 올리는 현장을 둘러보며 썼다. 저자는 우주개발이 열어젖힌 과학의 지평에 적잖은 충격을 받았던 모양이다. 드 보통이 인상적으로 본 것은 개인을 떠난 집단두뇌로서의 과학이었다. '이것은 어떤 한 사람도, 어떤 상업적 또는 학술적 조직도 명예를 독차지할 수 없는 집단적 기획이었다…. 천재들이 일로매진하여 과학사의 방향을 바꾸던 시절은 지나갔다.' 그렇다고 칭송만 하지는 않는다. 곳곳에서 날카로운 위트로 반격을 가한다. '…회로판에는 존중심을 느끼고 빙하에는 동정심과 죄책감을 느끼게 된 것이다'는 식이다.

알랭 드 보통에게 일이란 노동과 직업을 아우르는 포괄적인 개념이다. 소외 문제도 비치지만 이념이 아닌 현실에서다. 저자의 매력은 설득하지 않고 공감하는 데 있는 듯하다. 종교인이나 출중한 리더의 통찰과 성찰이 범속한 사람들에게는 '지당하되 나눠 갖기 힘든' 것이라면, 드 보통의 그것은 '이질감이 있으되 공유할 수 있는 정서'라고 할 수 있겠다. 저자는 우리에게 '왜 일을 하는가' 묻는다. 나름의 답은 있지만, 독자에게 강요하지 않는다. '우리의 일은 적어도 우리가 거기에 정신을 팔게는 해줄 것이다…. 성취가 가능한 몇 가지 목표로 집중시켜줄 것이다. 우리에게 뭔가를 정복했다는 느낌을 줄 것이다. 품위 있는 피로를 안겨줄 것이다. 식탁에 먹을 것을 올려 놓아줄 것이다. 더 큰 괴로움에서 벗어나 있게 해줄 것이다.' 요컨대 일이란 좋든 싫든 생존과 자아실현이라는 두 마리 토끼를 쫓아야 하는, 포기할 수 없는 운명 같은 것이지 싶다.

영화는 세상과 소통하기 위한 열정

2009. 10. 17.

지난 8일 개막한 제14회 부산국제영화제(PIFF)가 아흐레 일정을 마치고 16일 막을 내렸다. 초청작 355편과 함께 세계적인 감독, 배우들이 영화제를 찾아 수많은 관객을 만났고, 또 숱한 이야기를 남겼다. 이들 이야기를 추려내니 두 단어가 결정처럼 뇌리에 남는다. '소통과 열정'.

필리핀 독립영화를 이끌고 있는 레이몬드 레드 감독은 관객과의 대화에서 이렇게 말했다. "영화는 관객과 감독이 대화하는 수단이다. 감독은 영화를 통해 무엇을 할 것인가 목적의식을 가져야 한다." 그와 어깨를 나란히 하고 있는 신예 닉 데오캄포 감독은 좀 더 구체적이다. "내게 독립영화는 하나의 투쟁이다. 이제는 환경 보건 등을 주제로 영화를 지역사회나 국민이 활용할 수 있도록 할 것이다." 〈나니아 연대기〉의 틸다 스윈튼은 "예술가에게 '고립'은 치명적인 독과 같다"고도 했다. 고립이 가져오는 해악이 비단 예술가뿐이겠는가. 요컨대 소통을 이야기하는 것이다.

때마침 이번 영화제를 겨냥해 번역돼 나온 책이 있다. 캐나다의 소설가이자 영화평론가 데이비드 길모어가 쓴 『기적의 필름 클럽』. 영화를 매개로 '소통'을 이뤄낸 아버지와 아들의 실제 경험담이다. 열여섯 살(9학년) 아들 제시는 학교 공부에는 완전히 흥미를 잃은 '문제아'다. 자칫 자식의 생명까지 망칠 것 같다는 염려에 아버지는 아들의 자퇴를 허락한다. 단 한 가지 조건을 걸었다. 일주일에 세 번 아버지와 함께 집에서 영화를 보는 것. 그래서 '필름 클럽'이다. 회원은 둘밖에 없지만.

아들 회원은 세상에 별다른 관심도 없는 데다, 술 담배하고, 심지어 코카인도 흡입한다. 아버지 회원도 모범은 아니다. 이혼남에 변변한 직장을 구하지 못하고 있다.

필름 클럽은 첫 관람작으로 〈400번의 구타〉(감독 프랑스아 트뤼포·1959)를 택했다. 학교를 중퇴하고 방황했던 자신의 어린 시절을 그린 감독의 자전적 영화다. 나중에 프랑스 누벨바그의 거장으로 성장한 트뤼포 감독의 영화를 통해 아들에게 뭔가 메시지를 주고자 했던 아버지의 의도였다. 그런데 아들의 반응은 너무도 시큰둥하다. 다음날 아버지는 '후식'으로 샤론 스톤이 나오는 〈원초적 본능〉(감독 폴 버호벤·1992)을 보여준다. 아들은 화면에서 눈을 떼지 못했다. 그리고 반응이 왔다. "아빠! 이 영화 정말 짱이에요!" 이렇게 부자가 함께 본 영화는 3년간 114편. 오선 웰스 감독의 〈시민 케인〉(1941)에서부터 왕가위 감독의 〈중경삼림〉(1994)까지 고전과 현대, 동과 서를 넘나드는 방대한 양이었다.

하지만 이런 부자 관계가 순조로울 리 없었다. 그 새 아들은 치명적인 실연의 상처를 두 번이나 겪는다. 갈등과 번민에 휩싸인 아들에게 아버지는 무력하다. "나는 제시의 내면을 밖으로 끄집어내어 따뜻한 물로 깨끗이 씻겨주고 싶었다…. 과연 이 애의 내면의 방이 정말 어떻게 생겼는지 내가 짐작이라도 하고 있는 걸까?" 그러기를 3년, 어느 순간 아버지는 아들이 만물박사가 돼 있다는 사실을 확인하게 된다. 자신의 꿈과 재능을 발견한 것이다. '제시는 필름 클럽보다 더 성장했고 어떤 면에서는 나보다 더 성장했다. 아이는 수년간 조금씩 성장할 수도 있지만, 갑자기 훌쩍

커버릴 수도 있는 것이다.' 아버지의 독백이다. 필름 클럽의 '기적'은 이렇게 일어났다. 어느 날 아들 제시가 말한다. "다시 학교에 다니고 싶어요." (제시는 마침내 대학에 진학했다. 현재 캐나다 힙합밴드 '커럽티드 노스탤지어' 멤버로 활동하고 있다.)

『기적의 필름 클럽』은 적어도 세 가지 이상의 미덕을 지닌 책이다. 우선 영화에 관한 해박한 지식과 비뚤어진 아들을 곧게 키워낸 아버지의 성공담이 유익하다. 저자의 섬세한 감성과 맛깔스러운 글맛은 덤이다. 그리고 세상(영화와 아들을 포함해서)과 삶에 대한 열정은 마지막 책장을 덮은 뒤 따스한 온기로 남는다. "주제나 이야기할 대상이 모자라서 문제가 되는 것이 아니다. 중요한 건 열정이다." 이건 코스타 가브라스 감독이 PIFF에서 한 말이다.

정답은 없고 옳은 길만 있을 뿐

2009. 10. 24.

'듣기 좋은 꽃노래도 한두 번'이라는데, 하물며 신물 날 만큼 잘 알고 있는 허물을 꺼내 꼬치꼬치 따지고 든다면 참 피곤한 일이 아닐 수 없다. 그래도 꾹 참고 들어야 하는 경우라면 수억 원대 유산을 남겨줄 나이 드신 아버지 말씀이나 인사철 앞둔 사장님의 지적 사항 등등일 테다. 하지만 기꺼이 마음을 열고 귀를 기울이고 싶은 때도 있다. 전혀 그런 이야기를 꺼낼 것 같지 않은 사람이 진정성을 갖고 이야기를 시작할 때다. 마틴 메이어가 펴낸 『교육전쟁』(글로세움)은 그런 책이다. 부제는 '마틴 메이어, 한국 교육을 말하다'.

저자는 스스럼없이 말한다. '한마디로 한국의 교육은 움직이는 인형을 만들어내는 시스템에 불과하다'고. 교육시스템의 효과적인 처방을 위해서는 먼저 건강한 시스템이 어떤 것인지 알아야 하는데, 교육 담당자들은 '좋은 교육이 무엇인가'에 대한 분명한 생각이 없단다. 당연히 근본적인 문제의 답을 찾을 수도 없고, 결국 일시적인 진통제만 투여하고 있다는 것이다. 마틴 메이어는 나아가 '한국 교육의 문제는 시스템뿐 아니라 교육철학에서도 찾을 수 있다'고 일갈한다. 학생들이 전날 밤 학원에 가느라 못 잤던 잠을 보충하기 위해 수업 시간에 책상에 엎드려 자는 현실을 두고, 교육이 '학생들을 의미 있는 방식으로 수업에 참여하게 하려는 진정한 노력을 포기했고, 단념했다'고 쓴소리한다.

네덜란드 태생인 마틴 메이어는 고교 졸업 후 미국으로 건너갔다. '유럽이 답답했다'고 동기는 단순했지만 별났던 모양이다. 뉴욕주립대에서 과학으로 학사, 신학으로 석사 학위를 받았다. 미국인 아내를 맞은 그는 1991년 새로운 모험을 찾아 가족과 러시아로 이주했다. 모스크바대학에서 '톨스토이의 가족관'에 대한 논문으로 박사학위를 받았다. 다음 행보는 2000년 한국으로 이어졌다. 지금은 경기도 가평에 있는 청심국제중·고교에서 종교와 도덕을 가르치고 있다. 그동안 『히딩크 평전』, 『마틴 씨, 한국이 그렇게도 좋아요?』 등 책도 몇 권 썼고 평론 활동도 하고 있다(그는 한국어를 못 한다. 모두 번역 출간됐다). 이력만 얼핏 보면 오지랖 넓고, 의욕 넘치는 벽안의 이방인쯤으로 생각하기 쉽지만, 시각이 올곧고 내공이 깊다. 그의 신랄한 비판을 듣고 있자면 불편하기도 하다.

저자가 제시한 교육위기 극복의 대안 중에 100% 공감가는 대목이 있다. '경기장과 운동장에서 인성을 개발하라'는 이야기다. '운동의 이점은 몸과 마음이 튼튼해지는 데 한정되지 않고 사회적 영역에까지 확대된다…. 스포츠는 젊은 사람을 사회화하고 다른 사람과 조화롭게 일하면서 살아가는 방법을 가르쳐 준다'는 것이다. 그뿐만 아니다. '스포츠는 승패의 상대성을 보여준다. 한때 높은 자리에 있다가 그다음에는 바닥에 있음을 발견할 때, 사람들은 겸손과 연민을 배운다.' 그래서 저자는 조언한다. '한국 정부와 학교는 보다 많고 다양한 체육 활동을 교과과정에 포함시키는 조항을 시급하게 마련해야 한다.'

지금 교육이 위기라는 사실에 이론은 없을 듯하다. '학생들이 공부는 죽어라고 하지만 실제로 배우는 건 많지 않다'는 게 무망한 현실이다. 한국처럼 교육 논쟁이 열띤 나라도 없다는데, 우리 교육은 갈수록 많은 사람들을 절망케 하고 있다. 그야말로 '교육의 완전한 실패'다. 박윤수 존스홉킨스대 교수 등 재미 대학교수 6명이 성명을 통해 한국 정부에 '교육개혁을 위한 거국적 노력을 촉구'한 것이 지난 2003년이다. '교육의 실패는 한국 사회의 잠재력과 가능성을 고갈시키는 많은 결함들과 함께 피할 수 없는 재앙을 예고하고 있다…. 더 늦기 전에 구체적인 행동을 취할 수 있는 계획을 세워야 한다'고 말이다. 흔히들 하는 이야기. "우리도 잘못된 줄 알아요. 하지만 지금으로선 그저 현실을 받아들일 수밖에 없잖아요?" 마틴 메이어는 되묻는다. "얼마나 오랫동안 이런 상황을 버틸 것인가?" 그렇다. '지금 당장 행동해야 한다…. 정답은 없다. 다만 옳은 길을 향해 나아갈 뿐이다.' 인간의 삶을 근본적으로 개선할 수 있는 길이 교육 말고 또 없기 때문이다.

일상의 기적을 만드는 사람들

2009. 11. 14.

배우 김명민이 4개월 동안 20kg이나 몸무게를 줄이면서 열연했던 영화 <내 사랑 내 곁에>는 작품성이나 흥행 면에서 크게 성공한 것 같지 않다. 체중감량이라기보다 '기아체험'을 감내한 주연배우의 연기 열정이 안쓰러웠던지, 어느 평론가는 영화를 이

같이 만든 것은 '배우에 대한 착취'라고 혹평하기도 했다. 사실 줄거리와 전개는 밋밋했다. 전도유망한 법학도였다가 불치병에 걸린 한 남자를 곁에서 끝까지 지켜주는 한 여자의 애틋한 사랑 이야기다. 감독이 의도했든 안 했든 이 멜로영화의 미덕은 따로 있었다. 루게릭병(ALS·근위축성 측삭경화증)이 얼마나 처절한 질병인지 김명민이 온몸을 던져 보여준 것이다.

영화보다 더 영화 같은 이야기가 있다. 지난달 말 발간된 『눈으로 희망을 쓰다』(웅진지식하우스), 현대모비스 농구 코치를 지냈던 박승일의 루게릭 투병기이자 희망일기다. 그는 연세대 선수 시절 문경은·서장훈·이상민 등 잘나가는 동료들에 가려 별로 빛을 보지 못했다. 승일이 직장을 그만두고 농구 지도자의 꿈을 좇아 미국으로 떠난 건 1999년 2월. 밤잠을 아껴가면서 운동과 공부, 아르바이트로 유학생활을 이어가던 그는 2002년 현대모비스 농구 코치로 부름을 받는다. '국내 최연소 코치'로 금의환향하게 된 것이다. 그러나 인생의 절정기에 선 그때 사형선고 같은 불치의 병도 함께 찾아왔다.

'어느 여름날 모기 한 마리가 내 눈앞에 앉았다. 몇 밀리미터에 불과한 모기는 위풍당당 자신의 촉수를 꺼내더니 살갗 깊숙이 빨대를 꽂고 만찬을 즐긴다…. 코트를 날아다니던 2미터가 넘는 키도 이 작은 벌레 앞에서 꼼짝 할 수 없다. 이제 내가 움직일 수 있는 건 눈동자뿐이다.' 승일이 전하는 루게릭병의 상징적 증상이다(영화에서도 이 같은 장면이 나온다). 그는 절규한다. '난 내 스스로 숨을 쉴 수 없다. 난 내 스스로 밥을 먹을 수 없다. …난 내 스스로 부르고 싶은 사람도 부를 수 없다. 난 내 스스로 사랑하는 사람을 안을 수 없다.' 그의 말대로 스스로 움직일 수 있는 것은 오로지 눈동자뿐. 그와 세상을 이어주는 유일한 끈은 안구 마우스(눈동자를 특수렌즈에 맞춰 움직이면서 컴퓨터에 글을 쓰는 장비)다. 짧막한 메일 한 통 쓰는 데 몇 시간이 걸리지만, 그건 자신의 '목소리'를 찾아준 기적 같았다. 승일은 기도한다. '눈꺼풀을 움직이고 눈동자를 굴릴 수 있는 힘만이라도 남겨주십시오. 더는 앗아 가지 말아 주세요'.

이 책은 탐사 전문 기자 이규연 씨가 승일과 4년간 주고받은 50여 통의 이메일과 가족을 비롯한 주변 사람 20여 명과 인터뷰한 내용을 토대로 집필한 것이다(그래서 지은이가 이규연과 박승일, 두 사람이다). 저자 이규연 씨는 '이 세상에 얼마나 많은 종류의 고통과 시련이 존재하는지 알게 될 것이다…. 빛조차 들지 않는 어둠 속에서도 희망을 꿈꾸는 기적의 사람들, 그 소중한 모습을 전하기 위해 이 책을 썼다'고 했다. 식물인간과 다름없는 '육체의 감옥'에서도 승일의 정신은 빛났다. '내게도 삶의 목표가 있다. 루게릭병 환자들을 위한 전용 요양소 건립이다…. 숨 쉴 수 있고 세상과 소통할 수 있는 힘이 남아있을 때까지 끝까지 뛰어야지.'

"난치병은 몸의 병으로 끝나지 않고 마음의 병, 관계의 병으로 번져가기 때문에 본인은 물론 가족을 비참하게 만든다. 그러나 박승일 씨와 가족들의 이야기를 읽으면서 끝 모를 사람의 힘 앞에 머리 숙였다." 가천길재단 이길여 회장의 추천사다. '루게릭병 환자 집안의 십중팔구는 몇 년 내에 무너진다. 가족들이 24시간 간병해야 하는 데다 고가의 연명 장비도 써야 하기 때문이다.' 승일은 자신을 가족의 피를 말려 같이 죽음으로 몰고 가는 '물귀신'이라고 표현했다. 그가 루게릭병 환우 요양소 건립에 매달리는 이유다. 현재 국내에는 1,500여 명의 루게릭병 환자들이 하루하루 죽음과 맞서고 있다.

박승일의 이야기는 앞서 2005년 11월 한 일간지에 소개됐고, 이듬해 TV 스페셜 프로그램으로 방영되기도 했다. 하지만 요양소 건립은 아직도 요원한 모양이다. 이 책을 보고 가수 션(본명 노승환)이 요양소 건립에 보태라며 1억 원을 전달했다는 반가운 소식도 들린다. 저자는 에필로그에 이렇게 썼다. "승일은 많은 루게릭병 환자들에게 희망을 주었다. 그들을 위해 매일매일을 '살아내고' 있다. 그리고 그 삶은 주위에 '희망 바이러스'를 퍼뜨린다. 그 치열한 싸움, 처절한 희망을 보노라면 하루하루의 삶이 얼마나 소중한 것인지 저절로 깨닫게 된다." 그리고 묻는다. "당신은 지금 어떻게 살고 있습니까?"

소통을 위한 인격적 조건

2009. 12. 12.

올해 우리 사회의 화두는 단연 '소통'이었다. 정치는 물론 경제·사회·문화·지역 등 분야를 가리지 않고 소통을 외쳐댔다. 청와대는 국민소통비서관을 새로 임명하고, 집권여당은 국민소통위원회를 설치할 정도였다. '불통의 시대' 내지 '불통공화국'의 반증에 다름 아니다. 토론과 소통, 협상과 설득을 풀어내는 책들도 숱하게 쏟아져나왔다. (한국출판마케팅연구소가 발행하는 격주간지 「기획회의」 261호 12월 5일자는 올해 출판계 10대 뉴스의 첫 번째로 '소통을 꿈꾸다'를 선정했다.) 하지만 안타깝게도 "지금 우리의 현실은 서로 '소통'하기는커녕 상대방을 '소탕'하려는 분위기"가 여전한 듯하다.

TV 토론 진행자로 친숙한 정관용(한림국제대학원대학교) 교수가 소통에 관한 책, 『나는 당신의 말할 권리를 지지한다』(위즈덤하우스)를 냈다. '불통의 시대, 소통의 길을 찾다'가 부제다. 그는 소통이 안 되고 '소탕'하려 드는 한국 사회의 현주소를 이렇게 진단했다. '엄청난 성장의 결과 이제는 서로 소통하고 타협하지 않고서는 그 어떤 문제도 해결해 갈 수 없는 상황이 되었는데, 반대로 바로 그 엄청난 성장의 결과 소통하기 어려운 상황에 봉착

했다.' 정말 소통해야 하는데 소통하기 어려운 상황을 만들어버린, 그게 우리 현실이라는 지적이다. 그는 우선 구조적으로 분석한다. '고도 압축 성장의 역사, 경제발전과 정치·문화 발전 사이의 속도 차이, 서로를 돌아볼 틈 없이 정신없이 달려온 개개인의 삶, 세대 간의 현격한 격차, 미처 풀지 못한 채 남아있는 우리 역사의 응어리들'에서 근원을 찾는다.

물론 소통이란 사람과 사람, 집단과 집단의 '관계'에 대한 문제라는 점에서 '상대적'이고, 단순히 법적·제도적 원인만으로는 설명될 수 없는 것이다. 계간지 「역사비평」 89호(2009년 겨울호·역사문제연구소 발행)는 특집 '불통시대에 돌아본 소통의 리더십'을 통해 유익한 시사점을 던져준다. 조선시대 소통을 성공적으로 이뤄냈던 인물로 세종과 정조, 이순신을 꼽고 소통을 시도했으나 뜻이 좌절된 사례로 조광조와 율곡 이이를 거론하고 있다. 이 가운데 노영구(국방대학교) 교수가 쓴 '이순신의 리더십에 나타난 소통의 노력'이 눈길을 끈다. 사료를 천착한 깊이는 다소 아쉽지만, 역사적 인물에서 소통의 인격적 조건을 짚었다는 점에서 신선하고 교훈적이다.

먼저 이순신 함대가 그처럼 열악한 전황에서 전승할 수 있었던 배경은 그의 탁월한 전략 전술에 앞서 부하 장수·병졸과의 원활한 소통이었다고 노 교수는 파악했다. 그 소통의 근저에는 상호

간의 신뢰가 자리하고 있었다. 이순신은 장수들에게 필요한 정보나 지휘방침 등을 미리 알려 공유하도록 함으로써 정보의 왜곡 편중이 일어나지 않도록 유념했다. 여기서 노 교수는 이순신의 도덕주의적, 원칙주의적, 완벽주의적 면모에 주목한다. 이순신의 이런 면모는 '이후 그가 부하 장수들과 원활한 소통을 가능하게 하는 하나의 원천이 되었다'는 것이다. 흠결 없는 도덕성은 부하들로 하여금 우수한 자질을 더욱 빛나 보이게 했을 뿐 아니라 진실한 소통을 가능케 하는 요인으로 작용했다. 또한 완벽주의와 원칙주의에 입각한 엄격함은 급박한 전투에서 위기 상황을 극복하는 데 도움을 주기도 했다고 역설한다.

소통의 길이 원칙을 무시하는 융통성이 아님을, 좋은 게 좋다는 식의 타협이 아님을 이순신을 통해 보게 된다. 오히려 소통은 완벽할 만큼 도덕적이고 원칙적이라야 이룰 수 있는 과제임을 새삼 확인하게 되는 것이다. 그렇게 노래하고 화두를 들어도, 심지어 대통령까지 나서도 잘 안 되는 것을 보면 소통이 어렵긴 어렵나 보다. 그렇다면 이 이야기에도 귀를 기울여 보자. "소통하려는 마음, 어렵습니다. 많이 참습니다. 남 탓하지 않습니다. 상대방 입장이 되어 봅니다. 나만 옳다 하지 않습니다. 공동체 전체를 생각합니다. 과거에 연연하지 않습니다. 미래를 봅니다. 더 나은 방법을 찾습니다. 정말 어렵습니다…그런데 실은 어렵지 않습니다. 지금보다 한 번만 더 참아 봅니다…. 지금까지보다 '딱 한 번만' 더 생각하면 되기에 그리 어렵지 않습니다." 정관용 교수가 내놓은 소통할 수 있는 길이다.

괜찮아! 괜찮아!

2009. 12. 26.

골초 축에 속하던 후배가 얼마 전 담배를 끊었다고 했다. 예고도 없이 갑자기 금연을 결심한 이유를 물었더니 심드렁하게 답했다. "올 한해 되돌아보니 해놓은 게 아무것도 없더라구요. 그래서 뭐라도 할 수 있는 게 없나 고민한 끝에 금연이라도 해야겠다는 생각이 들었어요." 장난기가 동해 후배 옆구리를 찔렀다. "그럼 해 바뀌면 다시 피겠네?" 후배 표정이 결연해진다. "에이, 계속 가야죠." 이 후배 40대 중반에 접어들었다. 흔히들 40대 나이에는 시속 40㎞, 50대에는 50㎞로 내달린다는 세월 앞에서 허탈해하지 않고 이렇게 뭔가를 손에 쥐고 확인하면서 한 해를 보내려고 한다는 건 인생이 분명 건강하다는 증거일 테다.

올해 마지막이 되는 〈한 뼘 더 보기〉를 쓰면서 위로와 희망을 이야기하고 싶었다. 그런 의무감이 부자연스럽고 몹시 어색한 데도 스스로 위로 받고 희망을 새기고 싶다는 생각이 컸던 것 같다. 첫째 상투적이지 않고, 둘째 공명이 큰 글을 찾았다. 어렵지는 않았다. 지난 5월 세상을 떠난 고 장영희 서강대 교수의 에세이들이 떠올랐다. 하지만 그의 처연한 인생을 빼놓고 그의 글을 언급할 수 없다는 점이 마음을 무겁게 눌렀다. 생후 1년 만에 소아마비를 앓아 1급 장애를 안았고, 40대에 찾아온 유방암과 8년간의 투병, 다시 척추암 선고에 이은 간암 발병, 57년 그의 삶은 그야말로 기적이었다.

장 교수는 '희망은 우리의 영혼에 살짝 걸터앉아 있는 한 마리 새와 같다'고 했다. "행복하고 기쁠 때는 잊고 살지만, 마음이 아플 때, 절망할 때 어느덧 우리 곁에 와 손을 잡습니다. 희망은 우리가 열심히 일하거나 간절히 원해서 생기는 것이 아닙니다. 상처에서 새살이 나오듯, 죽은 가지에 새순이 돋아나듯 희망은 절로 생기는 겁니다. 이제는 정말 막다른 골목이라고 생각할 때, 가만히 마음속 깊은 곳에서 들려오는 소리에 귀 기울여 보세요. 한 마리 작은 새가 속삭입니다. '아니 괜찮을 거야. 이게 끝이 아닐 거야. 넌 해낼 수 있어…'"(『장영희의 영미시 산책』 중 '희망'에서)

그가 노래하는 희망은 불굴의 삶을 살아가는 투사의 투쟁가가 아니었다. 장 교수가 작고한 뒤 그의 여동생 영림 씨는 주간지 시사인 인터뷰에서 많은 사람들이 장 교수를 제대로 알지 못하고 있다고 했다. "언니의 인생은 신파극이 아니었어요. 억척스럽고 독하게 소아마비나 암을 극복해온 것이 아니라, 하루하루를 행복하게 살면서 힘든 고비를 넘긴 것이지요." 다른 사람들의 눈에는 장 교수의 장애와 투병 생활이 안쓰럽고 힘겨워 보였을지 모르지만, 정작 자신은 누구보다 낙천적이고 행복했다고 전했다.

유고 에세이집 『살아온 기적 살아갈 기적』에서 장 교수는 초등학교 1학년 때 깨엿 장수의 기억을 소개했다. 목발을 옆에 두고 혼자 집 앞에 앉아 있는데 깨엿 장수가 가위 소리를 쩌렁쩌렁 울리며 자신을 흘깃 보고 지나가더니 다시 돌아와 깨엿 두 개를 내밀더라는 것이다. 옅은 미소를 지으면서 그 엿장수 하는 말이 "괜찮아"였단다. 장 교수는 무엇이 괜찮다는 말인지 몰랐다. 엿을 공짜로 받아먹어도 괜찮다는 것인지, 목발을 짚고 살아도 괜찮다는 것인지. 중요한 것은 장 교수가 그때 세상을 바라보는 눈을 가졌다는 사실이다. "이 세상은 그런대로 살 만한 곳이라고. 좋은 친구들이 있고 선의와 사랑이 있고. '괜찮아'라는 말처럼 용서와 너그러움이 있는 곳이라고 믿기 시작했다"는 것이다. 요즘 응원가처럼 유행하는 말이 장 교수에게는 이미 오래전에 뇌리를 때렸던 경구였던 셈이다.

"'그만하면 참 잘했다고' 용기를 북돋아 주는 말, '너라면 뭐든지 다 눈감아 주겠다'는 용서의 말, '무슨 일이 있어도 나는 네 편이니 넌 절대 외롭지 않다'는 격려의 말, '지금은 아파도 슬퍼하지 말라'는 나눔의 말, 그리고 마음으로 일으켜 주는 부축의 말, 괜찮아…. 아, 그래서 '괜찮아'는 이제 다시 시작할 수 있다는 희망의 말이다." 장 교수는 병마에 쓰러진 슈퍼맨으로 기억되지 않는다. 나약한 몸이었지만 그의 삶은 참 건강했다. 그가 여전히 희망으로 남아있는 이유일 것이다.

박무성 세상을 읽다   도청도설

미국의 1%

2012. 1. 12.

　아라비아 숫자 '1'은 무엇을 상징할까. 출발, 최고, 유일, 승리, 지배, 고독…. 프랑스 소설가 베르나르 베르베르는 단편 '수의 신비'에서 숫자가 갖는 상징을 철학적이면서도 재미있게 풀어냈다. 타카미 코순의 소설『배틀로얄』에서 '1'은 살인게임에서 최후의 승자로 유일하게 살아남는 생존자, 종결자를 암시한다. 또 숫자 '1'은 지난해 가을 미국 뉴욕 주코티 공원에서 시작된 '월가 점령 시위' 이후 탐욕, 심지어 살진 고양이로 상징되기도 한다.

　뉴욕타임스(NYT)가 미국의 1%를 분석했다. 미국의 총인구는 지난해 말 기준 3억 1160만 명. 이들의 1%라면 310만 명 남짓, 부산시 인구보다 조금 모자란다. 절대수로 보면 적잖은 규모다. 미국에서 연간 38만 달러(4억 3800만 원) 이상을 벌면 일단 이 상위 1% 그룹에 턱걸이할 수 있다. 하지만 중간 수준(평균치)이 되려면 연간 소득이 150만 달러(17억 31만 원) 이상 돼야 한다고. 이들 1%는 연방 세금의 25%, 자선기부금의 30%를 담당한다.

NYT 분석 자료에서 눈길을 끄는 두 가지. 하나는 탐욕의 상징인 1%에는 정작 금융계 인사들보다 의사와 변호사가 훨씬 많았다는 사실이다. 미국의 1%에 속한 의사는 19만 2268명, 전체 의사의 20% 정도라고 한다. 뒤이어 변호사가 14만 5,564명. '월가 점령' 시위대의 '타도' 대상인 금융계 인사는 5만 1,445명에 그쳤다.

또 다른 하나는 1% 내부의 다양성 내지 진폭이다. 1%를 다시 나눈 상위 10%는 연소득이 680만 달러(78억 5000만 원)로 그 편차가 매우 크다. 그래서 1% 그룹의 상당수는 스스로를 중산층으로 여긴다는 것이다. 연소득뿐만 아니라 이들 1%는 보수나 진보에 대한 시각, 정당 지지도 등에서도 다양한 이념적 스펙트럼을 보였다고 한다.

미국의 1%를 바라보는 99%의 시각이 지나치게 단조롭고 순진했던 것은 아닌가 하는 생각도 든다. 1 대 99의 문제는 극심한 빈부 격차와 사회 불평등 이전에 서로의 세상이 상상도 못 할 만큼 다르다는 사실조차 모르는 것이라는 지적이 새삼 와닿는다. 미국의 1%가 이렇게 요구하는 날이 올지도 모르겠다. 1대 99가 아니라 0.1대 99.9라고.

아버지의 양복

2012. 5. 21.

시집 간 딸이 홀로 된 아버지를 보고 마음이 짠해지는 것 가운데 하나가 아버지의 양복이라고 한다. 모처럼 외식 자리에 모셨을 때 잔뜩 멋을 낸다고 입은 양복의 옷소매가 해져 있을 때, 친정집 옷장에서 유행 다 지난 양복 몇 벌 발견하게 될 때 가족을 향한 아버지의 헌신과 고단했던 삶을 새삼 확인하게 된다는 것이다.

요즘 같은 불황기에 양복 매장은 고전을 면치 못한다. 유통업계에서 남성 정장 매출은 경기를 반영하는 대표적인 척도로 꼽힌다. 경기 하락 때 가장 먼저 타격을 받고 상승 때는 가장 나중에 회복되는 품목이다. 경기 부진을 반영하는 속설은 남성 정장 외에도 숱하게 많다. 대표적인 것이 립스틱, 특히 붉은색 립스틱이 불황일수록 잘 팔린다는 얘기다. 값싼 립스틱 하나로 분위기를 확 바꾸면서 정서적 효용을 높일 수 있다고 설명한다. 화장품 브랜드인 에스티로더는 경기판단 지표로 '립스틱 지수'를 개발하기도 했다.

하지만 지난해 미국 시사주간지 타임이 소개한 불경기 때 잘 팔리는 12가지 품목에는 립스틱이 빠졌다. 립스틱 역시 불경기를 극복하지 못했다. 대신 네일아트가 새 품목으로 포함됐다. 이 밖에 로맨스 소설, 도넛, 초콜릿, 복권, 콘돔, 애완동물 등이 이름을 올렸다. '불황일수록 미니스커트가 유행한다'는 속설은 고전에 속하지만 사실상 폐기된 듯. 1970년대 미국 경제학자 마브리는 여성의 치마 길이가 호황일수록 짧아지는 현상을 주가 추이를 근거로 제시하기도 했다. 이렇듯 불황을 반영하는 속설은 많지만 인과 관계가 명확하지 않은 경험칙이나 인식의 오류가 대부분이다.

며칠 전 롯데백화점이 재미있는 자료를 내놓았다. 남성 고객의 소비 형태가 세대별로 판이한 양상을 보여준다는 것이다. 20, 30대 청년층은 자신의 개성 연출과 여가를 위한 의류를 지속적으로 구매하는 반면, 40대 이상 중·장년층은 이들과 정반대의 성향을 보였다고 한다. 자신을 위한 소비보다 가족을 위한 상품 구매 비중이 월등히 많다는 것이다. '아버지의 양복'이 잘 안 팔리는 건 단순한 속설은 아닌 모양이다. 아버지들, 자식들이 간만에 양복 한 벌 사 입자고 손을 끌면 버티지 말고 그냥 따라나서시기를.

은퇴 후 일상
2012. 7. 14.

지미 카터 전 미국 대통령이 1980년 재선에 실패해 백악관을 떠날 때 나이가 불과 56세였다. 워낙 인기가 없었기 때문에 오라는 데도 없었던 모양이다. 고향 플레인스의 농장은 관리 부실로 100만 달러가 넘는 빚까지 안고 있었다. 쉽게 잊히지 않는 과거의 존재감과 미래에 대한 두려움이 교차하면서 한동안 카터는 열패감에 시달려야 했다. 하지만 그는 툴툴 털고 인생 2막을 새로 시작했다.

카터는 목공일의 특기를 살려 무주택자에게 집을 지어주는 해비타트 운동을 전개했고, 등산에 취미를 붙여 히말라야와 킬리만자로에도 올랐다. 집안 정리, 오디오북 만들기 등 노후에 시도해 볼 수 있는 소소한 일들을 『나이 드는 것의 미덕(The Virtues of Aging)』이라는 책에서 상세하게 소개하기도 했다. 또 간혹 북한 등지를 오가며 세계 평화와 민주주의의 메신저로서 역할을 나름대로 수행했다. 이런 카터를 보고 호사가들은 '대통령이 되지 말고 바로 전직 대통령이 됐으면 좋았을 사람'이라고 했다. 은퇴 이후를 현직 때보다 훨씬 멋있게 산다는 이야기일 테다.

우리나라 은퇴한 남성은 TV 시청에, 여성은 가사활동에 가장 많은 시간을 보내고 있다고 한다. 삼성생명 은퇴연구소가 50~70대 은퇴자 3,826명을 대상으로 실시한 여가 활용법 조사 결과다. 남성의 TV 보는 시간은 연령이 증가할수록 늘어나 50대가 하루 평균 3시간 59분, 60대가 4시간 17분, 70대는 4시간 32분에 이른다고 한다. 이에 비해 운동이나 레저는 모든 연령층에서 1시간 30분 남짓, 사교활동을 위한 시간은 48~56분에 불과했다.

홀로 사는 노인에게 가장 친한 친구는 TV라는 말도 있다. 집안에서 사람 목소리를 들려주는 유일한 존재라서 그렇단다. 미국에선 지금도 '카우치 포테이토'가 심각한 사회문제로 꼽힌다. 카우치(소파)에 앉아 포테이토칩(감자튀김)을 먹으면서 소일하는 사람들은 사회적 고립은 물론 비만 등으로 건강도 나빠지기 때문이다. 작은 봉사나 생전 모르는 사람과 사귀는 일, 심지어 놀러 다니는 일도 해본 사람이 한다. 은퇴 이후의 삶 역시 준비하고 연습해야 한다. 어쩌면 돈은 그다음 문제다.

해맞이

2013. 1. 2.

태양은 지름이 139만㎞로 지구의 109배, 부피는 130만 배, 무게는 지구 질량(5.9736×1024kg)의 33만 배에 이른다. 나이는 100억 년 정도, 50억 년 전에 지금의 모습을 갖추었다고 한다. 수소와 헬륨에 의한 핵융합으로 내부 온도가 섭씨 1500만 도, 표면 온도가 5500~6000도에 달하는데, 초당 400만t의 질량을 빛으로 전환시킨다.

매일같이 수소폭탄을 터뜨려 태양계를 유지하고 있는 셈. 태양은 태양계의 어머니와 같은 존재라고 한다. 스스로 빛을 내는 유일한 항성으로 행성과 위성, 소행성, 혜성 등 태양계의 모든 별 가족이 태양의 에너지로 살아가기 때문이다. 인류가 이용하는 에너지의 대부분도 태양에 의존한다. 수력·풍력도 태양에서 비롯되고, 나무·석유·석탄은 물론 우리가 먹는 것도 태양열을 간직한 것이다.

농경사회를 개척한 인류가 동서를 막론하고 새해 해맞이 축제를 벌인 것은 아주 자연스러운 일이다. 고대 로마인들은 12월 22일 동짓날부터 31일까지 농업의 신 사투르누스에 제사를 지내고 새로운 태양이 떠오르기를 기다렸다. 지금은 매주 한 번씩 돌아오는 일요일(Sunday)이지만, 주 7일제가 정착되기 이전인 당시에는 새해를 맞는 1월 1일을 Sunday라고 했다는 것이다.

계사년(癸巳年) 새해 해맞이 인파가 유례없이 많았던 모양이다. 어제 부산 해운대해수욕장 30만 명을 비롯해 전국 해맞이 명소 204곳에 170만 명이 운집한 것으로 경찰은 추산했다. 맹추위도 아랑곳하지 않고 동쪽 바다로, 또 겨울산을 찾아 그 많은 사람들이 몰린 것을 보면 그만큼 소망들이 간절하기 때문일 게다. 대다수는 쌓인 연말 피로에, 또 바쁜 일상 탓에 해맞이 가는 일이 엄두가 나지 않았을 테지만, 태양빛이 누구는 더 주고, 누군 덜 주고 하지 않듯 모두가 고르게 희망을 품었으면 한다.

정초 해맞이를 못 했다면 오는 주말이라도, 아니면 그 뒤에라도 시간을 내 일삼아 해돋이를 보는 것도 괜찮을 듯하다. 태양은 희망의 상징이기도 하지만 실제 에너지 덩어리이기도 하다. 본능처럼 희망을 확인하고, 소망을 이룰 수 있는 힘이 솟구칠지 모른다.

9급 공무원
2013. 1. 25.

골프를 하는 사람들은 부득불 한 번씩 듣는 이야기이지만 '공무원 퍼팅'이란 말이 있다. 가까운 거리에서 꼭 넣겠다고 신중에 신중을 기해 퍼팅한 볼이 홀에 미치지도 못하는 경우를 일컫는다. 이것저것 살피느라 지나치게 소심함을 책망하는 거다. 공무원이 '뭐든 안 되는 이유'로 드는 데는 세 가지가 있다고 한다. '규정에 없어서, 전례가 없어서, 예산이 없어서'. 복지부동을 빗대는 말이다.

우리나라가 고속 성장을 구가하던 한때 호기를 부리던 젊은이들 사이에서 공무원은 기피 직종에 속했다. 당시 사회의 키워드인 성공·진취·도전·열정과는 다소 거리가 있는, 지속과 안정을 추구하는 보수적인 업무 특성 탓이 컸던 듯하다. 상대적으로 박봉인 데다 위계 서열이 뚜렷한 계급사회라는 점도 거부감을 보탰다.

세월이 변해 그런 공무원이 '신의 직장' 반열에 올랐다. 말단 직급인 9급 공무원 시험이 그야말로 낙타가 바늘구멍 들어가기가 됐다. 취업난에 불안정한 고용구조가 반영된 것이긴 하나 그렇게만 볼 일은 아니다. 올해 9급 1호봉 공무원 월급은 일반행정직 기준으로 119만 7,825원. 여기엔 정근수당·성과수당·가족수당 등 각종 수당이 제외됐다. 이들 수당을 합하면 초임 9급 공무원 월급은 족히 200만 원가량 된다. 주로 맡는 대민 업무에서도 나름의 융통성을 발휘하고 보람도 있다. 성실하게 일하면서 8급, 7급, 6급 등으로 진급하는 성취감도 적지 않다.

올해부터 9급 공무원 시험에 수학·과학·사회 등이 선택 과목으로 채택돼 대학 진학보다 공무원 진출을 선호하는 고교생들이 늘고 있다는 소식이다. 행정법과 행정학이 필수에서 선택과목으로 변경돼 고졸자에 사실상의 진입장벽으로 작용했던 요소가 제거된 셈이다.

공무원 시험에 지원자가 몰리는 건 추세다. 그러나 초등학생들 중에도 장래 희망을 물으면 '9급 공무원 합격'이라는 응답이 나올 정도라면 심상찮은 일이다. 실패한 젊은이들이 다시 일어설 수 있는 안전망은 고사하고 자립의 기회조차 주어지지 않는 사회에서 청소년들에게 도전과 모험을 함부로 권장하는 것도 위선이기는 하지만 말이다.

경차의 분노

2013. 3. 9.

국내 최초의 경차는 1991년 5월 출시된 대우 티코(TICO)다. '작지만 단단하고 편리하면서 기분 좋은 친구'(TINY+TIGHT+CONVENIENT+COZY+COMPANION)라는 영어의 앞 글자를 따서 이름 붙였다. 일본 스즈키의 '알토'가 모델. 차량 무게 640kg에 3기통 796cc 엔진을 장착, 연비가 24.1㎞/ℓ를 자랑했다. 가격은 당시 300만~400만 원으로 출시된 그해 3만 대가 팔릴 만큼 인기를 끌었다.

하지만 '작고 가벼운 차'를 경시하는 풍조 탓에 적잖이 놀림감이 됐다. '티코가 나가지 않아 확인해 보니 바퀴에 껌이 붙어 있더라'거나 '티코 운전자가 장갑을 끼는 이유는 쇼트트랙 경기처럼 코너를 돌 때 땅을 짚기 위해서'라는 게 대표적. 사실 우리나라 경차는 일본이나 유럽에 비해 배기량과 차체 모두 큰 편이다. 현재 경차 기준은 배기량 1000cc, 전장 360㎝, 전폭 160㎝, 높이 200㎝ 이하. 배기량은 2008년 800cc에서 상향 조정됐다. 경차의 왕국이라는 일본은 지금도 배기량을 660cc 이하로 제한한다.

승용차의 90% 이상이 소형 해치백 차량인 서유럽에서는 우리와 반대로 대형 세단이나 SUV(스포츠유틸리티차량)에 대한 비아

냥이 훨씬 많다. '물건이 작아서 큰 차를 좋아한다' 내지 '트렁크에 사체 실을 일 있나'라는 식으로 노골적이기까지 하다. 승용차의 크기로 사람의 신분을 평가하지는 않는다는 이야기다.

경차 판매는 1997년 고속도로 통행료 할인 혜택과 '경차 타기 운동' 등 각종 장려책에도 불구하고 2000년대 들어 판매가 급감하다 최근 몇 년 새 반등세로 돌아섰다. 고유가와 높은 물가가 가장 큰 배경일 게다.

부산시가 경차나 대형승용차를 막론하고 무조건 4만 원을 부과하는 불법주정차 과태료를 차등화하는 방안을 정부에 건의할 예정이라고 한다. 배기량은 물론 도로 점유 면적도 배 이상 차이가 나는데 똑같이 물리는 건 형평성에 어긋난다는 것. 경차가 나온 지 20년이 넘도록 이런 불합리한 제도가 바뀌지 않는 건 경차 운전자들로선 분노할 만한 일일 터. 경차 4만·소형 5만·중형 6만·대형 7만 원이 대안으로 제시됐다. 일리가 있는 주장이다.

노인 과반 사회

2013. 6. 18.

고령화는 선진국과 개발도상국을 가리지 않는 지구적 문제이지만, 몇 살부터 노인으로 볼 건지 절대적 기준은 없다. 르네상스 시대 프랑스 사상가인 미셸 몽테뉴는 30세를 노인 취급했다. 17세기 사람들은 40세부터, 1950년대엔 60세, 2000년 이후에는 65세 이상을 노인이라 부르는 게 통례였다. 그런데 2060년에 접어들면 75세는 넘어야 노인 축에 들 것이라는 전망이 지배적이다.

노인의 연령 기준이 사회적·시대적 상황에 따라 가변적이라는 말이다. 특기할 것은 1950년 이후 노인 연령이 급격히 올라갔지만, 노인 인구 비중은 전체의 16% 안팎에서 고정돼 있다는 점. 프랑스 사정이기는 하지만 다른 나라들도 크게 다르지 않다. 프랑수아 올랑드 정부는 늘어나는 노인 의료 비용과 연금 등의 재원 마련을 위해 퇴직자에게도 분담금을 물리는 연기금 개혁을 추진 중이라고 한다.

마침 현대경제연구원이 「고령화로 인한 지자체 지속 가능성 점검」 보고서를 통해 노인 인구 비중이 전체의 절반을 넘어 존폐 자체를 고민해야 하는 곳이 등장할 것이라고 경고했다. 65세 이상 인구가 50%를 넘으면 '지속가능 위험 지자체', 55세 이상 인구가 절반 이상이면 '지속가능 곤란 지자체'에 해당된다는 것이다.

하지만 이와 상반되는 견해도 많다. 최근 프랑스에서 '노인 과반 사회' 논쟁이 한창일 때 일간 르몽드는 그런 상황은 불가능하다고 못박았다. 베이비붐 세대 여파로 2060년께 노인 인구가 과반 가까이 접근하겠지만, 곧 30세 미만, 30~60세, 60세 이상의 세 연령대가 균형을 이루게 된다는 분석이다. 무엇보다 현재 75~80세 노인들은 건강·기대수명·활동 상태를 감안할 때 1950년대의 60대와 비슷하다는 사실은 노인에 대한 새로운 기준과 관점을 요구한다.

'노인이 한 명 죽는 것은 도서관 하나가 사라지는 것과 같다'는 아프리카 격언이 요즘에는 다른 행성의 이야기처럼 들릴 게다. 장수가 축복이라는 말도 호랑이 담배 피우던 시절의 덕담이 됐다. 하지만 고령화를 사회적 위험요소나 경제적 비용 문제로 접근하는 시각을 바꾸지 않는 한, 행복한 미래사회를 꿈꾸기는 어려워 보인다.

편의점 아저씨

2013. 8. 29.

은퇴 후의 삶이 현역 때보다 위대한 건 흔치 않지만, 지미 카터 전 미국 대통령이 그런 경우다. 별 인기도 없었고 재선에도 실패했던 카터는 오히려 퇴임 이후 세계 평화와 민주주의 메신저

역할을 성공적으로 수행함으로써 만인의 존경을 받았다. '대통령이 되지 말고 바로 전직 대통령이 됐으면 좋았을 사람'이라는 칭찬 아닌 칭찬을 듣는다.

1980년 카터가 56세 나이로 백악관에서 물러날 때는 최악의 상태였다. 심신은 지쳤고, 고향 플레인스의 농장은 관리 부실로 100만 달러가 넘는 빚까지 안고 있었다. '과거를 잊는 것도 쉽지 않았고, 미래에 대한 두려움을 극복하고 현재 생활에 집중하는 것도 몹시 힘들었다'고 했다. 하지만 카터는 그런 현실을 딛고 일어선다.

지난 3월 중앙선관위원장에서 물러난 뒤 부인이 운영하는 편의점에서 일을 해 화제를 모았던 김능환 전 대법관이 또다시 화제에 올랐다. 이번엔 대형 로펌행 탓이다. 당시 여느 서민과 다름없는 '편의점 아저씨'의 모습에서 사람들은 잔잔한 감동을 받았다. 일부 촐싹대는 언론은 욕망 과잉의 시대에 청백리의 새 전범인 양 치켜세우기도 했다.

김 전 대법관은 자신의 로펌행 결정을 기자들에게 문자 메시지로 알리면서 '무항산(無恒產)이면 무항심(無恒心)'이란 말을 덧붙였다. '생활이 어려우면 바른 마음을 견지하기 힘들다'는 뜻으로, 맹자 양혜왕(梁惠王) 편에 나온다. 그는 퇴임 후 법조계에 가지 않겠다고 말한 적은 없다고도 했다. 사실이다. 그간 세간의 관심이 몹시 불편하고 부담스러웠던 모양이다. 자식들에게 '온갖 비난이 쏟아질 테니 각오하라'고 했단다.

퇴임 6개월도 안 돼 사람들의 기대를 접고 로펌으로 가는 김 전 대법관의 행보가 씁쓸하지만, 그를 비난할 순 없겠다. 넉넉하지 못한 살림뿐 아니라 은퇴 후 갑자기 닥쳐온 존재감의 상실도 감당하기 힘들었을 것이다. 나는 못 하면서 남은 도덕군자처럼 살기를 바라는 것도 도덕적 폭력이다. 카터가 퇴임 후에 위대할 수 있었던 건 '실패한 대통령'이었기 때문인지 모른다. 스스로를 부정하고 비울 수 있다는 것, 은퇴 후 인생에 요구되는 첫째 덕목이지 싶다.

부부간 대화

2013. 12. 25.

경상도 남자는 퇴근 후 집에 오면 딱 세 마디 한다는 우스갯소리가 있다. '별 일 없었나. 밥 먹자. 자자'. 무뚝뚝하고 말수 적은 기질을 빗댄 얘기지만, 그다지 과장된 것 같지도 않다. 그럼 경상도 여자는 어떻게 응답할까. '수고 많았지예. 밥 차려 놨심더. 먼저 자이소'. 이 정도에서 크게 벗어나지 않을 성싶다. 대화는 마음

먹는다고 절로 되는 일은 아니다. 상대를 배려하고 경청하는 기술과 노력이 필요한 일인데 그런 훈련이 안 돼 있는 것이다.

그러니 부부 간 대화 부족은 비단 요즘 세태만의 문제는 아니었다. 거의 30년 전인 1995년 서울시가 시민을 상대로 한 가정생활 의식조사를 보면, 부부끼리 집안 문제에 관해 매일 대화를 나눈다는 비율은 39.2%에 불과했다. 10명 중 6명은 대화가 없다는 것이다. 대졸자와 고졸자가 중졸자보다 대화 부족현상이 심각했다.

인구보건복지협회가 그제 발표한 저출산인식 설문조사에서 부부 3쌍 중 1쌍은 하루에 30분도 채 대화를 나누지 않는 것으로 나타났다. 대화시간이 '30분~1시간'이라는 응답자가 32.9%로 가장 많았고, '10~30분'과 '10분 미만'이 각각 29.8%와 8.6%였다. 부부간 대화를 방해하는 '주범'은 단연 '늦은 귀가와 주말 근무'가 꼽혔다. 직장에서 일에 시달리다 집에 오면 아무 말도 않고 그저 쉬고 싶은 것일 테다.

젊은 부부일수록 부부간 대화시간이 길고, 세월이 흐를수록 짧아지는 건 충분히 짐작이 가는 일이다. 문제는 줄어든 속도다. 1시간 이상 대화한다는 응답자 가운데 임신 중인 부부는 55.6%에 달한 반면, 영·유아를 둔 부부는 27.5%, 초등학생을 둔 부부는 19.5%에 그쳤다.

부모가 자녀에게 줄 수 있는 가장 큰 선물은 부부가 서로 '사랑하는 모습'이라는 금언이 있다. '사랑'이 아니라 '모습'에 방점이 있다. 아무리 속정이 깊어봤자 표현하지 않으면 소용없는 일. 크리스마스다. 별 이벤트가 없다면 부부만 오붓하게 극장에서 영화 한 편 보는 것도 좋겠다. 데면데면 영화만 보지 말고 30분쯤 일찍 가 카푸치노 한잔 마시면서 담소를 나누면 어떨까. 손이 오글거려도 사랑한다는 애정 표현이나 칭찬·격려 한마디 보탠다면 더 좋겠다.

박무성 세상을 읽다   데스크 시각

교육은 10년지대계

2007. 2. 29. / 사회1부장

　교육인적자원부가 지난 23일 초·중·고교 교과과정 개정안을 내놓았다. 말들이 많다. 현행 5개 필수과목 집단을 6개로 늘린 것이 골자다. 당초 7개 집단으로 늘리려다 '공부 부담이 가중된다'는 비판에 밀려 6개로 늘리는 절충안을 택했다. 체육·음악·미술로 이뤄진 필수과목 집단에서 체육을 분리한 것이다. 지금 초등학교 6학년이 고등학교 2학년이 되는 2012년부터 체육은 필수과목으로 이수하고 음악과 미술 중 하나를 선택해 들어야 한다.

　교육부 이종서 차관은 개정안을 발표하면서 '지·덕·체(智·德·體)의 조화'를 강조했다. '문화적 창의성이 곧 국가의 경쟁력'이라는 말도 덧붙였다. 체격에 비해 연약하다 할 만큼 기초체력이 떨어져 있는 초·중·고교생에게 체육 수업을 의무화하는 것은 오히려 때늦은 감이 없지 않다. 또 학창시절 음악과 미술을 익히고 이해하는 공부 역시 교양인이 되기 위해 빼놓을 수 없는 요소다.

하지만 정작 학생과 학부모들의 반응은 부정적이다. 우선 학생들은 이수 교과목에 대한 부담을 꼽는다. 예체능 과목까지 내신 성적에 신경을 써야 하느냐는 이야기다. 학부모는 필수과목이 늘어나는 만큼 사교육 부담 역시 늘어날 수밖에 없다고 걱정이다. 교육부가 내세운 취지와 달리 학생과 학부모의 입장은 없고 해당 과목 교사들의 목소리만 반영됐다는 비아냥 섞인 지적이 나오고 있다.

초·중·고교의 교과과정 개정으로 흐트러진 교육이 정상화될 것으로 기대하지는 않는다. 다만 제도 교육의 지향점과 방향을 제시할 뿐이다. 공교육의 위기나 교실의 붕괴는 이미 오래된 이야기다. 또 이는 비단 우리나라뿐 아니라 미국·일본·독일 같은 나라에서도 공통적으로 앓고 있는 세계적 현상이다.

미국 매사추세츠주와 플로리다주에서는 수업시간 연장 바람이 불고 있다. 토요일에 수업을 하는 학교도 있다. 과거로 회귀하는 듯한 이런 조치들이 다시 등장하는 것은 학생들의 학력 저하 때문이다. 조지 부시 대통령이 지난해 만든 '낙제생 방지법'(No Child Left Behind)이 기폭제가 됐다. 부산에서는 연합고사 부활 여부가 고입 제도의 현안으로 떠오르고 있다. 이 또한 중학생들의 학력 저하를 막기 위한 것이다. 부산시교육청은 단순히 1997년 연합고사 폐지 이전으로 복귀하기보다는 내신 성적과 연합고사를 적절한 비율로 혼용하는 방안을 염두에 두고 있다.

이런 조치들은 당장 학생들의 학력을 향상시키는 데 어느 정도 도움이 될 것이다. 하지만 거시적인 관점에서 무의미한 노력으로 단정하는 시각도 있다. 학교 교육, 이른바 공교육 붕괴 현상은 지식정보사회에서는 불가피한 측면이 있다. 지금의 학교는 산업사회가 낳은 국가적 제도다. 대량생산 사회가 요구하는 정형화된 인력을 키워내는 것이 주된 역할이라는 설명이다. 지식정보사회에서 학교라는 제도는 창의성과 다양성을 가르치는 데 구조적인 한계를 지닐 수밖에 없다. 학생들의 개성과 재능은 무시된 채 일정한 시간과 규율 속에, 일률적인 교과로 공부하고, 획일적인 시험을 통해 평가하는 학교에서 미래지향적이고 창의성을 갖춘 인재들이 다양하게 배출되기를 바라기는 어려운 일이다.

교육부의 교육과정 개정안이나 부산시교육청의 연합고사 부활 논의에서 미래는 선명하게 보이지 않는다. 오히려 과거에서 길을 찾고 있다는 느낌이다. 경제협력개발기구(OECD)의 한국 고등교육 정책 제언 보고서를 눈여겨볼 필요가 있다. 한마디로 대학의 각종 규제를 풀고 자율을 줘 다양성을 확보하게끔 하라는 것이다.

지난 10년을 되돌아보면 앞으로 10년이 어떻게 변할지 상상하기조차 어렵다. 교육이 백년대계라는 말은 농경사회에서나 통하는 이야기다. 10년만 정확하게 내다봐도 우리 교육은 성장과 경쟁력을 담보할 수 있다.

신문과 책, 그리고 여행

2007. 6. 7. / 사회1부장

"미래를 정확히 예측(predict)할 수 있다고 말한다면 거짓말입니다. 미래는 여러분이 상상(imagine)하는 것입니다."

『제3의 물결』로 잘 알려져 있는 미래학자 앨빈 토플러가 부인 하이디 토플러와 함께 한국에 왔다. 지난달 29일부터 6일까지 나흘간 학생들과의 대화, 기업인 대상 강연회 등을 통해 많은 이야기를 했다. 우리 나이로 여든이지만 트레이드 마크가 된 구식 잠자리 안경에 매서운 눈매와 기지 넘치는 말솜씨, 좌중을 압도하는 노학자의 카리스마는 여전해 보였다.

지난 3일 서울 코엑스 컨벤션홀에서 청소년과 만난 자리에서 토플러는 '미래를 내다보는 힘이 어디서 나왔느냐'는 질문에 "신문과 책, 여행이 많은 도움이 됐다"고 말했다. 그는 자신을 '신문 중독자'라고 표현했다. 매일 아침 손끝이 까맣게 될 만큼 6~7개 신문을 꼼꼼하게 읽는다고 한다. 토플러는 신문기자 출신이다.

고등학교 시절 학교 신문사 편집장을 지냈고, 뉴욕대학교를 졸업한 뒤 한동안 기자생활을 하면서 백악관을 출입한 경험도 있다. 경제 전문지 「포춘」의 편집장까지 역임했으니, 기자로서도 예사롭지 않은 경력이다. 신문에 대한 열정도 대단했던 것 같다. 고교 시절 전학한 뒤 새 학교 신문사에 들어가려고 했지만 관련 수업을 듣지 않았다는 이유로 거절당하자 만화라도 그리겠다고 졸랐단다. 그렇게 들어간 학교 신문사에서 1년 뒤 편집장이 됐다.

그는 자신을 '책 읽는 기계'라고 말한다. 경제학은 물론 별도의 공식 교육을 받지 않았던 철학·문학·역사·의학·물리학까지 구애받지 않고 넘나드는 지적 지평의 토대가 독서였다는 것을 스스로 보여주고 있다. 토플러는 미래를 상상하기 위해서는 책 읽기가 가장 중요하다며 미래를 지배하는 힘은 읽고 생각하고 소통하는 능력이라고 역설했다. 세계적인 미래학자가 제시한 미래 예측 방법은 지극히 평범하지만 명쾌했다. 우리의 미래는 책을 읽는 청소년들의 상상력으로 만들어진다는 것이다.

토플러의 메시지가 다분히 역설적이라는 데 주목할 필요가 있다. 인터넷과 영상매체가 급속한 변화를 주도하는 이른바 디지털시대에 아날로그 인쇄매체인 신문과 책에서 미래를 향한 사색과 에너지의 원천을 찾고 있는 것이다. 토플러는 신문 칼럼이나 책을 쓸 때마다 10년 후에 이 글이 어떻게 읽힐까 생각한다고 했다. 그는 7살 때부터 작가가 되겠다는 꿈을 지녔고, 대학 시절에는 급진주의 운동권 학생이었다. 대학 졸업 후에는 자동차 부품공장에서 단순노동자로 일하기도 했다. 토플러는 여행을 많이 다닌다. 아울러 그의 80 평생은 미래를 향한 여행이었다. 기자로서 다채로운 경험과 여행, 현장 참여가 그에게 미래에 대한 상상력을 제공했다.

토플러가 보는 미래는 밝고 희망적이다. 비판적 분석보다 낙관적인 전망만 제시한다는 점에서 그의 미래학은 진정한 학문이 아니라는 논란도 있다. 아무튼 미래사회에는 무한 자원인 지식이 부의 중심이 되고, 제로섬에 입각한 분배가 아니라 무제한의 부를 공유할 수 있다는 토플러의 견해는 그의 따뜻한 세계관을 반영하는 것이다.

요술구슬이나 적어도 '쪽집게' 과외 선생님처럼 딱 부러지는 미래의 모습을 그려주기를 기대했던 청소년들에게는 토플러의 이야기가 다소 실망스러울 수도 있겠다. 하지만 진리는 평범하다는 사실을 다시 한번 일깨워주고 있다. 토플러는 우리 청소년들에게 이렇게 말했다. "새로운 시각은 항상 추측하는 것으로부터 시작됩니다. 상자 밖에서 생각하는 습관을 기르세요. 미래의 성장동력은 여러분입니다."

마르지 않는 눈물

2007. 11. 29. / 사회1부장

 "나는 비록 떠납니다만 동료 여러분이 우리 회사를 반듯하게 키워주세요. 30, 40대 청춘을 바친 이 회사는 여전히 나의 자랑이고 희망입니다. 만약 회사가 무너진다면 나는 다시 한 번 절망할 것이고 여러분을 용서하지도 않을 것입니다." 1997년 IMF(국제통화기금) 외환위기 당시 구조조정으로 직장에서 내쫓기는 40대 회사원이 그야말로 '살아 남은' 동료들에게 남겼던 인사말이자 당부였다.

 IMF 구제금융 신청 10주년을 맞아 지난 5일부터 28일까지 아홉 차례에 걸쳐「국제신문」지면을 통해 외환위기가 남긴 사회적 상흔을 되짚어보는 기회를 가졌다. 하지만 환란의 생채기들은 과거의 상처가 아니었다. 일부는 아물고 일부는 덧나고, 또 감각이 무뎌졌을 뿐 완치될 수 없는 우리 사회의 질곡임을 확인하는 과정이었다.

 IMF 긴급자금 지원으로 우리나라는 국가부도의 위기를 넘겼지만 엄청난 희생이 따랐다. 이듬해 동남은행을 비롯해 5개 은행이 퇴출되면서 금융권에서만 15만 명이 거리로 내몰렸다. 30대

기업 중 17곳이 무너지는 등 구조조정의 칼바람 속에서 100만 명이 넘는 실업자가 생겨났다. 그 구조조정의 결과는 10년이 지난 지금 이른바 신빈곤층을 낳았다.

가장의 실업은 가족의 운명을 통째 흔들게 마련이다. 정말 심각한 것은 궁지에 몰린 가장의 자살이었다. 1998년 한 해 경찰이 집계한 자살자는 1만 2,458명에 달했다. 예년보다 무려 3,000~4,000명이 늘어난 것이다. 당시 부산에서는 금세공업을 하던 39세 가장이 빚 독촉에 시달리다 못해 방 안에 연탄불을 피운 채 극약을 먹고 일가족 4명이 동반 자살한 사건이 있었다. 4남매 중 두 아들이 살아남았다. 그들은 다행스럽게도 큰 구김살 없이 자라 고등학교에 다니고 있다. 하지만 상속 포기를 하지 않은 탓에 부모가 남긴 6800만 원의 빚을 고스란히 떠안아 지금 개인파산 절차를 밟고 있다고 한다. 이 소식을 전해 들었을 땐 안쓰러움을 떠나 참담한 심경이었다.

외환위기를 불과 1년여 만에 극복하는 과정에서 우리 사회가 또 하나의 '성공신화'를 낳았다는 점은 부정할 수 없다. 기업의 재무건전성이 놀랄 만큼 좋아져 국제경쟁력도 크게 높아졌다. 외환위기 이전에는 자산규모가 세계 100위권에 드는 은행이 한 곳도 없었지만 지금은 네 곳이나 된다. 경제 각 부문의 비효율적인 관행들이 사라지고 글로벌 스탠더드(국제기준)가 속속 도입됐다.

국가 전체로는 10년째 경상수지 흑자를 기록하면서 외환보유고는 2600억 달러를 넘어 세계 4위권을 자랑하고 있다.

여기서 외환위기는 우리에게 새로운 사실을 일깨워준다. 나라가 잘 산다고 해서 나도 덩달아 잘 사는 것은 아니라는 것이. 물론 잘 사는 사람도 많아졌지만 상대적으로 또는 절대적으로 더 가난해진 사람들이 훨씬 많다. 양극화 현상이다. 결국 외환위기의 극복은 국가와 자본의 헤게모니를 한층 강화시키는 과정과 맥락을 같이하고 있다는 이야기다. 부모가 남긴 빚 때문에 고등학교에 다니는 아이들이 개인파산 절차를 밟고 있다면 그것은 국가의 책임이다. 세금을 거둬들이고 병역의 의무를 지우는 한에서 그건 국가가 해결해야 할 최소한의 복지이자 의무이다.

우리 주변에서는 여전히 구조조정이 진행되고, 평생 일터로 여기고 일해왔던 직장을 떠나는 사람들을 본다. 일상화된 구조조정이 노동시장의 유연성과 등식을 이루는 것이 아니라 고용불안과 실업의 공포가 사회에 만연해 있다.

"요즘이 IMF 때보다 더 살기 어렵다"는 이야기를 심심찮게 듣는다. 빠듯한 살림살이가 나아지는 것 같지도 않고, 그렇다고 내일이 마냥 희망적으로 보이지도 않기 때문인 듯하다. 세상일이 다 그렇듯 외환위기로 인해 양지도 생기고 음지도 생겼을 것이다. 다만 우리 사회가 고작 이 정도의 발전과 개선에 만족하면서 IMF 희생자들의 마르지 않은 눈물에 무감각해진 것은 아닌지 자문해볼 필요가 있을 것 같다.

햇빛이 강할수록 그늘도 짙은 법이다. 그늘진 삶을 외면하는 사회는 건강할 수 없다. 언젠가는 자본주의도 종언을 고할 것이다. 정녕 모두가 더불어 잘 사는 사회가 올 것이라는 즐거운 상상을 하면서 이 겨울 따뜻한 마음을 나눴으면 한다.

방콕에서의 시간여행

2008. 8. 7. / 사회부장

베르나르 베르베르의 작품 중에 『바캉스』라는 단편소설이 있다. 주인공은 평생 모은 저금을 털어 1666년 루이 14세 시대 프랑스로 시간여행을 떠난다. 가장 화려하고 고상했던 시대를 직접 체험해보고 싶다는 꿈을 안고. 하지만 베르사유 궁전 정원에서 우아한 숙녀들과 파티는커녕 파리 떼와 진동하는 오물 냄새, 몸에 지린내가 밴 사람들과 전염병이 창궐하는 파리의 뒷골목에서 곤욕을 치르다 마법사로 몰려 교수형을 당하기 직전 가까스로 귀환한다. 역사에 대한 단견과 환상을 베르베르 특유의 유머로 뒤튼 이야기를 재미있게 읽었던 기억이 난다.

프랑스인들은 유별나게 바캉스를 챙기고 즐기는 것으로 유명하다. 7월 휴가철에 접어들면 전국의 공항, 기차역, 고속도로가 몸살을 앓는다. 캠핑카들이 고속도로를 가득 메운 광경을 보고 우리나라의 설·추석 귀성전쟁이 연상되기도 했다. 36일을 법정 휴가로 책정하고 있으니 바캉스 한 달여를 위해 일한다는 말을 들을 법도 하다. 하지만 올해는 유가 폭등과 경기침체로 주머니가 얇아진 탓에 사정이 좀 다른 모양이다. 프랑스 여론조사기관인 이폽(ifop)의 설문조사 결과 올여름 바캉스를 떠나지 않고 집에 머물기로 한 '노캉스족'이 42%에 달했다고 한다. 3년 전보다 10%포인트 늘어난 것이다.

여름휴가 일주일 찾아 먹으려면 상사 눈치까지 살펴야 하는 우리네 형편에선 프랑스와 비교하기 힘들겠지만 언제부터인가 바캉스가 보편화됐다. 휴가철에 접어들면 어김없이 '해외여행객 급증…관광수지 적자 확대' '주말 고속도로 북새통' 같은 기사들이 단골 메뉴로 오른다. 하지만 주변을 둘러보면 올해는 특별한 휴가 계획이 없는 사람들이 많다. 상당수가 2~3일씩 여름과 가을 두 번에 걸쳐 법정 휴가를 쓰려는 것만 봐도 멀리 해외여행을 가는 인파도 예년보다 줄어든 게 분명하다.

휴가비 한 푼 못 받아도 휴가가 주어지는 직장인은 그나마 행복한 편이다. 직장 동료들 모두 여름휴가 가는 것을 부러운 눈으로 바라만 보고 있는 일용직·비정규직도 많고 첫 직장이 신통찮아 휴가 기간 이직을 위해 이곳저곳 기웃거리는 새내기 직장인도 적지 않다. 더 이상 노는 게 죽을 맛인 30대 미취업자도 수두룩하고, 1년 내내 '휴가'를 받은 40, 50대 백수도 부지기수다.

그러니 '노캉스족'이니 '방콕족'이 됐다고 침울해 할 일은 아니다. 이참에 사흘 정도 집에서 하릴없이 뒹굴어 보는 것도 나쁘지 않겠다. 현관문도 나서지 말고, 잠 오면 자고, 배 고프면 계란 풀어 라면 끓여 먹고, 또 자고. 그야말로 '방콕'이다. 이런 철두철미한 '방콕'은 사흘 이상 하기 힘들다.

그러다 지겨워지면 시간여행을 떠나는 거다. 베르베르의 '바캉스'와 같이 수백 년씩 시대를 넘나드는 시간여행은 경비가 많이 드니 이번에는 접어두자. 10년씩 과거와 미래를 오가는 상상여행이면 족할 것 같다. 지난 10년 지나온 일상의 궤적이든, 별로 내세울 것 없는 가족사든, 무엇이든 상관없다. 앞으로 10년도 마찬가지다. 10년 뒤 오늘 내가 어디서 무엇을 하고, 무슨 생각을 하고 있을지 그려보는 일도 심심파적으로는 제격이다. 과거 10년을 진지하게 성찰하거나 미래 10년의 청사진을 구상하려 든다면 이는 휴가가 아니고 골치 아픈 업무의 연장이다. 마냥 상상하는 것이다. 몽상이면 어떻고 환상이면 어떤가. 현실에서 한 발짝이라도 발을 떼면 큰일이 날 것처럼 여기는 공상의 결핍이 정녕 이

시대의 문제가 아니던가. 미래 10년의 시간여행에서 타임머신의 연료가 바닥날 것 같은 불안감을 느낄지도 모르겠다. 그게 다름 아닌 상상력의 부재다.

시간여행을 통해 10년 앞을 내다보는 통찰을 얻는다면 큰 보람이겠지만 어차피 무엇을 기대한 여행이 아니었던 만큼 부담을 가질 필요는 없을 것이다. 8월 초순 이미 여름휴가를 다녀온 사람도 많겠다. 그렇다면 오는 주말이나 휴일 방 안에서 뒹굴면서 10년씩 과거와 미래를 왕복하는 시간여행을 권하고 싶다. 휴가를 받지 못하거나 받을 곳이 없는 이웃들도 이 여행에 동행이 되자. 어릴 적 바닷가에서 모래성을 쌓다 신기하게 생긴 조개껍데기 몇 개 주워 추억으로 간직하고 있는 것처럼 미래의 시간여행 속에서 꿈을 몇 개 따오는 행운을 잡는다면 그것은 '열심히 사는 당신'에게 신이 주는 보너스다.

IMF 학습효과는 없었다

2008. 10. 30. / 사회부장

미국발 금융위기 쓰나미(지진해일)가 온 나라를 요동치게 하고 있다. 급기야 이명박 대통령이 지난 27일 직접 국회 시정연설을 통해 진화에 나섰다. 이 대통령은 "지금 한국에 금융위기는 없다"고 단언했다. 문제는 오히려 '심리적인 것'으로 실제 이상으로 상황에 과잉 반응하고 공포심에 휩싸이는 것이야말로 경계해야 할 가장 무서운 적이라고 진단했다. 지금 정부와 시장에 대한 심리적 신뢰 회복이 관건이라는 대통령의 인식은 옳다. 그러나 국민이 과잉 반응하고 공포심에 휩싸이는 근원적인 이유에 대한 탐구와 성찰은 많이 부족한 듯하다.

경제 위기는 펀더멘털의 붕괴에서 비롯되기도 하지만 불안과 의심이 그 단초를 제공하기도 한다. 멀쩡한 기업에 부도설이 나돌면 얼마 지나지 않아 실제 부도가 나는 경우가 그러한 예다. 경제 행위에서 사람들에게 일어나는 불안과 의심은 단순한 의식세계가 아니라 명백한 실체로 작용한다.

며칠 전 금융위기를 주제로 한 TV 토론에서 정부 고위 관료는 현재 우리 경제의 기초체력은 견고하고 위기가 과장돼 있다는 점을 강조하면서 이런 말을 했다.

"11년 전 IMF(국제통화기금) 때 경제부처의 일선 과장으로서 IMF 측과 협상하는 자리에도 있었고 환란을 극복하는 과정도 지켜봤다. 그 경험이 지금의 위기를 극복하는 좋은 경험이 될 것으로 믿는다". 이른바 IMF 학습효과다.

그 고위 관료가 IMF 당시에 배운 비싼 교훈을 작금의 금융위기를 예방하거나 적어도 충격을 최소화하는 데 써먹지 못했는지 따지고 싶었다. 하지만 그보다 심각한 것은 위기에 대한 안이한 인식과 근거 없는 낙관론이다. 그 역시 대통령과 마찬가지로 현실보다 과장된 공포심의 심연을 이해하지 못하고 있었다.

1997년 외환위기의 충격은 컸다. 비록 1년여 만에 기적처럼 IMF의 모범졸업생이 됐으나 국민 개개인을 들여다보면 환란의 상처는 결코 아물지 않았다. IMF 긴급자금으로 국가부도의 위기는 넘겼지만 엄청난 희생이 따랐다. 그 상흔은 우리 사회의 질곡으로 남아있다. 공포는 면역력을 갖지 못한다. 오히려 증폭될 뿐. 개인과 사회집단이 다르지 않다. 1997년 말부터 구조조정의 칼바람을 맞았던 월급쟁이, 가장의 자살로 한 가족이 풍비박산 나거나 생이별을 했던 사람들의 기억 속에 그 공포는 여전히 잠재의식으로 살아 있다. '1997년 IMF 상황과 비슷해지고 있다는 부정적 인식이 마치 자기실현적 예언처럼 작동할 수 있다'. 미국 월가의 경제 칼럼니스트 윌리엄 페섹이 보는 지금 한국의 위기에 대한 날카로운 통찰이다. 페섹은 한국 경제의 펀더멘털보다는 투자자들의 불안과 의심이 위기의 더 큰 원인이 될 수 있음을 지적했다.

지금 벌어지고 있는 사태가 글로벌 금융위기라는 점은 부인할 수 없다. 외부요인이 크다는 것이다. 그렇다고 정부의 관리 실패로 위기가 증폭되고 있다는 점도 부인할 수는 없다. 세계화와 신자유주의를 신봉하는 학자들은 시장은 결코 영원히 추락하지 않으며, 시장 안전성의 역사적 경험을 믿어야 한다고 역설하고 있다. 또 이런 경험에서 얻은 값진 교훈은 이번 위기도 머지않아 거품이 꺼지는 작은 파장일 뿐임을 보여줄 것이라고 희망 섞인 전망을 전파한다.

자본주의가 종언을 고하지 않는 한 호황과 불황의 순환 주기에 따라 지금의 위기는 극복될 것이다. 10년 전보다 더 빨리 회복될 수도 있고 더 더딜 수도 있겠다. 그 과정에서 얼마나 많은 직장인들이 실직의 벼랑에 내몰려야 하고, 그로 인해 또 얼마나 많은 가정이 붕괴될 것인지 두렵다. 아직 첫 직장조차 가져보지 못한 20~30대 구직자들은 어디까지 절망할 것인가. 극심한 경제난은 유독 사회적 약자들에게 고단한 삶을 떠안기게 마련이다.

2008년 금융위기를 헤쳐 나가면서 반드시 풀어야 할 과제가 있다. 사회안전망 확보다. 이는 수출 부진이 예상되는 시점에서 내수경기 활성화를 위해서도 훌륭한 대책이 될 것이다. 그보다 10년 뒤 또 닥쳐올지 모르는 위기에 대비해 지금 선택할 수 있는 유일한 길이기도 하다.

부산시향이 안겨주는 행복

2009. 7. 2. / 문화부장

영화관 입장권보다 저렴한 단돈 5,000원(A석)으로 세계적 기량의 지휘자가 연주하는 하이든이나 말러의 교향곡을 감상할 수 있는 곳이 있을까. 단언컨대 부산에선 부산시립교향악단의 정기연주회 말고는 없다. 요즘 웬만한 연주회나 뮤지컬 공연 입장권은 10만 원 넘어가기 예사다. 둘이 가도 적잖은 부담이고, 네 식구가 음악회 한번 가려면 수십만 원 지출을 각오해야 한다. 그렇다고 공연 수준이 입장권값과 반드시 정비례하지도 않는다. 우선 이 같은 비용 측면에서 부산시향에 감사하지 않을 수 없다. (민간 공연기획사들은 부산시향을 '공공의 적'이라고 한단다. 시향 입장권이 싼 탓에 다른 공연 티켓값을 무작정 올려 받지 못하고, 수지 맞추기도 힘들다는 이야기다.)

입장권값을 떠나, 음악이 행복을 안겨준다는 사실을 새삼 확인한 건 지난주 금요일 부산시향의 450회 정기연주회 덕분이었다. 제10대 수석지휘자 리 신차오(李心草)의 취임 연주회를 겸한 이날 공연은 리하르트 슈트라우스의 교향시 〈돈후앙〉 작품 20과 프란츠 요제프 하이든의 교향곡 96번 라장조 〈기적〉 작품 1/96, 구스타프 말러의 교향곡 1번 라장조 〈거인〉 세 곡으로 협연 없이 진행됐다. 취임 연주회를 의식한 듯 지휘자도, 단원들도 다소 긴장한 탓에 처음에는 다소 경직됐으나, 금방 유연하고 화려하게 연주를 끌고 나갔다. 리 신차오는 섬세했다. 그럼에도 강했다. 동양적 감수성이 객석에 넘칠 듯 전해졌다. (다른 청중은 여성적 감수성이라 했다.) 그럼에도 서구 음악을 완벽하게 이해하고 있다는 평가를 받는다.

앵콜곡으로 연주한 〈아리랑〉(최성환 작곡)에서 그 같은 감성이 특히 묻어났다. 한국 청중에게 '팬 서비스' 차원으로 들려주게 마련인 아리랑을 리 신차오는 국내 지휘자 그 누구보다도 절절하게 풀어냈다. 그의 어깨와 몸짓에서 배어 나오는 '덩실덩실 너울너울'의 감흥을 예민한 청중들은 보았을 것이다. 그는 청중에게 인사말을 하면서 "단원들이 자신을 믿어줬다"고 했다. 38세의 나이, 지휘자로선 결코 많지 않은 연륜임에도 그는 '음악도 결국 미(美)를 소통하는 일'이라는 사실을 이미 터득하고 있다는 느낌을 주었다.

사실 전임 수석지휘자 알렉산더 아니시모프의 연주도 훌륭했었다. 비록 러시아 음악을 '편식'한다는 지적을 받았지만, 그만큼 러시아 작곡가의 곡을 잘 이해하는 지휘자도 많지 않다. 시민들에게는 러시아 음악의 진수를 맛볼 수 있는 드문 기회였던 것이다. 아니시모프의 거친 듯하면서도 스케일 큰 연주 스타일은 리 신차오의 섬세함과 좋은 대조를 이뤘다. 부산시향이 종전과는 색

다른 변화를 보여줄 수 있다는 점에서도 이번 수석 지휘자 선택은 탁월한 것으로 보인다.

요즘엔 부산을 문화 불모지라고 하지는 않는다. 하지만 문화 예술의 인프라가 열악하고 척박한 건 부인하기 어렵다. 부산시향을 비롯한 시립예술단 모두 어려운 여건 속에서 꾸려나가고 있다. 좋은 공연을 단원의 예술적 열정에만 의존하는 건 시대착오다. 부천시향이 급속하게 부상하는 건 한마디로 지원이 뒷받침되기 때문이다. 통영국제음악제가 세계적인 축제로 자리 잡아나가는 비결은 무엇보다 자치단체장의 예술적 관심과 애착에 있다. 부산이 명품 문화도시로 가는 길이 달리 있지 않다. 시향에 집중 '투자'해서 세계적인 오케스트라로 만들어보라고 부산시와 시장에게 권하고 싶다. 그리고 그들이 부산을 얼마나 풍요롭게 만드는지 확인해보라고 말이다.

정신과 의사이면서 음악 칼럼니스트로 활동하고 있는 박종호 씨는 이런 글을 썼다. '지구가 아름다운 이유는 바로 자연과 예술 때문이라고 생각한다. … 위대한 신이 자연을 만들었다면, 나약한 인간은 예술을 만들었다. 사람이 만든 예술 이야기는 인간 본연의 모습을 보여준다'. 얼마 전부터 부산시향 공연 때면 단원들의 표정 하나하나도 눈여겨본다. 아니 눈에 들어온다. 첫인상이 다소 거만해 보였던 악장 김동욱 씨는 지금은 그만의 자신감으로 비친다. 수염이 트레이드 마크인 수석 첼리스트 양욱진 씨는 시종 연주를 즐기는 여유가 멋있다. 비올리스트 중 한 명은 후배 여기자가 '눈독'을 들이고 있어 자연 관심이 쏠리고, 수석 플루티스트 이화연 씨에겐 조만간 사인을 받아둘 작정이다. 부산시향은 자부심을 가져도 되겠다. 벌써 다음 연주회를 기다리는 팬들이 많다는 사실 하나만으로도.

네이퍼빌의 0교시 수업

2011. 1. 20. / 부국장 스포츠부장

집 근처 스포츠센터에 다닌 지도 10년이 넘었다. 한동안 수영을 하다 몇 년 전부터 주로 피트니스 클럽을 이용한다. 연회비만 꼬박꼬박 냈지 주말 개근상을 받을 형편도 못 된다. 그런데 한곳에 제법 오래 다니다 보니 해마다 반복되는 재미있는 현상을 목격하게 된다. 연초가 되면 새 얼굴들이 적잖다. 수능을 마치고 대입시험에 갓 합격한 듯한 고교생부터 40대 아주머니, 은퇴한 장년층까지 다양하다. 하지만 한 달 두 달 지나면 그 얼굴들이 다시 보이지 않는다. 운동 종목을 바꾼 것 같지는 않고 아마 새해 결심을 중도에 포기하는 일이 많을 테다. 운동의 생활화, 말이 쉽지 간단치 않다. 어떤 종목이든 진입장벽이 없지 않지만 이보다 1개월, 3개월, 6개월의 몇 단계 고비를 넘기지 못하는 경우가 허다하다.

상당수 인구가 운동을 일상적으로 즐기지 못하는 것은 학교 체육교육 탓이 크다. 턱걸이와 윗몸 일으키기, 100m와 1,000m 달리기 기록이 대입 성적으로 반영된 우리 같은 체력장 세대에게는 체육 또한 입시지옥의 하나일 뿐이었다. 대학에 들어가 필수과목으로 이수한 교양체육 시간에는 테니스로 학점을 매겼다. 중간시험은 이론, 기말시험은 실기였는데 '벽 치기' 30개가 만점이었다. 이 같은 체육 수업이 재미있을 리 없다. 요즘도 크게 다르지 않다. 오히려 입시 부담이 가중되면서 학교 체육활동은 뒷전으로 밀리고 학생들은 비만·척추측만증 따위의 운동 부족으로 인한 질환에 시달리고 있지 않은가. 그럼에도 학교 체육에 기댈 수밖에 없는 이유가 있다. 학생 시절의 체육활동이 육체적 성장에 절대적인 중요성을 지닐 뿐 아니라 뇌의 활성화에도 결정적인 영향을 미친다는 사실이 과학적으로 입증되고 있기 때문이다.

미국 시카고 네이퍼빌 센트럴고교의 사례는 역시 학교 체육이 대안이자 희망이라는 확신을 갖게 한다. 이른바 '네이퍼빌 혁명'은 1990년대 말 필 롤러라는 체육 교사의 교육 실험에서 비롯됐다. 우리 식으로 말하면 '0교시 체육 수업'으로, 1교시 정규 수업 전에 학생들에게 달리기를 하게 만든 것이다. 주 1회 1마일 오래달리기부터 시작된 0교시 체육 수업은 불과 2년여 만에 네이퍼빌 관내 학군에 있는 1만 9,000여 학생들을 미국 전역에서 가장 건강한 아이들로 만든 것은 물론 평균 학업성적도 세계 최상위권에 올려놓았다. 네이퍼빌의 사례에서 주목할 것은 교사의 철학과 열정, 평가 방법이다. 필 롤러는 '운동을 하는 진정한 목적은 뇌의 구조를 최적의 상태로 개선하는 것'이라는 과학적 발견을 실행에 옮겼다.

모든 학생들이 운동에 열성적으로 참가토록 하는 비결은 롤러의 평가 방법에 있었다. 운동신경도 별로 없어 보이는 여학생이 뛰는 둥 마는 둥 달리기를 마쳤다면 교사의 눈에 기특해 보이지는 않을 것이다. 하지만 여학생이 부착한 심장박동기를 본 롤러는 깜짝 놀랐다. 수치가 최고치를 나타내고 있었다. 그 학생은 운동선수조차 감당하기 어려울 정도로 있는 힘을 다해 뛰었던 것이다. 그 이후 롤러는 실기 능력이 아닌 노력 여하에 따라 평가하는 방법을 개발하게 된다. 운동 수행능력이 뛰어나지 않은 학생들도 높은 점수를 받을 수 있었다. 이 평가는 엄격했다. 학생들은 건강도, 학업성적도 눈에 띄게 향상돼 나갔다.

이와 유사한 사례는 가까이 부산 기장군 신정고교에서도 찾아볼 수 있다. 다른 점이라면 이 학교는 0교시가 아닌 방과후수업에서 주로 체육활동을 진행하고 있다는 것이다. 처음에는 "명색이 인문고에서 매일같이 웬 체육이냐"고 학부모의 반발이 극심했다고 한다. 하지만 지금 신정고는 교과부의 모범 사례로 꼽히고 있을 정도다. 무엇보다 학교폭력이 사라졌고 학업성적도 크게 올랐다. 학교 체육은 어떤 성적을 남기느냐가 아니라 운동이 평생 즐기면서 자신의 건강을 지키는 생활방식이라는 사실을 몸에 배게 하는 데 의미가 있다. 그래야 나이가 들어 다시 시작하는 운동이라도 진입장벽을 느끼지 않고 한두 달 만에 포기하는 일도 줄어들 것이다. 결론은 간명하다. 건강하고 공부 열심히 하는 학생으로 키우기 위해서는 우선 학교 체육부터 살려야 한다.

가족과의 문자 대화로 남은 투병기

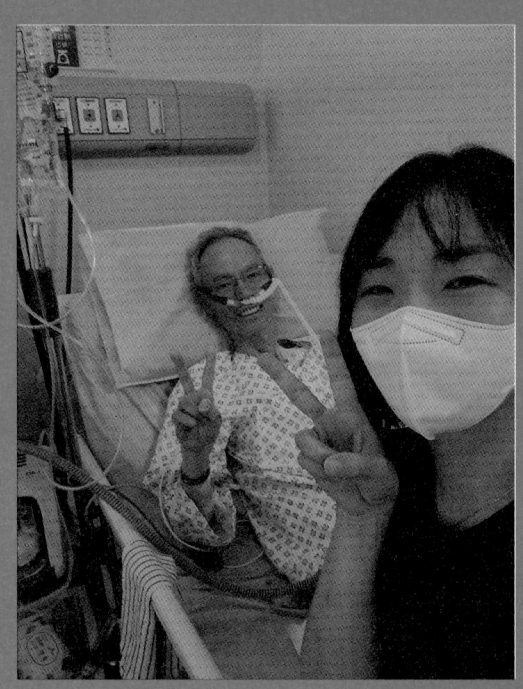

2021년 6월 조직검사 결과를 받아 든 날부터 23년 8월까지
누님, 가족들과 나눈 대화. 갑작스러운 암 발병과 항암의 고통 속에서도
삶의 의지를 다지며 희망을 잃지 않는 고인의 단단한 모습을 볼 수 있다.

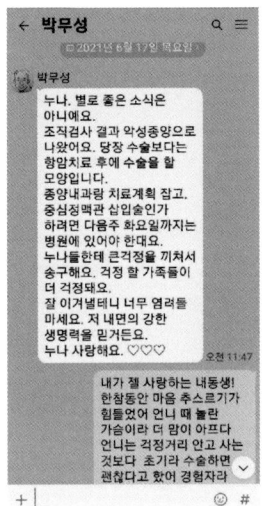

2021년 6월 17일 악성종양 확인

무성

누나. 별로 좋은 소식은 아니에요. 조직검사 결과 악성종양으로 나왔어요. 당장 수술보다는 항암치료 후에 수술을 할 모양입니다. 종양내과랑 치료 계획 잡고. 중심정맥관 삽입술인가 하려면 다음 주 화요일까지는 병원에 있어야 한대요. 누나들한테 큰걱정을 끼쳐서 송구해요. 걱정할 가족들이 더 걱정돼요. 잘 이겨낼 테니 너무 염려들 마세요. 저 내면의 강한 생명력을 믿거든요. 누나 사랑해요.

누나

내가 젤 사랑하는 내 동생! 한참 동안 마음 추스르기가 힘들었어. 언니 때 놀란 가슴이라 더 맘이 아프다. 언니는 걱정거리 안고 사는 것보다 초기라 수술하면 괜찮다고 했어.

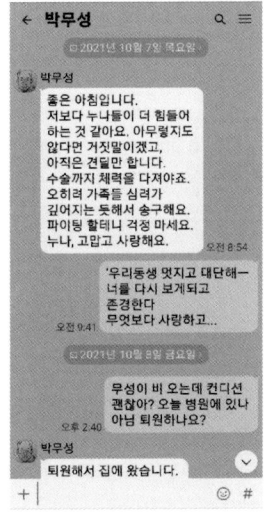

2021년 10월 7일 치료 의지를 보이다

무성

좋은 아침입니다. 저보다 누나들이 더 힘들어 하는 것 같아요. 아무렇지도 않다면 거짓말이겠고, 아직은 견딜만 합니다. 수술까지 체력을 다져야죠. 오히려 가족들 심려가 깊어지는 듯해서 송구해요. 파이팅 할 테니 걱정 마세요. 누나, 고맙고 사랑해요.

누나

우리 동생 멋지고 대단해. 너를 다시 보게 되고 존경한다. 무엇보다 사랑하고…

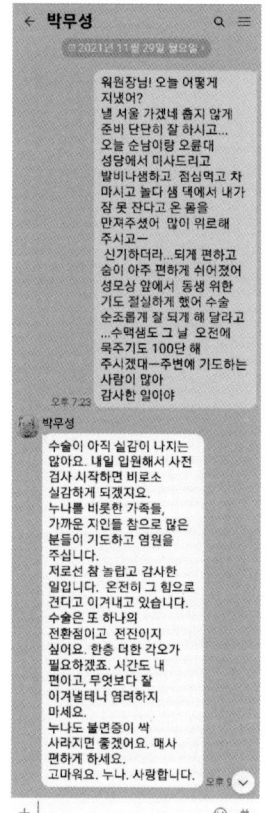

2021년 11월 29일 가족의 염려와 고인의 의지

누나

워원장님! 오늘 어떻게 지냈어? 낼 서울 가겠네 춥지 않게 준비 단단히 잘 하시고. 오늘 순남이랑 오륜대 성당에서 미사드리고 발비나샘하고 점심 먹고 차 마시고 놀다 샘 댁에서 내가 잠 못 잔다고 온몸을 만져주셨어. 많이 위로해주시고. 신기하더라… 되게 편하고 숨이 아주 편하게 쉬어졌어. 성모상 앞에서 동생 위한 기도 절실하게 했어. 수술 순조롭게 잘 되게 해 달라고… 수맥샘도 그 날 오전에 묵주기도 100단 해 주시겠대~ 주변에 기도하는 사람이 많아 감사한 일이야.

무성

수술이 아직 실감이 나지는 않아요. 내일 입원해서 사전 검사 시작하면 비로소 실감하게 되겠지요. 누나를 비롯한 가족들, 가까운 지인들 참으로 많은 분들이 기도하고 염원을 주십니다. 저로선 참 놀랍고 감사한 일입니다. 온전히 그 힘으로 견디고 이겨내고 있습니다. 수술은 또 하나의 전환점이고 전진이지 싶어요. 한층 더한 각오가 필요하겠죠. 시간도 내 편이고, 무엇보다 잘 이겨낼 테니 염려하지 마세요. 누나도 불면증이 싹 사라지면 좋겠어요. 매사 편하게 하세요. 고마워요. 누나, 사랑합니다.

2021년 12월 15일 가족의 염려와 고인의 의지

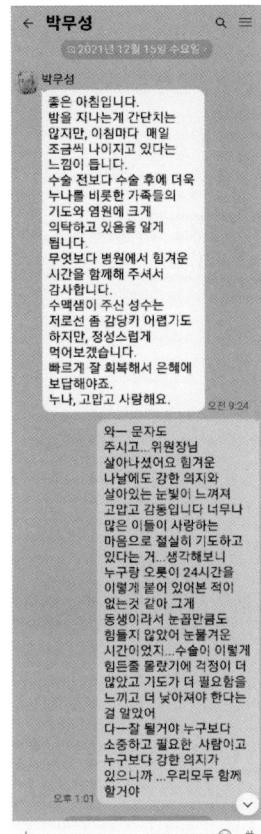

무성

좋은 아침입니다. 밤을 지나는 게 간단치는 않지만, 아침마다 매일 조금씩 나아지고 있다는 느낌이 듭니다. 수술 전보다 수술 후에 더욱 누나를 비롯한 가족들의 기도와 염원에 크게 의탁하고 있음을 알게 됩니다. 무엇보다 병원에서 힘겨운 시간을 함께해 주셔서 감사합니다. 수맥샘이 주신 성수는 저로선 좀 감당키 어렵기도 하지만, 정성스럽게 먹어보겠습니다. 빠르게 잘 회복해서 은혜에 보답해야죠. 누나, 고맙고 사랑해요.

누나

와~ 문자도 주시고… 위원장님 살아나셨어요. 힘겨운 나날에도 강한 의지와 살아있는 눈빛이 느껴져 고맙고 감동입니다. 너무나 많은 이들이 사랑하는 마음으로 절실히 기도하고 있다는 거… 생각해보니 누구랑 오롯이 24시간을 이렇게 붙어 있어본 적이 없는 것 같아. 그게 동생이라서 눈꼽만큼도 힘들지 않았어. 눈물겨운 시간이었지… 수술이 이렇게 힘든 줄 몰랐기에 걱정이 더 많았고 기도가 더 필요함을 느끼고 더 낮아져야 한다는 걸 알았어. 다 잘 될거야. 누구보다 소중하고 필요한 사람이고 누구보다 강한 의지가 있으니까… 우리 모두 함께할 거야.

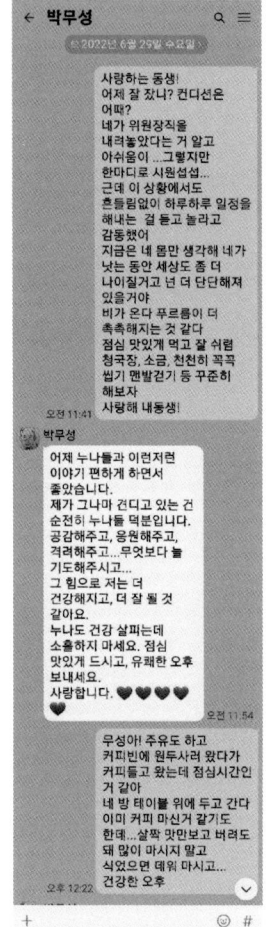

2022년 6월 29일 위원장 사퇴

누나

사랑하는 동생! 어제 잘 잤니? 컨디션은 어때? 네가 위원장직을 내려놓았다는 거 알고 아쉬움이…그렇지만 한마디로 시원섭섭… 근데 이 상황에서도 흔들림 없이 하루하루 일정을 해내는 걸 듣고 놀라고 감동했어. 지금은 네 몸만 생각해. 네가 낫는 동안 세상도 좀 더 나아질 거고 년 더 단단해져 있을 거야. 비가 온다. 푸르름이 더 촉촉해지는 것 같다. 점심 맛있게 먹고 잘 쉬렴. 청국장, 소금, 천천히 꼭꼭 씹기, 맨발 걷기 등 꾸준히 해보자. 사랑해, 내 동생!

무성

이야기 편하게 하면서 좋았습니다. 제가 그나마 견디고 있는 건 순전히 누나들 덕분입니다. 공감해주고, 응원해주고, 격려해주고… 무엇보다 늘 기도해주시고… 그 힘으로 저는 더 건강해지고, 더 잘 될 것 같아요. 누나도 건강 살피는 데 소홀하지 마세요. 점심 맛있게 드시고, 유쾌한 오후 보내세요. 사랑합니다.

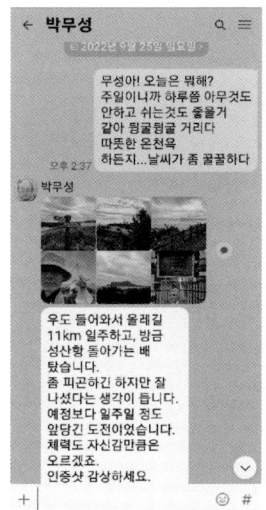

2022년 9월 25일 제주

누나

무성아! 오늘은 뭐해? 주일이니까 하루쯤 아무 것도 안 하고 쉬는 것도 좋을 거 같아. 뒹굴뒹굴 거리다 따뜻한 온천욕 하든지… 날씨가 좀 꿀꿀하다.

무성

우도 들어와서 올레길 11km 일주하고, 방금 성산항 돌아가는 배 탔습니다. 좀 피곤하긴 하지만 잘 나섰다는 생각이 듭니다. 예정보다 일주일 정도 앞당긴 도전이었습니다. 체력도 자신감만큼은 오르겠죠. 인증샷 감상하세요.

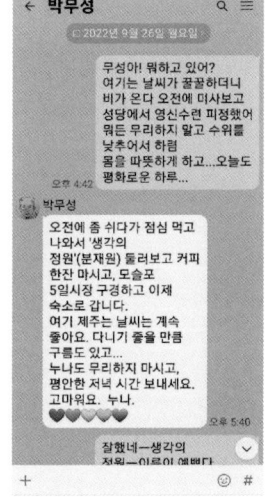

2022년 9월 26일 제주

누나

뭐든 무리하지 말고 수위를 낮추어서 하렴. 몸을 따뜻하게 하고. 오늘도 평화로운 하루….

무성

오전에 좀 쉬다가 점심 먹고 나와서 '생각의 정원'(분재원) 둘러보고 커피 한잔 마시고, 모슬포 5일 시장 구경하고 이제 숙소로 갑니다. 여기 제주는 날씨는 계속 좋아요. 다니기 좋을 만큼 구름도 있고… 누나도 무리하지 마시고. 평안한 저녁 시간 보내세요. 고마워요. 누나.

2023년 6월 14일 / 6월 18일 / 6월 21일 잃지 않은 치료 의지와 희망

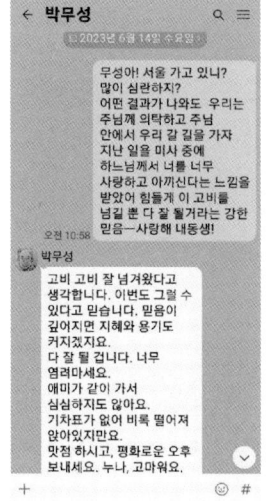 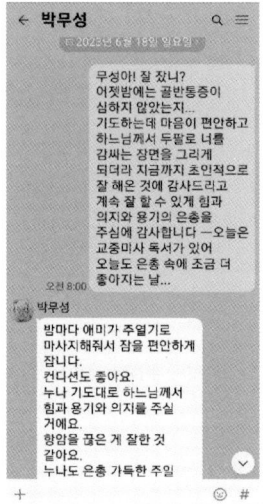 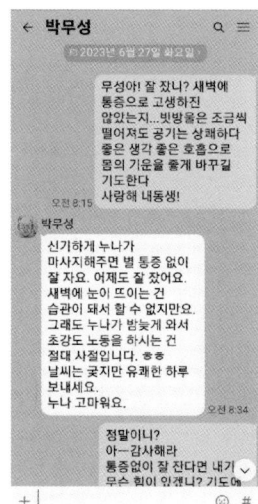

누나

무성아! 서울 가고 있니? 많이 심란하지? 어떤 결과가
나와도 우리는 주님께 의탁하고 주님
안에서 우리 갈 길을 가자. 지난 일욜 미사 중에
하느님께서 너를 너무 사랑하고 아끼신다는 느낌을
받았어. 힘들게 이 고비를 넘길 뿐 다 잘 될 거라는 강한
믿음. 사랑해, 내 동생!

무성

고비 고비 잘 넘겨왔다고 생각합니다. 이번도 그럴
수 있다고 믿습니다. 믿음이 깊어지면 지혜와 용기도
커지겠지요. 다 잘 될 겁니다. 너무 염려 마세요. 애미가
같이 가서 심심하지도 않아요. 기차표가 없어 비록 떨어져
앉아 있지만요. 맛점 하시고, 평화로운 오후 보내세요.
누나, 고마워요.

2023년 6월 29일 / 6월 30일 / 7월 13일 세례 후의 일상

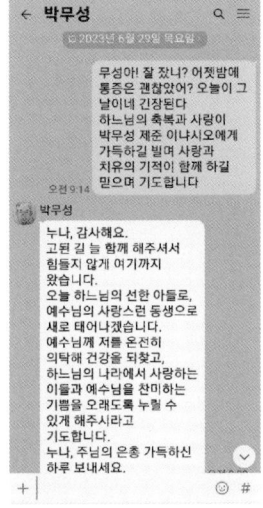 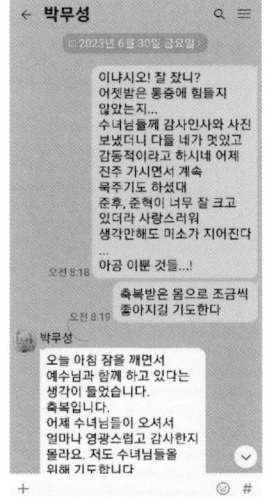 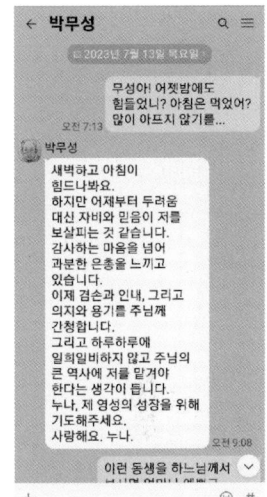

누나

무성아! 잘 잤니? 어젯밤에 통증은 괜찮았어? 오늘이 그 날이네. 긴장된다. 하느님의 축복과 사랑이 박무성 제준 이냐시오에게 가득하길 빌며 사랑과 치유의 기적이 함께 하길 믿으며 기도합니다.

무성

누나, 감사해요. 고된 길 늘 함께해주셔서 힘들지 않게 여기까지 왔습니다. 오늘 하느님의 선한 아들로, 예수님의 사랑스런 동생으로 새로 태어나겠습니다. 예수님께 저를 온전히 의탁해 건강을 되찾고, 하느님의 나라에서 사랑하는 이들과 예수님을 찬미하는 기쁨을 오래도록 누릴 수 있게 해주시라고 기도합니다. 누나, 주님의 은총 가득하신 하루 보내세요.

이제 당신을 보냅니다

다음 생에도 당신의 아내이고 싶습니다

당신이 제 남편이었던 것이 너무 감사하고 자랑스럽습니다.

당신은 제 삶의 나침판이었고 의지처였으며 가장 소중한 친구였습니다.

늘 곁에 있을 줄만 알았던 당신이 어느 날 떠나고… 당신의 빈자리가 이렇게 클 줄 몰랐습니다. 울어도 불러도 당신은 대답이 없고 한없이 보고 싶은 그리움과 삶에 대한 막막함을 어떻게 해야 할지 모르겠습니다.

따뜻한 세상 정의로운 세상을 늘 꿈꾸어 왔던 당신이었지요.

평생을 바친 신문사를 떠나서도 언젠가는 균형감 있고 미래지향적이며 따뜻한 신문을 만들어보는 것이 당신의 희망이라고, 좋은 책 한두 권쯤은 써야겠다고 한 당신이었습니다. 당신은 떠나고 이오상 KNN 사장님을 비롯한 많은 분들이 곳곳에 남기고 간 당신의 글을 모아 출판을 서둘러 주셨습니다. 그분들의 고마움을 어찌 잊겠습니까?

 2년 3개월의 투병생활 동안 당신의 한결같았던 일상생활은 당신이 환자라는 생각을 잊게 했습니다. 언제나처럼 병환 중에도 매일 아침 스트레칭하고 명상하고 독서를 하였지요.
 당신이 오래오래 머물며 행복한 공간으로 꾸미고 싶어 했던 우리 밀양집에서 영양제 맞고 오자며 함께 병원 가는 길, 새벽에 반딧불이를 봤다며 아기처럼 좋아했던 당신 모습이 떠오릅니다.
 아무 준비도 없이 걸어서 들어간 당신은 그날 입원을 했고 17일 만에 하늘로 떠났습니다.
 이 기막히고 허망한 현실을 어떻게 받아들일 수 있을까요?

 몇 달 전 의사로부터 시한부 삶을 선고받고도, 당신 남편 그리 쉽게 무너질 사람 아니라며 오히려 저를 걱정하고 다독였습니다. 생각해보면 말기 암 환자이면서도 언제나 주변 가족들을 배려하고 위로했던 당신이었기에 아픔이 얼마나 클까? 혹시 잘못되지는 않을까? 감히 헤아리지를 못했습니다. 내 남편만은 기적처럼 일어날 것이라 확신했습니다. 차라리 아파서 못 견디겠다고 한 번이라도 울부짖기라도 했으면….

그동안의 어리석음과 부족함에 가슴을 치며 통곡합니다.

어디 그뿐이겠습니까? 삶의 여정에서 바쁘다는 핑계로 당신을 좀 더 세심하게 살피지 못했던 무심한 세월 후회하고 또 후회합니다.

입원 후 반드시 퇴원할 것이라는 믿음 속에서 고통을 참아가며 내성 생길까 진통제조차도 최소화하며 최선을 다한 당신이었습니다. 그러나 떠나기 3~4일 전부터는 더 이상 힘들겠다 판단하고 스스로 죽음을 준비하고 맞이하던 당신의 모습은 초인이었습니다. 연명치료 거부서에 동의하고 몸단장해서 가족들을 하나하나 안으며 그동안 고마웠고 덕분에 행복했다고 인사하며 담담히 죽음을 맞이하던 당신, 죽음 앞에서조차 감정의 절제와 균형감을 잃지 않았던 당신은 품격을 갖춘 진정한 인격자였습니다.

대학 교정에서 당신을 처음 만나고 가슴 설레며 종이학 천 마리를 밤새워 접었던 큰 사랑의 기쁨도 세상에 혼자 덩그러니 남은 큰 이별의 슬픔도 당신이 안기고 떠났습니다.

우리가 계획한 일, 하고 싶었던 일들이 얼마나 많았는데 그것을 두고, 저를 두고 어찌 그리 바삐 떠났는지요?

이번 생에서의 인연은 여기까지라고 받아들이기에는 너무 가혹하지만 42년간의 우리 만남이 쏜살같이 흘러갔듯이, 당신을 만나러 갈 날도 금방이라 생각하며 애써 견뎌 보겠습니다.

이제는 한없는 그리움과 슬픔을 보듬고 당신과 함께했던 소중한 추억들을 최고의 선물로 여기며 일상으로 돌아와야겠지요. 힘들고 어렵겠지만 당신이 가장 예뻐했던 함박웃음 지으며 저의 수호신 되어 하늘에서 바라보고 있을 당신이 기뻐할 수 있는 삶을 살아가겠습니다.

당신도 이 행성에서의 짧았던 여행이 많이 아쉬웠겠지만 아름답고 좋은 추억만 간직하고 떠났으리라 믿습니다. 천국에서는 못다 이룬 꿈 이뤄가며 건강하고 행복하게 살아가시길 기원합니다. 그동안 너무 감사했고… 많이많이 보고 싶고 사랑합니다.

- 당신의 아내, 홍선옥

▲ 평생의 반려자였던 홍선옥 여사가 1981년 4월 3일 박무성 사장과 첫 만남 이후 접었던 학 천 마리. 박무성 사장이 영면에 든 후 홍선옥 여사는 42년 만에 학의 날개를 펴 남편이 계신 하늘로 날려 보냈다.

당신에게 선물했던 종이학을
연기로 날려 보내며
당신과의 추억을
새삼 다시 떠올립니다.

당신은 멀리 떠났지만
우리는 당신을 보내지 못했습니다.
우리 마음속에 당신은 언제까지나
함께 살아계실 것입니다.
사랑합니다.

▲ 경북 경주시 소재 천주교 공원묘원. 고인은 이곳에서 영원한 안식에 들었다.

그리운 사람 박무성

초판 1쇄 2024년 4월 19일

엮은이 박무성 추모집 발간위원회
펴낸이 박미화 | 펴낸곳 미디어줌
등록 2011년 11월 18일 제 338-251002009000003호
주소 (48314) 부산광역시 수영구 수영로 440
전화 051-623-1906 | 팩스 051-623-1907 | 편집실 070-4012-6063
홈페이지 www.mediazoom.co.kr | 전자우편 mediazoom@naver.com

편집 책임 안서현
교정·교열 임정서
디자인 곽소록, 박희정

ISBN 978-89-94489-30-8 (03090)

이 책은 저작권법에 따라 보호받는 저작물이므로 무단전재와 무단복제를 금하며,
이 책 내용의 전부 또는 일부를 이용하려면
반드시 저작권자와 도서출판 미디어줌의 서면 동의를 받아야 합니다.
책값은 뒤표지에 있습니다.
파본이나 잘못 만들어진 책은 구입하신 곳에서 교환해 드립니다.

도서출판 미디어줌은 기록물편찬전문회사 **mediazoom**의 출판 브랜드입니다.

* 박무성 국제신문 사장 추모집 『그리운 사람 박무성』은 은산해운항공의 제작 지원을 받아 출간되었습니다.